경영과학

김명호 저

"이 저술은 2015년도 강릉원주대학교 학술연구조성비 지원에 의하여 수행되었음"

머리말

20세기 이전에는 최고경영자가 기업의 중요한 의사결정을 할 때, 자신의 직감이나 경험을 토대로 결정하였으나 점점 복잡해지는 주변 상황으로 기업의 의사결정 문제를 유연하게 대처하기에는 한계가 있었다. 그러므로 20세기에 접어들면서 기업의 의사결정 문제에 과학적 접근방법을 적용하려는 시도가 있었으나 좋은 결실을 맺지 못하였다.

그러나 제2차 세계대전을 계기로 한정된 자원을 이용하여 전쟁에서 승리하기 위해 의사결정 과정에 적용된 계량적 기법들이 확고한 기반을 잡게 되었다. 제2차 세계대전 후, 전쟁에서 적용된 계량적 기법들을 산업에 적용하게 되었으며, 지금까지 많은 발전을 가져왔다.

이러한 과정에서 탄생된 경영과학(management science; MS)은 기업의 경영문제에 대한 계량적 접근 방법이다. 즉, 경영과학은 기본적으로 테일러(F. W. Taylor)의 '과학적 관리법'(1911년)과 흐름을 같이 하지만, 직접적으로는 제2차 세계대전 중 오퍼레이션즈 리서치(operations research; OR)에서 발전했다고 하는 것이 일반적 견해이다.

이제, 경영과학은 경영학의 새로운 학문 분야로서 확립되었다. 그러나 현실적으로 경영과학과 OR은 호환적으로 사용되고 있으며, 외국에서는 MS/OR과 병기하는 경우도 종종 나타난다. 경영과학의 유사 용어로 계량적 분석, 의사결정과학 등이 있으며, 이들 유사 용어로 다루어지는 내용은 경영과학과 겹치는 부분이 많다.

경영과학은 경영문제를 수학적 모델로 기술하고, 모델 상에서 최적 방안을 검토함으로써, 현실의 문제 해결에 필요한 정보를 제공한다. 기업이나 조직에서는 경영정보시스템의 발전과 함께 합리적 의사결정의 기초로서, 경영과학의 중요성은 갈수록 높아지고 있다. 그러므로 경영과학은 경영에 종사하는 직장인과 경영정보를 전공하는 학생에게 필수적인 학문이다.

본 저서는 이러한 목적으로 경영과학의 기본적인 사고방식이나 방법을 이용하

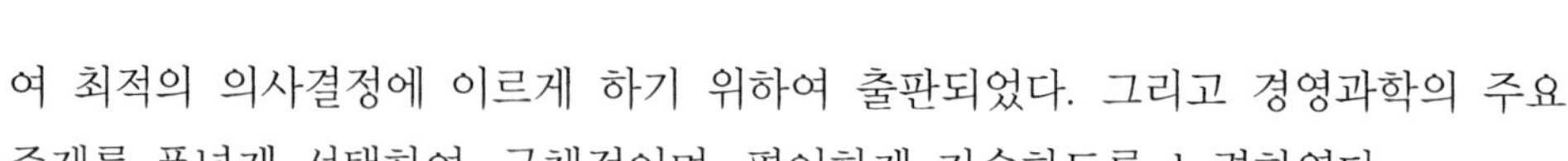

여 최적의 의사결정에 이르게 하기 위하여 출판되었다. 그리고 경영과학의 주요 주제를 폭넓게 선택하여, 구체적이며, 평이하게 기술하도록 노력하였다.

경영과학은 이론면에서 수리적 기법을 구사하기 때문에 난해한 인상을 받지만, 경영과학은 실천적인 학문이며, 실제 문제 해결에 활용하는 것으로 그 가치가 드러날 것이다. 그러므로 본 저서에서는, 관련되는 문제를 예제로 제시하고, 각종 기법의 의미와 사용법을 최대한 자세하게 기술하고 있기 때문에 흥미를 갖고 읽어 나갈 수 있다고 생각한다. 또한, 난해한 부분이나 공식의 증명 등은 과감하게 삭제하였으며, 내용적으로 경영지도사 등 국가 자격시험을 목표로 하는 사람들에게 도움이 되도록, 충분히 배려하여 기술하였다.

실제로 경영과학을 적용하여 문제를 풀 때에는 대부분의 경우 컴퓨터를 사용한다. 그러나 경영과학의 각 기법을 이해하려면, 자신의 손으로 문제를 풀어 보는 것이 가장 지름길이다. 그러므로 본 저서에서 예제를 통하여 해법을 배우고, 연습문제를 풀어 이해를 한층 높일 수 있을 것이다.

기존의 경영과학 교재들은 대부분 광범위한 내용과 많은 분량으로 인하여, 한 학기에 학생들에게 전달하기에 많은 한계가 있었다. 그러므로 본 저서는 사회과학 계열 학생들이 한 학기에 소화할 수 있도록 범위를 축소하여 그동안 저자의 강의안을 토대로 기술하였다. 본 저서가 미흡한 점이 많겠지만, 학습자들의 지도편달을 통하여 보다 나은 교재로 발전시켜 나갈 것이다.

그리고 본 저서가 출판되기 까지 격려해 주신 동료 교수들에게 심심한 사의를 표하며, 편집과 제작에 정성을 다해준 도서출판 두남의 전두표 사장님을 비롯하여 편집부 여러분들에게 깊은 감사를 드린다.

2017년 8월

저 자

차례

Part 1 서 론

Chapter 01 _ 경영과학의 기초 · 3

Part 2 선형계획법

Chapter 02 _ 선형계획법의 이해 · 15

Chapter 03 _ 그래프 해법 · 31

Chapter 04 _ 심플렉스해법 · 47

Chapter 05 _ 쌍대이론과 민감도 분석 · 89

Part 3 기타 수리계획법

부 록

제1부

서 론

제 1 장

경영과학의 기초

제1절 경영과학과 수학적 모델

경영과학(management science)은 경영문제를 과학적으로 분석하고, 합리적 의사결정과 문제 해결을 도모하는 학문이다. 여기서 과학적으로 분석한다는 것은 경험과 느낌에 의존하는 것이 아니라 계량적으로 접근하는 것이며, 주관적 판단보다는 객관적 분석을 중시한다는 것이다. 그러므로 경영과학에서는 모델을 이용하는 것이 특징이다.

모델(model)이란 대상이 되는 문제의 본질적인 측면에 주목하며, 그 밖의 상세부분은 생략하고 단순하게 표현한 것이다. 모델의 예로서 알기 쉬운 것은, 물리적 모델(physical model)이다. 예를 들면, 비행기 설계의 풍동 실험에서 쓰이는 모형 비행기가 그 대표적인 것이다. 이 경우, 비행기의 형상이 문제가 되므로, 좌석, 화장실 등 내부 구조는 제외하고 단순화되어 있다. 그리고 경영과학에서 이용하는 모델은 수학적 모델(mathematical model)이다. 즉, 수학적 모델은 수식을 사용하여 현실의 문제를 표현하는 것이다.

모델에서 최적의 방안은 현실적인 문제 해결에 유효성을 발휘하는 것이지만, 모델이 복잡화하면서 모델의 취급 용이성인 모델의 조작성이 떨어지게 된다. 모델의 현실성과 조작성은 본질적으로 상반된 성질을 가지므로, 모델화는 양자의 균형을 어떻게 취할지가 과제가 된다.

최근에는 컴퓨터 처리능력의 고도화로 복잡한 모델도 쉽게 처리하게 되었고, 모델의 현실성과 조작성을 동시에 조화롭게 높일 수 있게 되었다.

또, 기업의 경영문제와 같은 사회적 현상도 본질적인 요인들을 모두 수학적으로 나타낼 수 있으며, 그 요인도 항상 변화한다. 그러므로 최고책임자나 관리자 등

의사결정자는 경영과학의 적용에 의해서 얻은 정보를 중요한 판단 재료로 활용하지만, 최종적인 의사결정은 의사결정자 스스로가 책임지고 내릴 필요가 있다.

제2절 경영과학에 의한 문제 해결 프로세스

경영과학은 역사적으로는 제2차 세계대전(1939~1945년) 직전에 영국 군대에서 시작하여, 그 후 미군에 파급된 군사상의 작전 연구인 오페레이션즈 리서치(operations research; OR)팀이 직접적인 기원이 되었다. OR팀은 각 방면에서 과학자를 중심으로 팀을 구성하여, 레이더 시스템의 개선, 잠수함의 폭격무기 보급관리 등에 대해 연구하고, 그 결과를 군 지도부에 조언하여, 전쟁에서 큰 성과를 거두었다.

전쟁이 끝난 뒤, 군대에서 OR팀에 종사하던 과학자는 제2차 세계대전의 종료와 함께 일반 사회에 복귀하였고, OR의 적용에 따른 효과를 관공서와 기업을 불문하고 넓은 범위로 확산시켰다. 이를 기점으로 OR은 새로운 학문 분야로서 기틀을 다지기 시작하였고, 'OR(경영과학)'이라는 명칭이 쓰이게 되었다.

그리고 경영과학이 급속히 보급되고 발전한 것은, 선형계획법 등 각종 기법이 개발되어 응용 범위가 확대되었으며, 산업계 등에서 경영자, 관리자가 경영과학의 기법이나 개념을 적극적으로 도입한 것이 배경이 되었다. 한편, 대학에서도 경영과학의 교육에 힘쓰고, 다수의 전문가를 육성하여 사회에 보내게 되었다.

또, 1960년대에 들어 컴퓨터가 조직에 본격적으로 보급되면서 대규모의 복잡한 문제도 효율적으로 풀 수 있게 됨에 따라, 경영과학의 실천적 가치는 크게 높아지게 되었다.

경영과학에 의한 문제 해결 프로세스는 <그림 1-1>과 같이, 크게 '문제 발견'과 '문제 해결' 단계로 구분된다. 이 중, 현실에 어떤 문제가 발생했는지를 확인하고, 명확화하는 '문제 발견'의 프로세스는 매우 중요하다. 왜냐하면, 문제의 인식을 잘못하면, 그 후의 단계가 아무리 옳아도 제대로 된 문제 해결에는 이르지 않기 때문이다. 그러므로 현실을 주의 깊게 관찰하고, 목표와 현실의 차이, 즉 문제점을 알 필요가 있다.

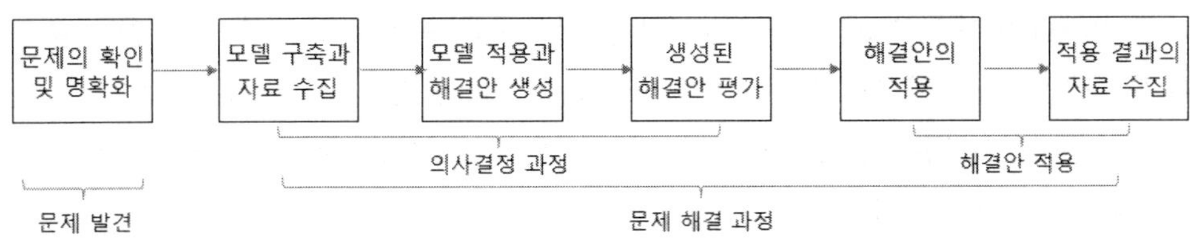

그림 1-1 ▸▸▸ 경영과학에 의한 문제 해결 프로세스

문제가 충분히 명확하게 되면, 다음에 그것을 수학적 모델로 표현한다. 수학적 모델에 편입되는 변수에는, 의사결정자의 정책에 의해서 값이 정해지는 변수(예를 들면, 판매가격 P)와 제조단가 c와 같이 정책과 무관하게 정해지는 변수가 있다. 의사결정자는 후자인 파라미터(parameter)를 구하기 위해서 필요한 데이터를 수집한다.

모델을 구축하면, 실제로 여러 가지 정책을 입력하고, 이익과 비용 등 평가를 기준으로 한 변수가 어떻게 변화하는지를 검토한다. 이것이 모델의 적용과 해결 방안의 작성 과정이다. 그리고 복수의 해결 방안을 평가하여 바람직한 해결 방안을 선택하면, 의사결정은 끝나게 된다.

의사결정은 문제 해결의 부분 프로세스이며, 문제 해결 자체와는 다르다. 즉, 의사결정 결과(즉, 선택된 해결 방안)를 실시하는 것으로, 문제는 해결된다. 그러므로 해결 방안의 실행 가능성이 중요하다. 해결 방안에서 고도의 모델이 뒷받침되고, 조직 전체의 최적화를 지향하는 것이라도, 조직의 사람들에게 일의 대폭적인 변경을 강요하는 것이라면, 실시는 쉽지 않다. 또한, 해결 방안은 조직의 구성원들에게 쉽게 수용되고 이해되지 않으면 안 된다.

마지막으로, 해결 방안의 실시 결과를 모니터하고, 모델의 전제조건이 변화하지 않았는지 항상 주의할 필요가 있다. 문제를 둘러싼 경제 환경이 변화된 경우에는 모델을 수정하거나 재구축하여 더 좋은 해결 방안을 구할 필요가 있다.

이러한 문제 해결 과정은 모든 단계에서 인간의 판단을 필요로 하며, 경영과학의 전문가뿐 아니라, 경영자, 각 부문의 관리자, 기술자 등 관련자 전원이 참석하여 문제의 해결을 위하여 노력하여야 한다. 경영과학의 전문가들은 의사결정에 필요한 정보를 관리자에게 제공하는 것이 임무이지만, 문제 해결을 위해서는 문제의 수식화에서 실시 결과의 모니터까지 전면적으로 관여하는 것이 필요하다.

경영과학이 대상으로 하는 경영문제는 일상적인 기업의 운영인 생산계획, 수송계획, 인원 배치, 일정계획, 수요예측, 재고관리 등이 많았다. 그 이유는 이들 문제는 처리 절차가 명확하고, 수학적 모델로 나타내기 쉽기 때문에, 경영과학의 적용이 효과적인 영역이다.

그러나 시장 환경의 변화가 심하고, 전략적 결정의 중요성이 인식되면서 경영과학에 대해서도 게임이론, 계층화 의사결정법(AHP) 등과 같은 전략 차원의 의사결정을 활용할 수 있는 기법들이 주목받고 있다.

제3절 경영과학의 적용 기법과 활용

1 경영과학의 적용 범위와 기법

문제해결을 위한 함수의 특성으로 독립변수와 종속변수 사이의 대응관계가 변수의 값에 따라 1차식으로 고정된다는 가정을 세우면 선형함수(linear function)가 되고, 선형으로 표현되지 않으면 비선형함수(non-linear function)가 된다. 그리고 미래 시점에서 문제발생이 확정적으로 볼 수 있는 경우(deterministic), 확률적 수치로 추정할 수 있는 경우(risk), 자료가 없어 추정이 불확실한 경우(uncertainty), 경쟁자에 의한 출현이 상호경쟁전략의 결과에 따르는 경우(competitive) 등으로 나타낼 수 있다.

문제의 분석대상기간의 장단에 관계없이 회수로 구분할 경우, 단일기간(single-period)과 복수기간(multi-period)으로 구분된다. 그리고 기간의 수가 정해지는 한정적 경우(bounded case)와 기간의 수가 정해지지 않는 비한정적 경우(unbounded case)로 구분된다. 이 내용을 정리하면 <표 1-1>과 같다. 여기서 적용기법은 계량적 의사결정기법의 유형을 나타낸 것이다.

표 1-1 ▸▸▸ 경영과학의 적용 범위와 기법

함수특성	• 선형함수 - 연속적(continuous) - 불연속적(discrete) • 비선형함수 - 연속적(continuous) - 불연속적(discrete)
환경성격	• 확정적(deterministic) • 위험(risk) • 불확정적(uncertainty) • 경쟁적(competitive)
고찰기간	• 단일기간(single-period) • 복수기간(multi-period) - 한정적(bounded) - 비한정적(unbounded)
적용기법	• 선형계획법(Linear Programming) • 수송계획법(TLP: Transportation Linear Programming) • 할당문제(AP: Assignment Problem) • 동적계획법(DP: Dynamic Programming) • 목표계획법(GP: Goal Programming) • 정수계획법(IP: Integer Programming) • 모의실험(Simulation) • PERT/CPM • Network Theory • 대기행렬(Queueing Theory)

계량적 의사결정의 적용해법들을 간단히 설명하면 다음과 같다.

① 선형계획법(LP : Linear Programing) : 이것은 한정된 자원의 제약조건하에서 목적함수의 이익 최대화(비용의 최소화)를 위한 자원의 최적결합을 다룬다.

② 수송계획법(TLP : Transportation Linear Programming) : 수송계획법은 선형계획법의 특수형태로 여러 공급지에서 여러 수요지까지 물량을 최소비용으로 이동시킬 수 있는 최적대안의 선택 문제에 적용된다.

③ 할당문제(AP : Assignment Problem) : 할당문제도 선형계획법의 특수형태로 기계의 작업자 배치와 같은 최적할당 문제에 적용된다.

④ 동적계획법(DP : Dynamic Programming) : 동적계획법은 최적화문제에 대한 순

환적 접근방법으로, 일련의 의사결정이 계속적으로 요구되는 상황에서 상호 관련성을 지니는 다단계 의사결정 문제를 해결하기 위하여 사용되는 수리적 기법이다.

⑤ 목표계획법(GP : Goal Programming) : 목표계획법은 해가 불능인 선형계획문제를 다룰 수 있도록 개발되었다. 즉, 목표계획법은 다수의 목적을 동시에 취하는 방법을 얻기 위해 개발된 접근방법이다.

⑥ 정수계획법(IP : Integer Programming) : 정수계획법은 선형계획법의 해가 정수 단위로 나올 수 있도록 정수제약조건을 도입하여 정수해를 유도하는 것이다.

⑦ 모의실험(Simulation) : 모의실험은 실제 시스템의 속성과 형태 그리고 운영특성 등을 연구하고 이해하기 위하여 모의실험을 통하여 실험을 하는 의사결정 방법이다. 의사결정문제의 최적해를 얻기 위하여 시행착오적 방법과 확률적 이론을 이용한다.

⑧ PERT/CPM : PERT/CPM은 많은 세부작업과 공정으로 구성된 비반복적인 대규모 사업을 수행함에 있어 주공정로를 찾아내어 이것을 중점적으로 관리하고, 여유시간을 적절히 활용하여 일정시간과 비용을 절감시키는 기법이다.

⑨ Network Theory : 수송문제, 통신망 등과 같이 현대사회의 복잡하고 다양한 결합은 네트워크 형태를 취하므로, 이와 관련하여 형성되는 문제들을 해결하기 위한 기법이다.

⑩ 대기행렬(Queueing Theory) : 대기행렬이론은 제한된 서비스시설과 대기행렬에서 서비스비용과 대기비용을 최소화할 수 있는 방법을 다룬다.

경영과학은 군사문제를 다루기 위하여 출발되었으며, 지금도 작전분석, 물자관리, 무기체계 설계, 국방계획 등 국방에 관련되는 계획·설계·관리 및 운영 문제에서 중요한 역할을 하고 있다. 그러나 이제는 기업 경영, 공공단체의 관리 및 계획에서도 경영과학의 역할이 점점 두드러지고 있다. 실제, 경영과학의 기법들은 미국, 유럽 및 아시아의 주요 국가의 기업이나 공공기관 등 거의 모든 분야에서 널리 적용되고 있다.

역사적으로 볼 때, 경영과학은 군대관리에서 출발하여 산업과 기업으로 적용범위를 넓혀 갔는데, 초기의 응용부분은 대부분 생산 및 작업관리에 관한 내용이었다. 현대에는 기업의 재무관리, 기술개발, 시장관리 등 기업 전략적 차원의 문제는 물론 경제정책, 보건, 교통, 에너지, 환경, 교육 등 공공부문으로 적용범위가 더욱 넓어지고 있다.

따라서 현대의 기업에 종사하거나 또는 공공기관에 종사하는 경영자로서 의사결정을 할 수 있거나 해야만 하는 위치에 있는 사람은 경영과학적 사고에 근거하여 항상 최적의 의사결정이 존재한다는 경영철학을 가질 필요가 있다.

표 1-2 ▸▸▸ 경영과학의 분야별 활용 범위

분 야	대 상 문 제	사용된 기법
생 산	제품선정, 생산계획과 일정계획, 원가관리, 입지선정, 수요예측, 품질관리, 수송시스템, 재고관리, 신제품의 계획수립, 시설용량 확장, 시설 대체 및 유지	선형계획법 의사결정나무 컴퓨터 시뮬레이션
수 송	도로노면의 각도, 교차로 교통관리, 신호체계관리, 차량속도에 따른 진입차선의 거리, 경로문제, 고속도로 네트워크 설계, 버스일정계획, 자원배분, 승무원 일정관리, 항공일정계획	컴퓨터 시뮬레이션 마코브과정 동적계획법
관 광 산 업	고객관리, 관광정보, 투자관리, 자원배분, 사업관리	선형계획법 0-1정수계획법
병 원	간호원 인력관리, 혈액은행재고관리, 직원일정계획, 식사계획, 다단계 검사계획, 인력과 설비계획, 진찰계획, 환자관리, 자원배분, 응급실관리, 약품관리	재고관리 확률이론 대기이론 컴퓨터 시뮬레이션
도 시 개 발	토지관리, 응급시설의 개발과 배분, 쓰레기 수거, 폐기물 관리, 지역사회 개발	선형계획법 컴퓨터 시뮬레이션
교 육	교육계획, 투자정보관리, 교사 배분, 조직관리, 도서관과 건물조직, 지방학교 관리, 교실이용, 시간표 관리, 학생관리	0-1정수계획법 경영정보시스템
농 업	농지관리, 수곡계획 수립, 자연동물의 종식, 축산계획, 병충해관리, 장비사용계획	선형계획법 정수계획법 재고 이론 네트워트 이론
수자원	저수지의 계획, 설계 및 운영, 수질관리, 강유역 개발 및 관리	선형계획법 시스템 이론
에너지	적정기술의 선택, 투자계획 수립, 일정계획, 시설용량 확대	선형계획법 동적계획법
법 원	법정 일정계획, 범죄에 대한 형량 DB, 범죄정보조직, 기타 정보관리	선형계획법 피드백시스템

제4절 경영과학과 컴퓨터

경영과학의 모델을 실제로 조작할 때는, 대부분의 경우에 컴퓨터를 사용한다. 그것은 현대의 복잡한 경영문제를 풀기 위해서는 대량의 데이터를 축적하고, 방대한 계산량을 필요로 하기 때문이다.

그러나 종래의 컴퓨터 이용 형태는 대형 컴퓨터로 집중 처리하는 것이 일반적이고, 일부 전문가만 사용할 수 있었기 때문에 관리자의 요구에 유연하게 호응하기 어려웠다. 그런데 오늘날에는 고성능 컴퓨터가 1인 1대, 또는 그 이상을 활용할 수 있게 되었으며, 개인의 정보력 향상, 편리한 응용 프로그램의 충실성 등과 맞물려 관리자 스스로 모델을 구축하여 기업의 의사결정에 도움을 주게 되었다.

이와 같이, 관리자의 의사결정을 지원하기 위한 컴퓨터 시스템을 의사결정지원시스템(decision support system; DSS)이라고 하며, DSS는 컴퓨터 기준으로 구축되어 이용하는 경우가 대부분이다. 그러므로 최종 이용자가 컴퓨터를 조작하게 되므로, 엔드 유저 컴퓨팅(end-user computing; EUC)과 같은 의미로 사용되고 있다.

다시 말하면, DSS란 관리자가 직면하는 특정 문제나 의사결정을 지원하기 위한 데이터, 이를 분석하기 위한 다양한 분석 모델, 그리고 각종 소프트웨어와 하드웨어 등 사용자의 의사결정에 필요한 모든 정보를 제공하는 시스템이다. <그림 1-2>은 DSS의 구성개념도를 나타낸다.

경영과학 모델은 경영과학의 전문가 또는 관리자 스스로가 작성하는 것으로, 재무 모델, 통계 모델 등 다른 모델과 함께 모델 베이스에 축적되어 전략적, 전술적, 그리고 경영과학적 의사결정에 활용된다. 최근, 인터넷 환경의 발전으로 외부 데이터베이스, 모델, 인적자원에 접근하기가 매우 쉬어졌다.

또한, 경영문제를 가장 잘 아는 관리자 자신이 직접 시스템과 대화하면서 의사결정 과정을 진행시키는 것은, 특히 비구조적 의사결정 문제의 해결에 효과적이다. 비구조적 의사결정 문제는, 문제 해결의 접근을 어느 정도 제한할 수 있지만, 최종적으로 어떤 순서로 의사결정할지는, 데이터를 실제로 분석하고, 다양한 각도에서 평가하고, 최종 판단할 필요가 있는 문제이다.

이러한 문제는 모델에서 논리적으로 이끌리는 최적의 정책을 발견하고, 모델의 전제 조건의 변화가 결과에 어떤 영향을 미칠 것인가 시행착오적으로 분석하는 것이 중요하다. 예를 들면, 최적의 광고 예산을 요구하는 동시에, 예산을 10% 증가하면, 점유율은 어떻게 되는가? 라는 정보를 추가한다면, 의사결정의 폭을 더욱 넓힐 수 있을 것이다.

또, 목표를 달성하기 위해서 특정변수가 같은 값을 취할 필요가 있는지를 찾을 수 있다. 예를 들면, 이익을 10% 증가하기 위해서는 판매 가격을 얼마로 하면 좋겠는가? 하는 분석이 가능하다.

DSS는 이러한 문제 분석에 적합한 시스템이며, 정형적인 처리 순서를 가진 시스템은 아니지만, 사용자의 사용방식에 따라 유연하게 대응하는 시스템이다. 더욱이 관리자는 불확실한 환경 아래에서 신속한 의사결정이 요구되고 있어, DSS에 의한 문제 분석은 실제 문제 해결에 있어 위력을 발휘한다.

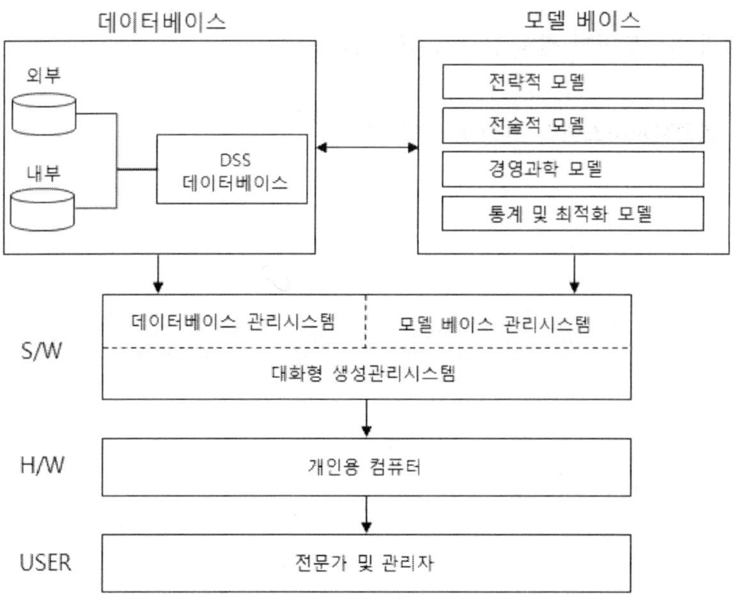

그림 1-2 ▸▸▸ 의사결정지원시스템의 구성개념도

연 습 문 제

1.1 경영과학의 개념을 설명하라.

1.2 경영과학에 의한 문제 해결 프로세스를 설명하라.

1.3 경영과학의 발달과정에 대하여 설명하라.

1.4 경영과학의 적용범위와 기법들을 간단히 설명하라.

1.5 경영과학의 분야별 활용 범위에 대해 설명하라.

1.6 의사결정지원시스템의 구성을 설명하라.

선형계획법

제 2 장

선형계획법의 이해

제1절 선형계획법의 개념

기업은 각종 계획을 세울 때, 여러 가지 제약을 받는다. 가령, 자원의 제약에서 가용자원(자금, 시간, 인원 등)에 한도가 있는 것은 일반적이며, 기술적 제약에서 제조조건(능력, 일정, 속도 등)이 결정되는 것도 있다. 그리고 고용 및 상거래 등에 관한 법적 제약도 있다. 기업은 이러한 제약 아래, 이익의 최대화, 비용의 최소화 등을 달성하는 최적의 대안을 결정하는 문제에 항상 직면하고 있다고 해도 과언이 아니다.

이러한 문제 풀이의 대표적 기법으로 선형계획법(linear programming; LP)이 있으며, 광범위한 현실적 문제에 적용되어 왔다.

선형계획법은 기업의 여러 가지 제약들을 선형식(linear; 1차식)으로 나타낸 것으로, 선형식의 목적을 나타내는 식인 목적함수를 최대화 혹은 최소화하는 최적해를 구하는 기법이다.

종래, 기업에서 생산계획이나 수송계획을 세울 때, 몇 가지 계획안을 세우고, 그 중에서 최선이라고 생각되는 대안을 선택하거나 기존 계획을 조금씩 수정하면서 시행착오적인 방법으로 계획을 수정하기도 하였다. 그렇지만 이렇게 만든 계획이 반드시 최적해라는 보장은 없다.

그러나 선형계획법을 사용하면, 주어진 제약조건 하에서 최적의 계획을 쉽게 작성했다고 할 수 있다. 단, 선형계획법은 수치적으로 표현할 수 없는 것은 고려할 수 없는, 즉 1차식으로 표현할 수 없는 문제는 풀 수 없다는 단점이 있다.

제2절 선형계획모형의 개발

1 선형계획모형의 개념

선형계획모형이란 현실 세계를 어떤 목적에 맞추어 축소하여 단순화시킨 것이다. 이렇게 선형계획모형을 만드는 이유는 그 모형을 풀이하여 최적해를 발견하고, 이 최적해를 경영의사결정에 활용하기 위해서이다.

따라서 복잡한 현실문제도 1차식의 제약조건들과 1차식의 목적함수로 구성된 선형계획모형으로 나타낼 수 있으면, 문제의 해를 쉽게 구할 수 있다. 일반적으로 현실 세계의 기업활동들을 선형계획모형으로 나타내기 위해서는 다음과 같은 과정을 거치게 된다.

[단계 1] 의사결정변수를 결정한다.
[단계 2] 목적함수를 수식으로 나타낸다.
[단계 3] 일련의 제약조건을 수리모형으로 나타낸다.
[단계 4] 제약조건식들과 목적함수식을 결합하여 하나의 연립체계를 만든다.

2 기본 요소와 개발 과정

1) 기본 요소

기업은 목표이익의 달성에 목적이 있으며, 기업의 작업자수, 조업시간, 보유자재량, 자금 그리고 여러 정치·경제적인 요소들이 기업의 목표이익 달성을 저해하는 요인으로 작용될 수 있다. 그러므로 선형계획모형은 목적함수식, 제약조건식, 비음조건의 3가지가 기본 구성요소이다.

① 목적함수식(objective function) : 기업이 추구하고자 하는 이익이나 비용의 목표를 식으로 나타낸 것이다. 즉, 기업의 이익과 관련된 문제는 기업의 이익을 최대화(maximization) 시키기 위하여 최대화문제를 적용하며, 기업의 비용측면을 다루는 문제는 비용 최소화(minimization)를 위하여 최소화문제를 적용한다.

② 제약조건식(side constraints) : 기업의 목표를 달성하는데 제약이 되는 여러 가지 조건을 말한다. 즉, 특정 제품의 생산은 각 공정의 제한된 작업시간, 자재보유량, 보유 설비, 작업자의 수, 기술인력의 수준 등의 현실적인 문제가 제약조건으로 작용한다.

③ 비음제약조건(non-negativity constraint) : 특정 제품의 생산량은 0과 같거나 아니면 0보다 커야 한다는 조건이다. 즉, 선형계획모형의 해인 결정변수의 값이 음수가 될 수 없다는 것을 의미한다.

2) 개발 과정

일반적인 선형계획모형은 최대화문제 뿐만 아니라 최소화문제일 수도 있으며, 제약식은 부등식이나 등식이 될 수 있다. 선형계획모형을 성공적으로 개발하기 위해서는 다음의 과정을 밟는 것이 바람직하다.

[단계 1] 선형계획모형으로 분석하고자 하는 내용을 충분히 이해한다.
[단계 2] 어떤 값을 구하고자 하는지 목적을 확실히 한다.
[단계 3] 수립한 모형에 필요한 자료들이 모두 수집 가능한지를 파악한다.
[단계 4] 기업의 목적을 1차 방정식으로 표현하여 목적함수식으로 사용한다.
[단계 5] 모든 조건들이 의사결정변수들의 1차 방정식으로 나타나도록 제약조건식들을 만든다.
[단계 6] 사용된 변수가 모두 비음조건임을 식으로 나타낸다.

예제 2-1

2종류의 제품 P와 제품 Q를 생산하는 공장이 있다. 제품 P를 1단위 만들기 위해서 원료가 4kg이 필요하고, 2명의 작업자가 설비를 2시간 사용한다. 그리고 제품 Q를 1단위 만들기 위해서 원료는 5kg이 필요하고, 5명의 작업자가 설비를 1시간 사용한다. 이 공장의 원료의 사용 가능량은 하루 30kg이며, 작업자는 현재 25명이다. 그리고 설비는 잔업을 해도 하루 최대 12시간 밖에 사용할 수 없다.

1단위의 제품당 이익은 제품 P가 5만원, 제품 Q가 9만원이다. 이 공장에서 이익을 최대로 하려면, 제품 P와 제품 Q의 생산계획을 세우기 위한 선형계획모형으로 나타내어라.

풀이

단순히 제품 P와 제품 Q의 1단위당 이익을 비교하여, 단위 이익이 많은 제품 Q를 최대한 많이 생산할 계획을 세우는 것이 좋을까? 먼저 이 문제를 풀기 위하여, 각 제품을 1단위 만드는데 필요한 자원의 양, 하루에 쓸 수 있는 자원의 제한, 각 제품 1단위당 이익을 다음 표와 같이 정리할 수 있다.

	P	Q	1일 사용 자원의 한계
원료	4kg	5kg	≤ 30kg
작업자	2명	5명	≤ 25명
설비	2시간	1시간	≤ 12시간
단위당 이익	5만원	9만원	

만약, 제품 P를 x_1단위, 제품 Q를 x_2단위 만든다고 하자. 위의 표에서 원료는 $4x_1+5x_2$(kg), 작업자는 $2x_1+5x_2$(명), 설비는 $2x_1+1x_2$(시간)이 필요하다. 그러나 하루에 원료는 30kg, 작업자는 25명, 설비는 12시간 밖에 사용할 수 없기 때문에, 다음의 관계가 성립하며, 이들 식들을 제약조건식(side constraints)이라고 한다.

원료의 제약 : $4x_1+5x_2 \le 30$

작업자의 제약 : $2x_1+5x_2 \le 25$

설비의 제약 : $2x_1+1x_2 \le 12$

또, x_1, x_2는 생산량이므로, 음수(-) 값을 사용할 수 없기 때문에,

$$x_1,\ x_2 \ge 0$$

이 되며, 비음제약조건(non-negativity constraint)이라고 한다. 또, 제품 P, Q의 생산에 의해서 얻을 이익은 $5x_1+9x_2$(만원)이다. 그리고 이 공장의 목적은 이익 Z를 최대로 하는 것이므로,

$$Z=5x_1+9x_2 \rightarrow \text{최대화}$$

으로 나타내며, 이 식을 목적함수식(objective function)이라고 한다. 위의 내용을 정리하면, 다음과 같은 선형계획모형으로 나타낼 수 있다.

$$\begin{aligned} \text{Max} :\ & Z=5x_1+9x_2 \\ \text{s.t.} :\ & 4x_1+5x_2 \le 30 \\ & 2x_1+5x_2 \le 25 \\ & 2x_1+\ \ x_2 \le 12 \\ & x_1,\ x_2 \ge 0 \end{aligned}$$

이상으로 [예제 2-1]은 LP모형으로 정식화가 가능했다. 여기서 정식화된 제약조건식과 목적함수식을 모두 LP모형으로 나타낸 것이다.

목적함수의 값(이익 Z)은 x_1, x_2를 크게 하면 얼마든지 커지지만, 자원에 대한 제약조건으로 x_1, x_2를 무제한으로 크게 할 수 없다. 그리고 제약조건을 충족하는 값을 실행가능해(feasible solution)라고 하며, 이 중 목적함수의 값을 최대로 하는 것이 최적해(optimal solution)이다. 또한, LP모형에서 파라미터(여기서는 [예제 2-1]의 표에 나타낸 수치)는 정확히 알고 있다고 가정하고 있다. 한편, x_1과 x_2는 의사결정자가 결정할 수 있는 변수이며, 결정변수(decision variable)라고 불린다.

제3절 선형계획모형의 형태

1 최대화문제

최대화문제는 기업의 이익을 최대화(maximization) 하기 위하여 사용하는 모형으로, 목적함수식을 Max(maximize)로 나타낸다. 이제, 선형계획모형의 예제를 이용하여 최대화문제의 개념을 살펴보도록 하자.

예제 2-2

K사는 3개의 제품 A, B, C를 생산하는 기업이다. 제품 A의 표준작업시간은 공정 Ⅰ에서 4시간, 공정 Ⅱ에서 3시간이며, 제품 B의 경우 각각 3시간, 5시간이라 한다. 그리고 제품 C의 단위당 표준시간은 공정 Ⅰ에서 2시간, 공정 Ⅱ에서 4시간이 소요되며, 제품 단위당 공헌이익을 A는 5,000원, B는 4,000원, C는 3,000원, 조업가능시간은 공정 Ⅰ이 5,000시간, 공정 Ⅱ는 6,000시간으로 추정할 때, 최대이익을 내는 제품생산계획을 세우기 위한 선형계획모형을 나타내어라.

풀이

위의 내용을 표로서 작성하면, 다음과 같다.

제품 \ 시간	단위당 표준 작업시간		단위이익(원)
	공정 Ⅰ(시간)	공정 Ⅱ(시간)	
제품 A	4	3	5,000
제품 B	3	5	4,000
제품 C	2	4	3,000
가용시간	5,000	6,000	

제품 A, B, C의 생산량을 각각 x_1, x_2, x_3라고 하면, 제품 A의 단위이익이 5,000원이므로 x_1개를 생산하면 $5,000x_1$원의 이익이 발생한다. 여기에 제품 B, 제품 C의 이익을 모두 합한 $Z=5,000x_1+4,000x_2+3,000x_3$가 기업의 이익을 최대화하기 위한 K기업의 목적함수식이 된다.

공정 Ⅰ에 대한 제품 A의 표준작업시간은 4시간, 제품 B는 3시간, 제품 C는 2시간이 소요되고, 공정 Ⅰ의 가용시간인 5,000시간을 초과하면 안 된다. 그러므로 $4x_1+3x_2+2x_3 \le 5,000$의 제약조건식이 성립된다. 그리고 공정 Ⅱ는 6,000시간을 초과하지 말아야 하므로 $3x_1+5x_2+4x_3 \le 6,000$의 제약조건식이 성립된다.

따라서 K사의 최대이익을 내기위한 생산계획을 선형계획모형으로 나타내면, 다음과 같다.

$$
\begin{aligned}
\text{Max} : & \ Z=5,000x_1+4,000x_2+3,000x_3 \\
\text{s.t.} : & \ 4x_1+3x_2+2x_3 \le 5,000 \\
& \ 3x_1+5x_2+4x_3 \le 6,000 \\
& \ x_1,\ x_2,\ x_3 \ge 0
\end{aligned}
$$

예제 2-3

S완구회사는 추석맞이 연날리기 대회에 대비하여 A형, B형, C형 세 종류의 연을 생산하기로 하였다. 연의 개당 이익은 A형 200원, B형 400원, C형 300원이며, 이를 생산하기 위해 1,200㎥의 나무와 2,400㎡의 종이를 이미 확보하였다. 나무 소비량은 A형이 0.7㎥, B형이 0.6㎥, C형이 0.9㎥이며, 종이 소비량은 A형이 0.2㎡, B형이 0.5㎡, C형이 0.7㎡이다.

S완구회사의 이익을 최대화할 수 있는 연의 형태별 생산계획을 선형계획모형으로 나타내어라.

풀이

위의 내용을 간단하게 표로 나타내면 다음과 같다.

형태	나무 소비량(㎥)	종이 소비량(㎡)	단위이익(원)
A형	0.7	0.2	200
B형	0.6	0.5	400
C형	0.9	0.7	300
확보량	1,200	2,400	

여기서, A형 연의 생산개수를 x_1, B형 연의 생산개수를x_2, C형 연의 생산개수를 x_3라 하자. 이 문제는 이익을 최대화하는 것이 기업의 목적이므로, 목적함수식은 최대화문제가 된다. 그리고 각 연을 만드는데 소요되는 나무와 종이의 소비량은 S완구회사의 확보량보다 적어야 한다. 그러므로 나무와 종이 소비량이 제약조건이 되므로 2개의 제약조건식이 성립된다. 이러한 사항들을 고려하여 선형계획모형으로 나타내면 다음과 같다.

$$\begin{aligned} \text{Max} : & Z = 200x_1 + 400x_2 + 300x_3 \\ \text{s.t.} : & \ 0.7x_1 + 0.6x_2 + 0.9x_3 \le 1,200 \\ & \ 0.2x_1 + 0.5x_2 + 0.7x_3 \le 2,400 \\ & \ x_1,\ x_2,\ x_3 \ge 0 \end{aligned}$$

예제 2-4

K씨는 안정적인 소득을 위하여 1억원의 자금을 5년간 A, B, C, D 4개의 은행에 정기적금으로 분산하여 투자하기로 하였다. K씨가 최대의 소득을 올리기 위한 투자계획을 선형계획모형으로 작성하라.

각 은행의 적립기간과 이자율은 다음과 같다(단, 5년 내에 적립기간이 끝나지 않을 경우 가입하지 않는다).

은행 \ 구분	최초가입 가능시기	적립기간	이자율
은행 A	매년 초 가입	4년	20%
은행 B	2년 초부터 매년 가입	3년	25%
은행 C	3년 초부터 매년 가입	2년	20%
은행 D	5년 초부터 매년 가입	1년	10%

풀이

먼저 적금시기와 적금액, 회수시점과 회수액을 그림을 이용하여 나타내면 다음과 같다. 각 은행의 정기적금을 A, B, C, D라 한다. 각 년도 초를 기준으로 정기적금의 투자계획을 그림으로 나타내면, 다음과 같다.

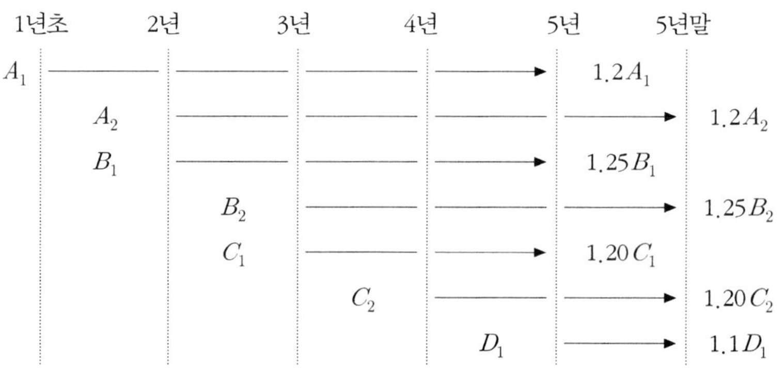

각 년도의 초에는 최초 자금에서 이미 투자된 금액을 공제하고, 회수된 자금은 합하여 특정 시점의 투자가능금액으로 결정하여야 한다. 그리고 특정 시점의 투자가능금액은 투자금액보다 같거나 적어야 한다.

1년초 : $A_1 \le 1$억원

2년초 : $A_2 + B_1 \le 1$억원 $- A_1$

3년초 : $B_2 + C_1 \le 1$억원 $- A_1 - A_2 - B_1$

4년초 : $C_2 \le 1$억원 $-(A_1 + A_2 + B_1 + B_2 + C_1)$

5년초 : $D_1 \le 1$억원 $-(A_1 + A_2 + B_1 + B_2 + C_1 + C_2) + 1.2A_1 + 1.25B_1 + 1.20C_1$

그리고 회수되는 이자율을 최대화하는 것이 목적이므로 이를 목적함수식으로 한다. 위의 제약조건식을 다시 정렬하여 선형계획모형으로 나타내면 다음과 같다.

$$\text{Max} : Z = 0.2(A_1 + A_2) + 0.25(B_1 + B_2) + 0.2(C_1 + C_2) + 0.1D_1$$

s.t.: $A_1 \le 1$억원

$A_1 + A_2 + B_1 \le 1$억원

$A_1 + A_2 + B_1 + B_2 + C_1 \le 1$억원

$A_1 + A_2 + B_1 + B_2 + C_1 + C_2 \le 1$억원

$D_1 \le 1$억원 $-(A_1 + A_2 + B_1 + B_2 + C_1 + C_2) + 1.2A_1 + 1.25B_1 + 1.20C_1$

$A_1,\ A_2,\ B_1,\ B_2,\ C_1,\ C_2,\ D_1 \ge 0$

2 최소화문제

최소화문제는 기업의 투입비용을 최소화(minimization) 하기 위하여 사용하는 모형으로, 목적함수식을 Min(minimize)으로 나타낸다. 이제, 선형계획모형의 예제를 이용하여 최소화문제의 개념을 살펴보도록 하자.

예제 2-5

돼지를 사육하는 K농장에서 돼지 중량 1kg을 올리는데 다음과 같은 영양소가 필요하다. K농장의 사료비용을 최소화하는 선형계획모형을 작성하라.

종류	영양소 A	영양소 B	영양소 C	영양소 D	가격(원)
사료 Ⅰ	3	4	5	6	40
사료 Ⅱ	3	2	3	2	30
사료 Ⅲ	4	1	2	3	20
최소섭취량 (칼로리)	400	200	500	400	

풀이

K농장의 목적은 총사료구입 비용을 최소화하는 것으로 최소화문제가 되어, 목적함수식의 앞에 Min을 붙인다. 그리고 사료 Ⅰ, 사료 Ⅱ, 사료 Ⅲ의 구입량을 각각 x_1, x_2, x_3이라 하면, 사료의 단위 중량당 구입가격은 사료 Ⅰ이 40원, 사료 Ⅱ가 30원, 사료 Ⅲ가 20원이므로, 총사료구입 비용은 $Z=40x_1+30x_2+20x_3$가 된다.

그리고 돼지가 섭취하여야 할 영양분 A의 최저 필수영양분이 400칼로리이므로, $3x_1+3x_2+4x_3 \geq 400$의 제약조건식이 되며, 같은 방법으로 영양분 B, 영양분 C, 영양분 D에 대한 제약조건식을 만든다.

따라서 이 문제를 선형계획모형으로 나타내면 다음과 같다.

$$\begin{aligned}
\text{Min}: & \ Z=40x_1+30x_2+20x_3 \\
\text{s.t.}: & \ 3x_1+3x_2+4x_3 \geq 400 \\
& \ 4x_1+2x_2+1x_3 \geq 200 \\
& \ 5x_1+3x_2+2x_3 \geq 500 \\
& \ 6x_1+2x_2+3x_3 \geq 400 \\
& \ x_1,\ x_2,\ x_3 \geq 0
\end{aligned}$$

예제 2-6

S사는 가스를 생산하는 업체로, 산소, 질소, 수소 가스를 생산하여 판매한다. 산소 생산은 공정 Ⅰ에서 4, 공정 Ⅱ에서 5, 공정 Ⅲ에서 4, 질소 생산은 공정 Ⅰ에서는 5, 공정 Ⅱ에서 8, 공정 Ⅲ에서 3, 수소 생산은 공정 Ⅰ에서 3, 공정 Ⅱ에서 4, 공정 Ⅲ에서 2가 소비된다.

단위당 생산가격은 산소가 3,000원, 질소가 4,000원, 수소가 5,000원이며, 최소 생산량은 공정 Ⅰ에서 1,500Kg, 공정 Ⅱ에서 2,500Kg, 공정 Ⅲ에서 3,500Kg이다.

S사가 최소비용으로 가스를 생산할 수 있도록 선형계획모형을 작성하라.

종류	공정 Ⅰ	공정 Ⅱ	공정 Ⅲ	생산가격(원)
산소	4	5	4	3,000
질소	5	8	3	4,000
수소	3	4	2	5,000
최소생산량(Kg)	1,500	2,500	3,500	

풀이

산소, 질소, 수소의 생산량을 각각 x_1, x_2, x_3라 하면, S사에 대한 선형계획모형은 다음과 같다.

$$\begin{aligned}
&\text{Min} : Z = 3{,}000x_1 + 4{,}000x_2 + 5{,}000x_3 \\
&\text{s.t.} : \ 4x_1 + 5x_2 + 3x_3 \geq 1{,}500 \\
&\qquad\ \ 5x_1 + 8x_2 + 4x_3 \geq 2{,}500 \\
&\qquad\ \ 4x_1 + 3x_2 + 2x_3 \geq 3{,}500 \\
&\qquad\qquad x_1,\ x_2,\ x_3 \geq 0
\end{aligned}$$

3 선형계획모형의 일반 형태

선형계획모형의 일반 형태는 경영자의 목적이 무엇이냐에 따라 최대화문제와 최소화문제로 구분된다. 즉, 기업의 이익과 관련된 문제는 최대화문제이고, 기업의 비용과 관련된 문제는 최소화문제이다.

1) 최대화문제

선형계획모형에서 최대화문제의 일반형태는 다음과 같이 전개할 수 있다.

$$
\begin{aligned}
\text{Max}: Z &= c_1x_1 + c_2x_2 + \cdots\cdots\cdots + c_nx_n \\
\text{s.t.}: \; & a_{11}x_1 + a_{12}x_2 + \cdots\cdots\cdots + a_{1n}x_n \le b_1 \\
& a_{21}x_1 + a_{22}x_2 + \cdots\cdots\cdots + a_{2n}x_n \le b_2 \\
& \cdot + \cdot + \cdots\cdots\cdots + \cdot \le \cdot \\
& \cdot + \cdot + \cdots\cdots\cdots + \cdot \le \cdot \\
& \cdot + \cdot + \cdots\cdots\cdots + \cdot \le \cdot \\
& a_{m1}x_1 + a_{m2}x_2 + \cdots\cdots\cdots + a_{mn}x_n \le b_m \\
& x_j \ge 0 (j = 1,\ 2,\ 3,\ \cdots,\ n)
\end{aligned}
$$

여기서, c_i는 단위이익, a_{ij}는 기술계수, x_j는 생산량, b_j는 가용량을 나타낸다. 그리고 각 제약조건식의 가용량은 각 제품의 기술계수와 생산량의 곱한 값을 모두 더한 값보다 작거나 같아야 한다.

위의 식을 보다 간략하게 단순화하면, 다음과 같이 나타낼 수 있다.

$$
\begin{aligned}
\text{Max}: Z &= \sum_{j=1}^{n} c_jx_j \\
\text{s.t.}: \; & \sum_{j=1}^{n} a_{ij}x_j \le b_i (i = 1,\ 2,\ \cdots,\ m) \\
& x_j \ge 0 (j = 1,\ 2,\ \cdots,\ n)
\end{aligned}
$$

제약조건식의 부등호는 항상 '≤'의 부등호만을 갖는 것이 아니고, '=' 혹은 '≥' 부등호가 사용될 수 있다.

2) 최소화문제

선형계획모형에서 최소화문제의 일반형태는 다음과 같이 전개할 수 있다.

$$
\begin{aligned}
\text{Min}: Z &= c_1x_1 + c_2x_2 + \cdots + c_nx_n \\
\text{s.t.}: \; & a_{11}x_1 + a_{12}x_2 + \cdots\cdots\cdots + a_{1n}x_n \ge b_1
\end{aligned}
$$

$$
\begin{aligned}
a_{21}x_1 + a_{22}x_2 + \cdots\cdots\cdots + a_{2n}x_n &\geq b_2 \\
\cdot + \cdot + \cdots\cdots\cdots + \cdot &\geq \cdot \\
\cdot + \cdot + \cdots\cdots\cdots + \cdot &\geq \cdot \\
\cdot + \cdot + \cdots\cdots\cdots + \cdot &\geq \cdot \\
a_{m1}x_1 + a_{m2}x_2 + \cdots\cdots\cdots + a_{mn}x_n &\geq b_m \\
x_j \geq 0(j = 1,\ 2,\ 3,\ \cdots,\ n)
\end{aligned}
$$

여기서, c_i는 단위비용, a_{ij}는 기술계수, x_j는 소비량, b_j는 최소필요량을 나타낸다. 그리고 각 제약조건식의 최소필요량은 각 제품의 기술계수와 소비량의 곱한 값을 모두 더한 값보다 크거나 같아야 한다. 즉, 각 제약조건식의 최소필요량을 초과하여야 한다는 의미이다.

위의 식을 보다 단순화하면, 최소화문제는 다음과 같이 간단히 나타낼 수 있다.

$$
\begin{aligned}
&\text{Min} : Z = \sum_{j=1}^{n} c_j x_j \\
&\text{s.t.} : \sum_{j=1}^{n} a_{ij} x_j \geq b_i (i = 1,\ 2,\ \cdots,\ m) \\
&\qquad x_j \geq 0 (j = 1,\ 2,\ \cdots,\ n)
\end{aligned}
$$

위의 최대화문제와 최소화문제의 차이점을 살펴보면, ① 목적함수식에서 최대화(Max)와 최소화(Min)의 차이, ② 각 제약조건의 부등호가 최대화문제는 '≤'로, 최소화문제는 '≥'로 서로 바뀌어져 있음을 알 수 있다.

4 기본 가정

선형계획모형은 목적함수식을 최대화하거나 최소화하며, 등식 또는 부등식의 제약식을 갖는 것을 앞에서 살펴보았다. 그러면 최적의 경영의사결정을 하고자하는 문제는 모두 선형계획법으로 해결할 수 있는가? 사실, 선형계획모형은 우리 주변의 실제 세계의 상황을 수식으로 간단하게 모형화한 것이므로 다음과 같은 한계를 지니고 있으며, 이를 선형계획모형의 기본 가정이라고 한다.

① **선형성** : 선형계획모형의 목적함수식과 제약조건식이 일차식으로 이루어진

다. 즉, 선형계획법은 경영목적과 제약조건들을 선형함수(linear function)로 나타내어야 한다. 그러나 생산량에 관계없는 초기투자의 경우, 생산량에 따른 선형성의 조건을 만족할 수 없다는 한계가 있다.

② **가산성** : 전체 공정의 자원사용량이 각 공정의 사용량의 합과 같고, 수익은 각 제품의 수익의 합과 같다는 가정이다. 즉, 몇 개의 활동간의 상호작용에 의하여 전체 효과나 특정 자원의 총사용량이 변화할 수 있다.

③ **분할성** : 의사결정변수들의 값이 분수 또는 소수로 표현될 수 있다는 가정이다. 일반적으로 선형계획모형의 해로서 정수해가 요구됨에도 불구하고 정수가 아닌 경우가 있다는 한계가 있다. 즉, TV를 3.7대 생산한다는 최적해는 이치에 맞지 않는다.

④ **변수의 수와 대안의 유한성** : 선형계획법은 목적을 달성하기 위해서 필요한 자원은 한정되어 있으며, 결정변수의 수도 제한되어 있다고 가정한다. 또한, 제약조건식의 수도 유한한 것으로 가정한다. 왜냐하면 현실적으로는 결정변수를 무수히 많은 것으로 열거할 수 있지만, 모형에서 무한한 변수를 다 만족시키는 대안을 선택한다는 것은 불가능하기 때문이다.

⑤ **확실성과 정태성** : 결정변수의 계수가 확실한 여건 하에서의 의사결정만을 다루며, 특정기간을 대상으로 하는 정태적 성격을 갖는다. 그러나 현실적으로 결정변수의 계수는 불확실하며, 동태적인 성격을 갖는 것이 일반적이다.

따라서 이러한 선형계획모형 상의 제약을 해소하기 위하여 정수계획법(Integer Programming), 지수계획법(Parametric Programming), 동적계획법(Dynamic Programming), 목적계획법(Goal Programming), 확률이론(Probability Theory) 등의 기법들이 이용된다.

연 습 문 제

2.1 선형계획모형의 개념을 설명하라.

2.2 선형계획모형의 기본 요소를 설명하라.

2.3 선형계획모형의 일반 형태를 설명하라.

2.4 선형계획모형의 기본 가정을 설명하라.

2.5 S기업은 통신기기 제조회사로서 휴대용 전화기, 무선호출기, 무선전화기, 유선전화기를 생산하고 있으며, 이 4가지 제품은 모두 3개의 주요 공정을 거쳐서 생산된다. S기업의 기술수준으로는 휴대용 전화기의 단위당 생산소요시간은 공정 Ⅰ이 단위당 5시간, 공정 Ⅱ는 4시간, 공정 Ⅲ은 3시간이 소요되고, 무선호출기는 공정 Ⅰ이 2시간, 공정 Ⅱ는 3시간, 공정 Ⅲ은 4시간이 소요된다.

그리고 무선전화기는 공정 Ⅰ이 6시간, 공정 Ⅱ는 1시간, 공정 Ⅲ은 5시간이 소요되며, 유선전화기는 공정 Ⅰ이 2시간, 공정 Ⅱ는 4시간, 공정 Ⅲ은 1시간이 소요된다. 제품 단위당 공헌이익은 휴대용 전화기는 25,000원, 무선 호출기는 23,000원, 무선전화기는 15,000원, 유선전화기는 10,000원이며, 조업가능시간은 공정 Ⅰ이 45,000시간, 공정 Ⅱ가 43,000시간, 공정 Ⅲ이 26,000시간으로 추정할 때, 최대이익을 구하는 선형계획모형을 작성하라.

2.6 S사는 2개의 제품을 생산하는 전자부품회사이다. 제품 1의 단위당 판매이익은 2,000원, 제품 2는 2,500원이다. 각 제품은 A, B, C의 생산부를 거쳐 제조되는데 제품 한 단위를 생산하는 데 해당 생산부에서 소요되는 노동시간과 각 부서에서 이용가능한 노동시간은 다음과 같다. 이 문제의 선형계획모형을 작성하라.

생산부	제품 1	제품 2	월간 노동시간
생산부 A	0.2	0.3	400
생산부 B	0.1	0.4	500
생산부 C	0.3	0.2	450

2.7 P사는 남성용 스킨, 여성용 향수, 유아용 크림을 생산하는 기업으로 3개의 생산공정을 거쳐 제품을 생산한다. 남성용 스킨의 표준작업시간은 공정 1에서 15시간, 공정 2에서 13시간, 공정 3에서 10시간이며, 여성용 향수의 경우 각각 10시간, 7시간, 9시간이라고 한다.

유아용 크림의 경우 공정 1에서 4시간, 공정 2에서 12시간, 공정 3에서 11시간이고, 제품 단위당 공헌이익은 남성용 스킨이 6,000원 여성용 향수는 12,000원, 유아용 크림은 10,000원이다. 그리고 조업가능시간은 공정 1이 3,000시간, 공정 2가 5,000시간, 공정 3이 4,000시간 일 때, 최대이익을 구하는 선형계획모형으로 나타내어라.

2.8 K씨는 안정적인 소득을 위하여 5,000,000원의 자금을 10년간 A, B, C, D 4개의 은행에 일시불 정기적금에 가입키로 하였다. K씨가 최대의 소득을 올리기 위한 선형계획모형을 작성하라. 각 은행의 적립기간과 이자율은 다음과 같으며, 10년내에 적립기간이 끝나지 않을 경우 가입하지 않는다.

구 분 / 은 행	적금가입시기	적립기간	이자율
A	1년초 가입후 2년마다	4년	20%
B	3년초 가입후 3년마다	5년	20%
C	5년초 가입후 2년마다	3년	25%
D	7년초 가입후 1년마다	3년	30%

2.9 K사는 대구, 제주도, 김포, 나주에서 생산되는 사과, 쌀, 배, 귤 등을 서울로 운반하는 전국적인 과일운반회사이다. 고속도로를 이용해 운반할 때 다음과 같은 시간이 소요된다고 한다. 최소비용을 구하는 선형계획모형으로 나타내어라.

종류 / 생산지	사 과	쌀	배	귤	가격(원)
대구	10	4	6	4	60,000
제주도	13	7	5	8	130,000
김포	5	9	6	5	80,000
나주	6	8	9	7	50,000
최소시간(분)	2,500	1,150	1,000	1,600	

2.10 다음은 토끼를 사육하는 S농장에서 사용하는 사료의 종류, 각 사료의 영양분, 사료의 구입가격 그리고 토끼가 필요로 하는 최소 필수영양분을 나타낸 것이다. 토끼의 최소 필수영양분을 충족시키면서 사료의 구입비용을 최소화할 수 있는 방법을 선형

계획모형으로 나타내어라.

	사료 Ⅰ	사료 Ⅱ	최저 필수영양분 (칼로리)
영양분 A	3	2	5
영양분 B	2	4	4
영양분 C	4	3	2
단위중량당 구입 비용(원)	5,500	4,000	

2.11 K사는 분기별 제품 판매예측을 실시하여 1분기 600대, 2분기 700대, 3분기 900대, 4분기 800대의 결과를 얻었다. 1대당 생산비는 1분기와 2분기에 50만원으로 추정하였고, 3분기와 4분기에는 상승요인으로 60만원으로 추정하였다. 그리고 재고비는 보유재고에 대하여 분기별로 대당 5만원이 발생한다. 분기별 제품생산능력은 800대이지만, 4분기는 년말휴가로 인하여 제품생산능력이 600대에 그친다. 생산비와 재고비를 최소화할 수 있는 생산계획모형을 작성하라.

2.12 P씨는 K대학 부근에서 규모가 큰 하숙을 경영하고 있다. 학기 초에 그는 자신의 하숙생들을 대상으로 부식에 대한 여론조사를 실시한 바, 학생들의 불만이 거의 없다는 사실을 알게 되었다. 그래서 그는 현재의 영양가를 유지하면서 효율적으로 부식을 구입하면, 자신과 하숙생들의 경제적 부담을 덜어 줄 수 있으리라고 생각하였다. 최소비용으로 부식을 마련할 수 있는 선형계획모형을 작성하라.

종류	영양소 A	영양소 B	영양소 C	영양소 D	가격(원)
김 치	5	8	7	3	3,000
호 박	4	9	3	1	1,000
고등어	6	3	3	4	800
콩자반	1	2	5	6	900
계 란	9	2	4	5	200
최소섭취량 (칼로리)	7,000	7,500	6,500	7,500	

제 3 장

그래프 해법

제1절 그래프 해법의 개념

선형계획모형을 그래프를 이용하여 최적해를 구하는 방법을 그래프 해법(graphical method)이라고 하며, 이 방법의 속성상 변수가 2개일 경우에 사용할 수 있다. 즉, 그래프 해법은 2차원의 그래프상에 나타낼 수 있는 2개의 결정변수를 갖는 모형에만 적용이 한정된다. 경우에 따라서 3개의 결정변수를 갖는 모형을 3차원 그래프로 나타낼 수 있지만, 그 과정은 조금 복잡하다. 더구나 결정변수가 4개 이상으로 증가하면, 그래프 해법으로 선형계획모형의 해를 구하는 것은 거의 불가능하다.

그래프 해법은 최적해를 구하는 방법으로서의 한계는 있지만, 모형의 최적해를 도출하는 과정을 쉽게 나타내 준다는 점에서 선형계획법의 해법에서 유용한 방법 가운데 하나이다.

일반적인 선형계획모형의 그래프 해법에 의한 풀이과정은 다음과 같다.

[단계 1] 제약조건식을 x_2에 대하여 정리

- 모든 제약조건식들을 x_2에 대한 식으로 정리한다.

[단계 2] 그래프 상에 그리기

- 제약조건식과 실행가능영역을 그래프 상에 나타낸다.

[단계 3] 교점의 좌표 및 Z값의 계산

- 실행가능영역에서의 교점의 좌표를 구하고, 각 교점에서의 Z값을 계산한다.

[단계 4] 최적해의 도출

- 각 교점에서의 계산된 Z값 가운데, 최대화문제는 가장 큰 값, 최소화문제는 가장 작은 값을 최적해로 도출한다.

제2절 그래프 해법의 이해

선형계획모형을 풀기 위한 한 가지 방법인 그래프 해법(graphical method)은 단순히 답을 찾는 것뿐만 아니라, 선형계획모형의 풀이과정을 이해시키는데 중요한 역할을 한다. 이제, 이 방법에 대해 설명해 보자.

다음 모형을 이용하여 그래프 해법의 풀이과정을 살펴보도록 하자.

$$\begin{aligned} &\text{Max}: Z = 4x_1 + 6x_2 \\ &\text{s.t.}: \ 2x_1 + 4x_2 \le 30 \ \rightarrow (\text{식 } 1) \\ &\qquad\ \ 4x_1 + 3x_2 \le 36 \ \rightarrow (\text{식 } 2) \\ &\qquad\qquad x_1,\ x_2 \ge 0 \end{aligned}$$

1) 제약조건식을 x_2에 대하여 정리

위의 제약조건식들을 x_2에 대한 식으로 정리하면 다음과 같다.

$$\begin{aligned} &x_2 \le -\frac{2}{4}x_1 + \frac{30}{4} \ \rightarrow (\text{식 } 1) \\ &x_2 \le -\frac{4}{3}x_1 + 12 \ \rightarrow (\text{식 } 2) \\ &\quad x_1,\ x_2 \ge 0 \end{aligned}$$

2) 그래프 상에 그리기

제1사분면에 (식 1), (식 2)의 그래프를 그린다. 먼저, (식 1)의 $x_2 \le -\frac{2}{4}x_1 + \frac{30}{4}$ 직선을 생각해 보자. 이 직선은 $x_1 = 0$일 때 $x_2 = \frac{30}{4}$, $x_2 = 0$일 때 $x_1 = 15$가 되므로, $(15, 0)$와 $(0, 7.5)$의 2점을 잇는 직선이 된다. 제약조건식 (식 1)의 부등호가 성립하는 영역은 이 직선상의 아래쪽이 된다.

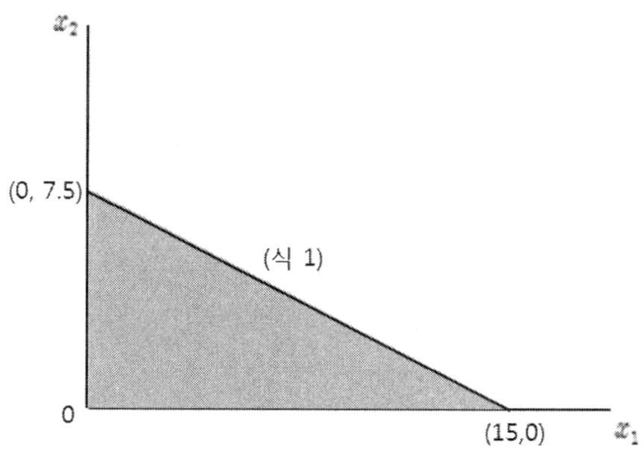

그림 3-1 ▸▸▸ $2x_1 + 4x_2 \leq 30$**의 영역**

마찬가지로, (식 2)의 제약조건식을 그림으로 나타내면, <그림 3-2>와 같이 된다. 여기서 2개의 제약조건식을 모두 만족하는 영역은 <그림 3-2>에서 그림자를 붙인 영역이 되고, 이 영역을 실행가능영역(feasible region)이라고 한다. 즉, 최적해가 발생할 수 있는 영역이라는 의미이다.

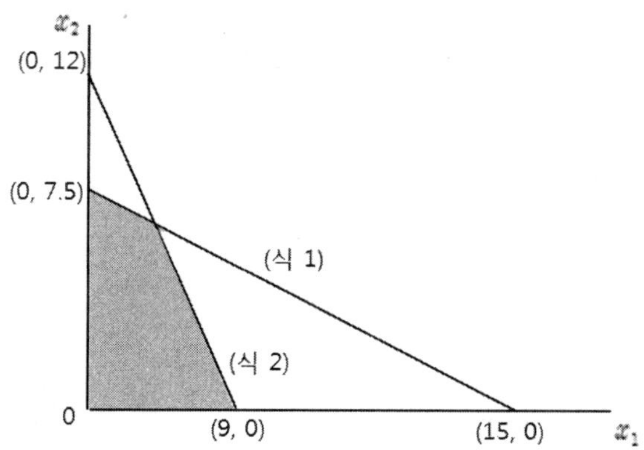

그림 3-2 ▸▸▸ $2x_1 + 4x_2 \leq 30$, $4x_1 + 3x_2 \leq 36$**의 동시 만족영역**

3) 교점의 좌표 및 Z값의 계산

그 다음, 목적함수를 그래프 상에 나타내기 위해서, 이익 Z의 값을 여러 가지 값으로 변화시키며 그려보면, <그림 3-3>과 같이 된다. 이 그림에서 이익의 증가와 함께, 목적함수는 원점에서 평행 이동하면서 점점 멀어지게 됨을 알 수 있다.

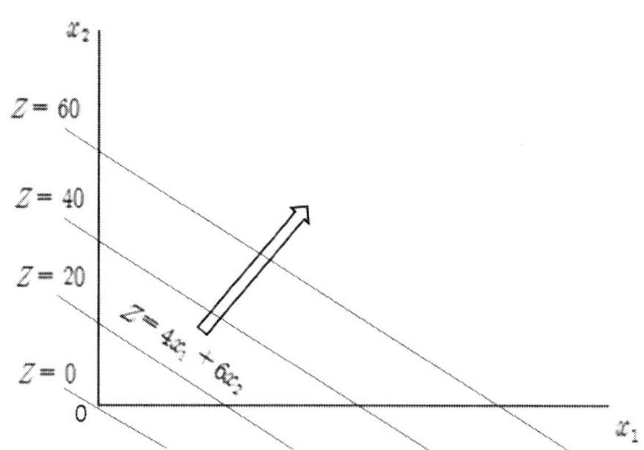

그림 3-3 ▸▸▸ $Z=4x_1+6x_2$의 그래프

4) 최적해의 도출

<그림 3-2>와 <그림 3-3>을 포개보면, 최대의 이익은 목적함수가 원점에서부터 멀어지며 실행가능영역에서 벗어나는 순간의 점인 것을 알 수 있다. 이 점이 최적해(optimal solution)이며, <그림 3-4>에서 B점이 된다. B점의 좌표를 그래프 상에서 읽으면, $(x_1, x_2)=(5.4, 4.8)$을 얻는다. 즉, 제품 X를 5.4단위, 제품 Y를 4.8단위 생산한 경우에 이익 Z는 $4\times 5.4+6\times 4.8=50.4$원으로 최대가 된다.

또, 최적해가 B점인 것을 알면, 이 점은 직선 $2x_1+4x_2=30$과 $4x_1+3x_2=36$의 교점에 있으므로, 연립방정식을 풀어서 최적해를 구할 수도 있다.

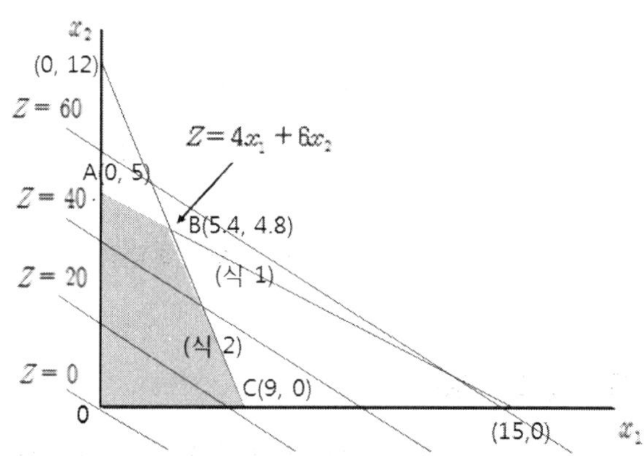

그림 3-4 ▸▸▸ $Z=4x_1+6x_2$의 그래프

일반적으로 그래프 해법에서 제약조건들을 만족시키는 점들은 볼록다각형을 이루며, 목적함수식($Z=4x_1+6x_2 \rightarrow x_2=-\frac{4}{6}x_1+\frac{Z}{6}$)으로부터 최대값을 가져오는 직선은 볼록다각형의 한 꼭지점에 접하게 되므로, 최적해는 항상 꼭지점에서 실현된다. 그러므로 어떠한 선형계획문제라도 먼저 제약식의 연립방정식으로부터 꼭지점의 좌표를 구하고, 이들 좌표값을 목적함수에 대입하여 이들 값을 비교하면 최적해를 구할 수 있다.

제3절 최대화문제

선형계획모형의 목적함수가 기업의 이익을 증가시키려는 목적으로 만들어진 것을 최대화문제라고 한다. 그러므로 기업은 이익을 최대화하기 위하여 노력할 것이며, 최대 이익을 찾는 최적해를 도출하게 된다.

그래프 해법은 결정변수가 2개를 넘지 않는 선형계획문제 만을 풀 수 있는 제한적인 해법이지만, 계량적 기법의 이해를 높이는 데 매우 유용한 해법이다. 선형계획모형의 최대화문제를 그래프 해법으로 최적해를 찾는 과정을 살펴보도록 하자.

예제 3-1

제품 X, Y를 생산하는 K기업에 대한 선형계획모형을 다음과 같이 작성하였다. 그래프 해법을 이용하여 K기업에 최대이익을 가져오는 제품 X와 제품 Y의 생산량을 결정하라.

$$
\begin{aligned}
\text{Max}: & \ Z = 2x_1 + x_2 \\
\text{s.t.}: & \ 1x_2 \le 10 \\
& \ 2x_1 + 5x_2 \le 60 \\
& \ 1x_1 + 1x_2 \le 18 \\
& \ 3x_1 + 1x_2 \le 44 \\
& \quad x_1,\ x_2 \ge 0
\end{aligned}
$$

풀이

1) 제약조건식을 x_2에 대하여 정리

위의 제약조건식들을 x_2에 대한 식으로 정리하면 다음과 같다.

$$x_2 \leq 10 \quad \rightarrow \text{(식 1)}$$
$$x_2 \leq -\frac{2}{5}x_1 + 12 \quad \rightarrow \text{(식 2)}$$
$$x_2 \leq -x_1 + 18 \quad \rightarrow \text{(식 3)}$$
$$x_2 \leq -3x_1 + 44 \quad \rightarrow \text{(식 4)}$$
$$x_1,\ x_2 \geq 0$$

2) 그래프 상에 그리기

제1사분면에 (식 1), (식 2), (식 3), (식 4)의 그래프를 그린다.

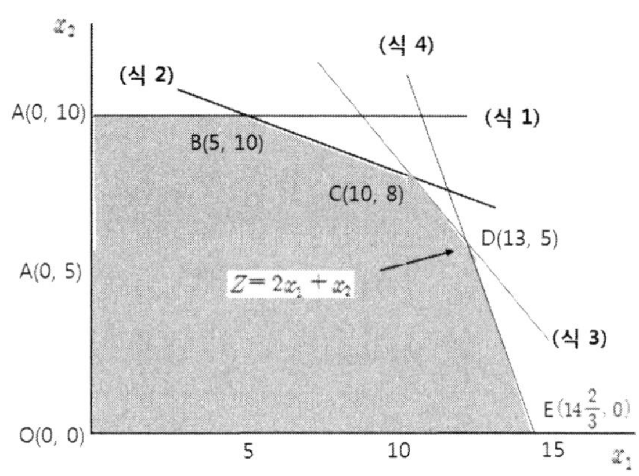

3) 교점의 좌표 및 Z값의 계산

실행가능영역인 OABC에서 목적함수식에 꼭지점 A, B, C, D, E의 좌표를 대입하여 Z값을 계산한다.

$$\text{A}(0,\ 10) : 0 \times 2 + 10 \times 1 = 10$$
$$\text{B}(5,\ 10) : 5 \times 2 + 10 \times 1 = 20$$
$$\text{C}(10,\ 8) : 10 \times 2 + 8 \times 1 = 28$$
$$\text{D}(13,\ 5) : 13 \times 2 + 5 \times 1 = 31$$
$$\text{E}(14\frac{2}{3},\ 0) : 14\frac{2}{3} \times 2 + 0 \times 1 = 29\frac{1}{3}$$

4) 최적해의 도출

각 교점에서 계산된 Z값 가운데, 이익이 가장 큰 꼭지점인 D(13, 5)를 최적해로 도출한다. 따라서 제품 X를 13개, Y를 5개 생산할 때, K기업은 31원의 최대이익을 얻을 수 있다.

예제 3-2

S사는 제품 P와 Q를 생산하는 기업으로, 이 제품들은 3개의 공정을 거치게 된다. 각 공정의 제품 P와 제품 Q에 대한 작업소요시간 및 조업가능시간은 다음과 같다. 제품 P의 단위당 이익은 2원, 제품 Q는 단위당 3원이다. 생산된 두 제품을 판매하는 데는 제한이 없다고 가정하고, 그래프 해법을 이용하여 최대이익을 구하라.

시간 / 공정	작업소요시간		조업가능시간
	제품 P	제품 Q	
공정 A	1	2	10
공정 B	3	1	15
공정 C	0	1	4

풀이

1) 선형계획모형의 작성

제품 P와 제품 Q의 생산량을 x_1, x_2라고 하여, 위의 내용을 선형계획모형으로 나타낸다.

$$
\begin{aligned}
&\text{Max} : Z = 2x_1 + 3x_2 \\
&\text{s.t.} : \ 1x_1 + 2x_2 \le 10 \rightarrow (\text{식 } 1) \\
&\qquad 3x_1 + 1x_2 \le 15 \rightarrow (\text{식 } 2) \\
&\qquad 1x_2 \le 4 \qquad\quad\ \rightarrow (\text{식 } 3) \\
&\qquad\quad x_1,\ x_2 \ge 0
\end{aligned}
$$

2) 제약조건식을 x_2에 대하여 정리

위의 제약조건식을 x_2에 대한 식으로 정리하면 다음과 같다.

$$
\begin{aligned}
&x_2 \le -\frac{1}{2}x_1 + 5 \qquad \rightarrow (\text{식 } 1) \\
&x_2 \le -3x_1 + 15 \qquad \rightarrow (\text{식 } 2) \\
&x_2 \le 4 \qquad\qquad\quad\ \rightarrow (\text{식 } 3) \\
&\quad x_1,\ x_2 \ge 0
\end{aligned}
$$

3) 그래프 상에 그리기

제1사분면에 (식 1), (식 2), (식 3)의 그래프를 먼저 그리고, 직선이 교차하는 부분에 실행 가능영역을 표시한다.

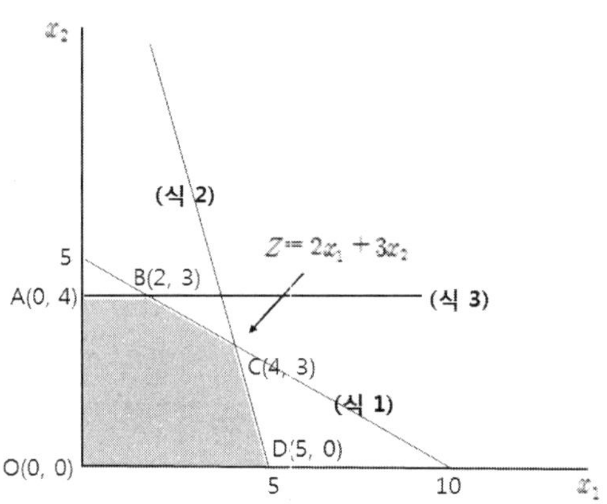

4) 교점의 좌표 및 Z값의 계산

각 교점에 대한 목적함수값의 변화를 살펴보기 위하여 교점의 좌표를 목적함수식에 대입하여 이익 Z를 계산한다.

A(0, 4) : $2 \times 0 + 3 \times 4 = 12$
B(2, 3) : $2 \times 2 + 3 \times 3 = 13$
C(4, 3) : $2 \times 4 + 3 \times 3 = 17$
D(5, 0) : $2 \times 5 + 3 \times 0 = 10$

5) 최적해의 도출

따라서 제품 P를 4개, 제품 Q를 3개 생산할 때, S사는 17원의 최대이익을 얻을 수 있다.

제4절 최소화문제

선형계획모형의 목적함수가 기업의 비용을 감소시키려는 목적으로 만들어진 것을 최소화문제라고 한다. 그러므로 기업은 비용을 최소화하기 위하여 노력할 것이며, 최소 비용을 찾는 최적해를 도출하게 된다.

최소화문제에 대한 그래프 해법도 부등호의 방향에 따른 차이점을 주의하면, 최대화문제와 같은 방식으로 구할 수 있다. 다음 예제를 이용하여 최소화문제를 살펴보도록 하자.

예제 3-3

다음 선형계획모형을 그래프 해법을 이용하여 풀이하라.

$$\text{Min} : Z = 40x_1 + 35x_2$$
$$\text{s.t.} : \ 4x_1 + 3x_2 \geq 20$$
$$2x_1 + 3x_2 \geq 14$$
$$x_1, \ x_2 \geq 0$$

풀이

1) 제약조건식을 x_2에 대하여 정리

위의 식을 x_2에 대한 식으로 정리하면 다음과 같다.

$$x_2 \geq -\frac{4}{3}x_1 + \frac{20}{3} \quad \rightarrow (\text{식 } 1)$$
$$x_2 \geq -\frac{2}{3}x_1 + \frac{14}{3} \quad \rightarrow (\text{식 } 2)$$
$$x_1, \ x_2 \geq 0$$

2) 그래프 상에 그리기

제1사분면에 (식 1), (식 2)의 그래프를 그리고 실행가능영역을 표시한다. 부등호의 방향이 최대화문제와 반대방향이므로 실행가능영역도 그 반대가 된다.

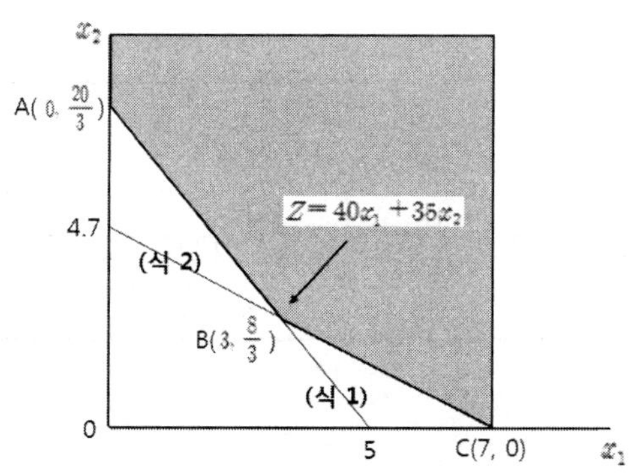

3) 교점의 좌표 및 Z값의 계산

실행가능영역인 OABC에서 목적함수식에 꼭지점 A, B, C의 좌표를 대입하여 Z값을 계산한다.

$$A(0,\ \frac{20}{3}) : 40\times 0+35\times\frac{20}{3}=233\frac{1}{3}$$

$$B(3,\ \frac{8}{3}) : 40\times 3+35\times\frac{8}{3}=213\frac{1}{3}$$

$$C(7,\ 0) : 40\times 7+35\times 0=280$$

4) 최적해의 도출

최소화문제는 최대화문제와 반대로 최소값을 갖는 교점을 선택하여야 한다. 따라서 x_1이 3, x_2가 $\frac{8}{3}$인 교점 B에서 $213\frac{1}{3}$원의 최소비용을 얻을 수 있다.

예제 3-4

송아지를 키우는 K씨는 두 가지 사료 Y와 Z를 혼합하여 사용하며, 각 사료에는 A, B, C, D의 4가지 영양분이 함유되어 있다. 사료 Q의 1g에는 영양분 A가 0.2g, B가 0.1g, C가 0.1g, 사료 R의 1g에는 영양분 B가 0.1g, C가 0.2g, D가 0.2g 포함되어 있다. 송아지를 살찌우려면 매일 각각의 성분이 최소한 영양분 A는 0.4g, B는 1.2g, C는 1.6g, D는 0.3g 이상이 포함되어야 한다.

단위당 비용은 사료 1g에 Q는 60원이고, 사료 R은 50원이다. 비용을 최소로 하기 위한 사료 Q와 R의 양과 그 때의 비용은 얼마인가?

풀이

1) 선형계획모형의 작성

위의 문제를 먼저 표로 정리한 다음, 사료 Q와 사료 R의 구입량을 각각 x_1, x_2라 하고, 선형계획모형으로 나타내면, 다음과 같다.

사료	영양분				단위당 비용(원)
	A	B	C	D	
사료 Q	0.2	0.1	0.1	0.0	60
사료 R	0.0	0.1	0.2	0.2	50
최소필요량	0.4	1.2	1.6	0.3	1

$$\text{Min} : Z = 60x_1 + 50x_2$$

$$\begin{aligned} \text{s.t.}: \ & 0.2x_1 \geq 0.4 & \rightarrow (\text{식 } 1) \\ & 0.1x_1 + 0.1x_2 \geq 1.2 & \rightarrow (\text{식 } 2) \\ & 0.1x_1 + 0.2x_2 \geq 1.6 & \rightarrow (\text{식 } 3) \\ & 0.2x_2 \geq 0.3 & \rightarrow (\text{식 } 4) \\ & \quad x_1, \ x_2 \geq 0 & \end{aligned}$$

2) 제약조건식을 x_2에 대하여 정리

위의 식을 x_2에 대한 식으로 정리하면 다음과 같다.

$$\begin{aligned} & x_1 \geq 2 & \rightarrow (\text{식 } 1) \\ & x_2 \geq -x_1 + 12 & \rightarrow (\text{식 } 2) \\ & x_2 \geq -0.5x_1 + 8 & \rightarrow (\text{식 } 3) \\ & x_2 \geq \frac{3}{2} & \rightarrow (\text{식 } 4) \\ & \quad x_1, \ x_2 \geq 0 & \end{aligned}$$

3) 그래프 상에 그리기

제1사분면에 (식 1), (식 2), (식 3), (식 4)의 그래프를 먼저 그리고, 실행가능영역을 표시한다. 위의 제약조건식들을 이용하여 그래프를 그리면 다음과 같다.

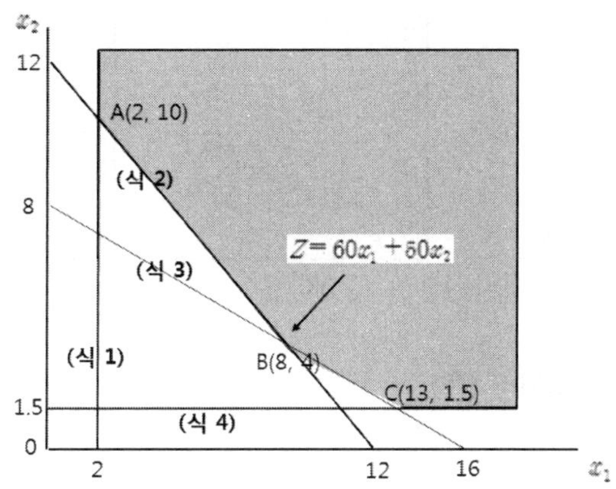

4) 교점의 좌표 및 Z값의 계산

각 교점의 값을 구하고 목적함수식에 대입하면 다음과 같다.

A(2, 10) : $60 \times 2 + 50 \times 10 = 620$

B(8, 4) : $60 \times 8 + 50 \times 4 = 680$

C(13, 1.5) : $60 \times 13 + 50 \times 1.5 = 855$

5) 최적해의 도출

따라서 최적해는 꼭지점 A점에서 결정되며, 이때 사료 Q는 2단위, 사료 R은 10단위를 소비하며, 그리고 최소비용은 620원이 된다.

제5절 그래프 해법의 정리

그래프 해법을 다시 정리해 보자. 앞에서 제시한 각 예제에서 살펴본 것과 같이 그래프 해법에서 실행가능영역이 유한한 볼록 다각형으로 되는 경우, 최적해는 반드시 존재한다. 그리고 최적해는 다각형의 정점에서 일어나는 것이 일반적이다. 또한, 볼록 다각형은 다각형 내부의 임의의 2점을 맺은 선분 상의 점이 모든 다각형 내부의 점이 되는 다각형이다. 이를테면 <그림 3-5>의 (a)는 볼록 다각형이지만, <그림 3-5>의 (b)와 (c)는 볼록 다각형이 아니다.

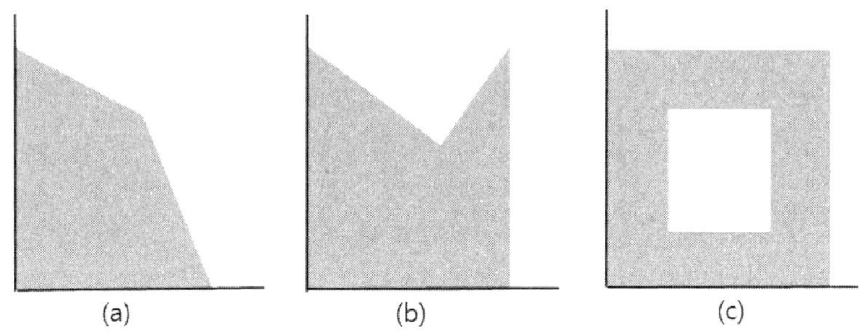

그림 3-5 ▸▸▸ 볼록 다각형의 설명

그래프 해법으로 특별한 주의를 요하는 것은 다음과 같은 경우이다.

1) 실행가능영역은 닫힌 영역이 안 될 경우

실행가능영역은 닫힌 영역이 안 될 경우에 최대값이 존재하지 않을 수 있다. <그림 3-6>의 (a)에서, 최소값은 존재하지만 최대값은 무한히 커지고 존재하지 않는다.

2) 복수 최적해가 존재하는 경우

최적해가 무수히 많이 존재하는 경우가 있다. 대부분의 선형계획문제는 단지 1개의 최적해를 갖지만, 목적함수의 기울기가 어떤 제약식의 기울기와 일치하는 경우에는 그 선분 상의 점은 모두 최적해가 된다. <그림 3-6>의 (b)는 최적해가 무수히 많이 있을 경우에는 의사결정자의 선택 폭이 넓어진다는 장점이 있다.

3) 만족하는 실행가능영역이 없을 경우

<그림 3-6>의 (c)와 같이 모든 제약식을 동시에 만족하는 실행가능영역이 없을 때, 최적해는 존재하지 않는다. 이러한 경우는 선형계획모형의 정식화가 제대로 이뤄지지 않았을 때에 종종 발생한다.

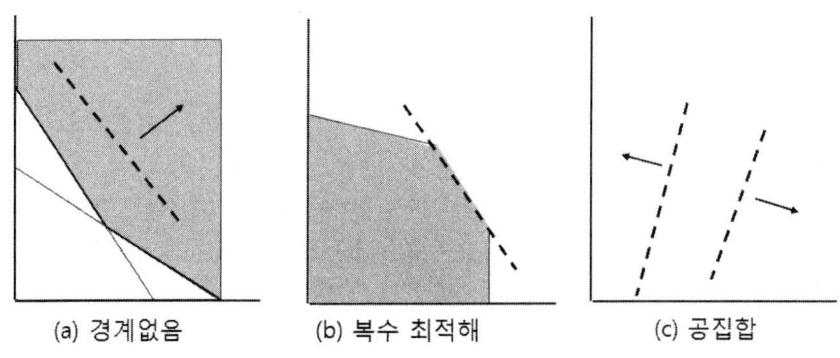

그림 3-6 ▸▸▸ 그래프 해법의 특별한 경우

연 습 문 제

3.1 그래프 해법의 개념과 풀이과정을 설명하라.

3.2 최대화문제와 최소화문제에서 제약조건식의 실해가능영역에 대한 차이점을 설명하라.

3.3 제품 X, Y를 생산하는 S기업에 대한 선형계획모형을 다음과 같이 작성하였다. 그래프 해법을 이용하여 K기업에 최대이익을 가져오는 제품 X와 제품 Y의 생산량을 결정하라.

$$\text{Max}: Z = 5x_1 + 7x_2$$
$$\text{s.t.}: \quad 3x_1 + 2x_2 \le 24$$
$$2x_1 + 4x_2 \le 20$$
$$x_1,\ x_2 \ge 0$$

3.4 K회사는 금속 가공 회사로 제품 X와 제품 Y를 생산한다. 제품을 생산하는 데는 압연, 용접, 조립공정이 있으며, 제품 X를 생산하는데 소요되는 시간은 압연공정이 4분, 용접공정이 3분, 조립공정이 2분이고, 제품 Y를 생산하는데 압연공정이 3분, 용접공정이 6분, 조립공정이 4분이 소요된다. 단위당 이익은 제품 X가 30원, Y는 35원이다. 또, 각 공정의 사용가능시간은 압연공정 50분, 용접공정 45분, 조립공정 36분이다. 최대이익을 올릴 수 있는 제품의 개수와 이익을 그래프 해법을 이용하여 결정하라.

3.5 P사는 빵과 과자를 생산하여 판매하는 제과업체이다. 빵 한 개를 생산하기 위해서는 공정 Ⅰ은 4분, 공정 Ⅱ는 2분, 공정 Ⅲ은 5분이 걸리고, 과자를 생산하기 위해서는 공정 Ⅰ은 6분, 공정 Ⅱ는 2분, 공정 Ⅲ은 3분이 걸린다. 이 두 제품을 생산하기 위한 조업가능시간은 공정 Ⅰ이 300분, 공정 Ⅱ는 120분, 공정 Ⅲ은 270분이며, 빵과 과자의 단위당 이익은 빵이 600원, 과자는 400원이다. 그래프 해법을 이용하여 빵과 과자의 최적생산량과 최대이익을 구하라.

3.6 X정보센터는 급료 계산, 재고관리의 정보 처리 활동을 수행하고 있으며, 이 두 종류 작업의 작업당 소요시간 및 이익이 아래 표와 같이 주어져 있다. 일단, 당일에 키펀치한 작업은 당일에 반드시 인쇄를 끝마쳐야 한다. 하루 동안에 최대이익을 얻기

위해서는 이 두 종류의 작업을 몇 단위씩을 수행하면 되겠는지 그래프 해법을 이용하여 결정하라.

작 업	단위작업당 소요시간(분)			단위작업당 이익
	키펀치	컴퓨터작동	인쇄	
급료계산	100	200	250	1,800
재고관리	60	20	50	1,500
이용가능시간(분)	5,000	3,000	6,000	

3.7 L사는 전투기 F-30과 F-36을 특수 생산하는 방위산업체이다. 두 기종을 생산하는 데는 설계, 압연, 조립공정을 거치게 되는데, F-30을 생산하는데 드는 시간은 설계공정 20분, 압연공정 30분, 조립공정 10분이고, F-36을 생산하는 데는 설계공정 30분, 압연공정 20분, 조립공정 10분이다. 단위당 이익은 F-30이 30억 원이고, F-36이 25억 원이며, 각 공정의 생산가능시간은 설계 1,500분, 압연 1,500분, 조립 600분이다. 그래프 해법을 이용하여 최대이익을 올릴 수 있는 기종의 대수와 이익을 결정하라.

3.8 N사는 한과를 생산하는 기업으로 A모델과 B모델을 2가지 유형을 생산하며, 각 제품은 2개의 공정을 거치게 되고, 각 공정 Ⅰ과 Ⅱ에 대한 제조시간 및 월간 조업능력은 다음과 같다. 그래프 해법을 이용하여 이익을 최대로 하기 위한 최적해를 구하라.

제조공정	작업 소요시간(분)		월간 조업 가능시간(분)
	A모델	B모델	
공정 Ⅰ	10	15	15,000
공정 Ⅱ	30	20	30,000
단위당 이익	1,000	1,300	

3.9 S사는 제품 P, Q를 생산하는 기업으로, 이 제품들은 3개의 공정을 거치게 된다. 각 공정의 제품 P와 제품 Q에 대한 작업소요시간 및 조업가능시간은 다음과 같다. 제품 P의 단위당 이익은 30원, 제품 Q는 단위당 40원이다. 생산된 두 제품을 판매하는 데는 제한이 없다고 가정하고, 그래프 해법을 이용하여 최대이익을 구하라.

시간 / 공정	작업소요시간		조업가능시간
	제품 P	제품 Q	
공정 A	2	5	28
공정 B	3	2	24
공정 C	2	3	20

3.10 S양계장에서 달걀의 생산량을 늘리기 위하여 탄수화물과 비타민의 영양소 섭취가 더 필요하다는 사실을 알게 되었다. 각 사료 1kg에 포함되어 있는 영양소의 양이 다음 표와 같을 때, 이 농장에서 최소비용으로 달걀 생산을 늘릴 수 있는 해를 그래프 해법을 이용하여 구하라.

	사료 1	사료 2	섭취량(mg)
탄수화물	4	2	40
비타민 A	2	5	40
비타민 B	3	4	36
가 격(원)	2,000	4,000	

3.11 K씨는 급식비 관리를 위하여 야채와 고기에 포함된 비타민 A, B, C의 함유량과 필수 소비량 및 가격을 조사하였다. K씨가 급식비를 최소로 할 수 있는 방법을 그래프 해법을 이용하여 구하라.

비타민	비타민 함유량(mg)		필수 소비량(mg)
	야채	고기	
A	2	1	20
B	2	3	30
C	4	3	50
가격(원)	1,100	1,200	

제 4 장

심플렉스해법

제1절 심플렉스해법의 개념

1 의의

그래프 해법은 결정변수가 2개 있는 경우에만 풀 수 있다. 결정변수가 3개인 경우도 3차원 그래프를 사용하면 풀 수 있겠지만, 실질적으로 결정변수가 3개 이상인 선형계획문제를 그래프로 푸는 것은 어렵다.

현실의 경영문제에서는, 결정변수의 수가 수백 개 혹은 수천 개가 되는 경우가 보통이다. 이러한 때는, 체계적인 계산으로 최적해를 구하는 방법이 필요하며, 가장 널리 쓰이는 방법으로 심플렉스해법(simplex method)이 있다.

심플렉스해법은 1947년 단치히(G. B. Dantzig)가 개발한 반복 연산기법으로서, 원점을 출발점으로 하여 실행가능영역을 형성하는 꼭지점에서의 목적함수 값, 즉 실행가능기저해를 순차적으로 계산해 나가면서 상호 비교하여 이 중에서 최적해를 찾는 방법이다. 그러므로 심플렉스해법은 목적함수의 값이 더 이상 개선되지 않을 때까지 꼭지점 가운데 목적함수의 값을 탐색해 나가는 반복적 탐색과정으로, 단체법이라고도 한다.

심플렉스해법은 도해적 해법처럼 실행가능영역에 있는 꼭지점에서 최적해를 찾지만 모든 꼭지점을 탐색하는 것은 아니며, 원점에서 시작하여 목적함수의 값을 더욱 증가시키는 곳의 꼭지점으로 이동한다. 그리고 목적함수의 값을 더 이상 증가시킬 수 없는 단계에서 탐색은 중단된다.

여기에서는, 심플렉스해법의 풀이과정을 이해하기 위하여 심플렉스해법의 기본 원리와 심플렉스표(simplex tableau)의 조작에 대하여 살펴보자.

2 심플렉스해법의 기본 원리

심플렉스해법을 가능케 하는 기본 원리는 어떤 연립방정식 체계이든지 1차변환을 통하여 동등한 다른 연립방정식 체계로 바꾸어 주는 행렬식의 성질을 이용할 수 있기 때문이다. 다음은 심플렉스해법에 적용되는 행렬식의 기본적인 성질을 나타낸 것이다.

① 한 행(또는 열)의 공통인수는 행렬식의 밖으로 빼낼 수 있다.

$$\begin{vmatrix} ka & kb \\ c & d \end{vmatrix} = kad - kbc = k(ad-bc) = k\begin{vmatrix} a & b \\ c & d \end{vmatrix}$$

(예) 행렬식 $\begin{vmatrix} 1 & 2 \\ 3 & 4 \end{vmatrix}$에서 1행을 2배하면,

$$\begin{vmatrix} 2 & 4 \\ 3 & 4 \end{vmatrix} = 2\begin{vmatrix} 1 & 2 \\ 3 & 4 \end{vmatrix} = 2(-2) = -4$$

② 두 행(또는 열)이 비례하는 경우, 행렬식의 값은 0이다.

$$\begin{vmatrix} 2a & 2b \\ a & b \end{vmatrix} = 2\begin{vmatrix} a & b \\ a & b \end{vmatrix} = 2(ab-ab) = 0$$

(예) $\begin{vmatrix} 1 & 2 \\ 2 & 4 \end{vmatrix} = 2\begin{vmatrix} 1 & 2 \\ 1 & 2 \end{vmatrix} = 0$

③ 한 행(또는 열)의 스칼라배를 더하거나 빼도 그 값은 변하지 않는다.

$$\begin{vmatrix} a+2c & b+2d \\ c & d \end{vmatrix} = \begin{vmatrix} a & b \\ c & d \end{vmatrix} + \begin{vmatrix} 2c & 2d \\ c & d \end{vmatrix} = \begin{vmatrix} a & b \\ c & d \end{vmatrix}$$

(예) 행렬식 $\begin{vmatrix} 1 & 2 \\ 3 & 4 \end{vmatrix}$에서 2행의 2배를 1행에 더하면,

$$\begin{vmatrix} 1+6 & 2+8 \\ 3 & 4 \end{vmatrix} = \begin{vmatrix} 1 & 2 \\ 3 & 4 \end{vmatrix} + \begin{vmatrix} 6 & 8 \\ 3 & 4 \end{vmatrix} = \begin{vmatrix} 1 & 2 \\ 3 & 4 \end{vmatrix} = -2$$

④ 한 행(또는 열)의 원소를 두 수로 나눌 수 있으며, 그 값은 변하지 않는다. 즉, ③의 스칼라배를 한 결과를 두 수로 나눈 결과는 변하지 않는다.

$$\begin{vmatrix} a & b \\ c & d \end{vmatrix} = \begin{vmatrix} a+kc & b+kd \\ c & d \end{vmatrix} = \begin{vmatrix} a & b \\ c & d \end{vmatrix} + \begin{vmatrix} kc & kd \\ c & d \end{vmatrix} = \begin{vmatrix} a & b \\ c & d \end{vmatrix}$$

(예) 행렬식 $\begin{vmatrix} 1 & 2 \\ 3 & 4 \end{vmatrix}$에서 2행의 3배를 1행에 더하면,

$$\begin{vmatrix} 1+9 & 2+12 \\ 3 & 4 \end{vmatrix} = \begin{vmatrix} 1 & 2 \\ 3 & 4 \end{vmatrix} + \begin{vmatrix} 9 & 12 \\ 3 & 4 \end{vmatrix} = -2$$

⑤ **단위행렬(identity matrix)** : 단위행렬은 주 대각선의 원소가 모두 1이고, 나머지 원소 0인 n차 행렬을 말하며, 그 값은 1이 된다. 따라서 어떤 행렬식에 단위행렬을 곱하여도 행렬식의 값은 변하지 않는다.

$$|E| = |En| = \begin{vmatrix} 1 & 0 & 0 \\ 0 & 1 & 0 \\ 0 & 0 & 1 \end{vmatrix} = 1$$

3 심플렉스해법의 풀이 과정

선형계획문제의 최적해는 실행가능영역에서만 얻어진다. 그러므로 유한한 개수의 꼭지점(${}_{m+n}C_n$개)을 조사함으로써 최적해를 얻을 수 있다.

그러나 최적해를 얻기 위해서 모든 꼭지점에서의 해를 다 조사하는 것이 아니라 한 꼭지점의 가능해로부터 출발하여 목적함수값을 개선시켜 주는 인접 꼭지점으로 단계적으로 옮겨감으로써 가능한 한 빨리 최적해에 도달한다.

심플렉스표의 기본 조작을 위해서는 먼저 제약조건식의 부등호의 방향이 모두 '≤'(이때, 제약식의 우변 상수항은 0 또는 비음)인 최대화 문제에 대해서 검토해 보자.

심플렉스해법에서는 목적함수식과 제약조건식을 우변 상수항에 대하여 정리한 등호제약식으로 나타내어야 하는데, 제약조건식에는 여유변수(slack variable)가 도입된다. 그리고 이 형식의 선형계획모형을 표준형(standard form)이라고 한다. [예제 2-1]의 선형계획모형을 표준형으로 고치면 다음과 같다.

• 선형계획모형

$$\begin{aligned} \text{Max}: & \ Z = 5x_1 + 9x_2 \\ \text{s.t.}: & \ 4x_1 + 5x_2 \le 30 \\ & \ 2x_1 + 5x_2 \le 25 \\ & \ 2x_1 + x_2 \le 12 \\ & \ x_1,\ x_2 \ge 0 \end{aligned}$$

• 선형계획모형의 표준형

Max : Z

s.t. : $Z - 5x_1 - 9x_2 + 0s_1 + 0s_2 + 0s_3 = 0$

$4x_1 + 5x_2 + s_1 = 30$

$2x_1 + 5x_2 + s_2 = 25$

$2x_1 + \ \ x_2 + s_3 = 12$

$x_1,\ x_2,\ s_1,\ s_2,\ s_3 \geq 0$

심플렉스해법의 출발은 표준형을 만드는 것이며, 일반적인 선형계획모형의 심플렉스해법에 의한 풀이과정은 다음과 같다.

[단계 1] 제약조건식에 변수의 도입

① 부등호가 '≤'이면 여유변수(slack variable)를 도입하여 등호제약식으로 바꾼다.

② 부등호가 '≥'이면 잉여변수(surplus variable)를 도입하여 등호제약식으로 바꾼다.

③ 부등호가 '≥' 또는 '='이면, 인위변수(artificial variable)를 도입하고, 목적함수식을 제약조건화한 식에 big-M법(big-M method)을 적용한다.

[단계 2] 목적함수식의 제약조건화

① 우변에 상수항의 값이 0이 되도록 변수항을 모두 좌변으로 이동한다.

② $Z - 3x_1 - 2x_2 = 0$과 같은 형태로 만든다.

[단계 3] 표준형을 심플렉스표에 기재

① [단계 1]과 [단계 2]에 의하여 목적함수식과 제약조건식을 우변 상수항으로 모두 전환한 형태를, 표준형(standard form)이라 한다.

② 심플렉스표에 표준형의 계수를 그대로 옮겨 적는다.

[단계 4] 진입기저변수와 탈락기저변수의 선정

① 진입기저변수의 선정 : 목적함수식을 제약조건화한 식에서 단위당 이익이 가장 큰 값의 변수를 진입기저변수로 결정한다. 즉, 심플렉스표에서 음(-)의 부호를 가진 값 가운데 절대값이 가장 큰 변수를 진입기저변수로 결정한다.

② 탈락기저변수의 선정 : 진입기저변수의 기술계수를 우측상수에 나누어 그

값이 적은 값을 탈락기저변수로 선택한다. 그 이유는 모든 공정을 거쳐야 완전한 하나의 제품이 되기 때문이다.

[단계 5] 새로운 관계등식의 유도

① 진입기저변수와 탈락기저변수를 중심으로 1차 결합을 통하여 새로운 관계등식을 유도한다.

② 심플렉스해법의 기본 원리 ③의 '한 행(또는 열)의 스칼라배를 더하거나 빼도 그 값은 변하지 않는다.'는 성질을 이용한다.

[단계 6] 반복 연산

① 목적함수식을 제약조건화한 식의 계수 가운데 음(-)의 부호를 가진 값이 없을 때까지, [단계 4]의 과정을 되풀이한다.

② 목적함수식을 제약조건화한 식의 계수가 모두 양(+)의 부호를 가질 때, 목적함수의 값을 더 이상 개선할 수 없게 되며, 이 값이 최적해가 된다.

[단계 7] 최적해 도출

제2절 최대화문제

최대화문제는 선형계획모형의 목적함수가 기업의 이익을 증가시키려는 목적으로 만들어진 것으로, 기업은 이익을 최대화하기 위하여 노력할 것이며, 최대 이익을 찾는 최적해를 도출하게 된다. 이와 같이 목적함수가 기업의 이익을 나타내는 선형계획모형을 최대화문제라고 한다.

1 최대화문제의 풀이

최대화문제는 목적함수식에 Max(Maximize)로 나타내며, 제약조건식의 부등호의 방향이 '≤'인 것이 일반적이다. 다음 예제를 이용하여 최대화문제에 대한 심플렉스해법의 풀이과정을 살펴보도록 하자.

예제 4-1

S전자는 제품 P와 제품 Q를 생산하는 기업으로, 원료, 작업자, 설비의 제약조건식과 목적함수식에 대한 선형계획모형을 다음과 같이 나타내었다. 심플렉스해법을 이용하여 S전자의 최적해를 구하라.

$$
\begin{aligned}
&\text{Max} : Z = 2x_1 + 3x_2 \\
&\text{s.t.} : \quad x_1 + 2x_2 \le 10 \ : \text{원료} \\
&\qquad\quad 3x_1 + \ x_2 \le 15 : \text{작업자} \\
&\qquad\quad x_2 \le 4 \qquad\quad : \text{설비} \\
&\qquad\quad x_1,\ x_2 \ge 0
\end{aligned}
$$

풀이

1) 제약조건식에 변수의 도입

제품 P의 생산개수를 x_1, 제품 Q의 생산개수를 x_2라고 하자. 먼저, 제약조건식에 여유변수(slack variable)를 도입하여 등호제약식으로 바꾼다.

$$
\begin{aligned}
x_1 + 2x_2 \le 10 &\rightarrow \ x_1 + 2x_2 + s_1 = 10 \\
3x_1 + \ x_2 \le 15 &\rightarrow 3x_1 + \ x_2 + s_2 = 15 \\
x_2 \le 4 \qquad &\rightarrow x_2 + s_3 = 4 \\
x_1,\ x_2 \ge 0 \quad &\rightarrow x_1,\ x_2,\ s_1,\ s_2,\ s_3 \ge 0
\end{aligned}
$$

2) 목적함수식의 제약조건화와 표준형의 작성

목적함수식에서 모든 변수를 좌측으로 이동하여 목적함수식을 제약조건화한다. 그리고 목적함수식과 제약조건식의 우측에 상수항이 오게 하며, 이 형태를 표준형(standard form)이라고 한다.

$$
\begin{aligned}
&\text{Max} : Z \\
&\text{s.t.} : \ Z - 2x_1 - 3x_2 = 0 \\
&\qquad\ \ 1x_1 + 2x_2 + s_1 = 10 \\
&\qquad\ \ 3x_1 + 1x_2 + s_2 = 15 \\
&\qquad\ \ x_2 + s_3 = 4 \\
&\qquad\ \ x_1,\ x_2,\ s_1,\ s_2,\ s_3 \ge 0
\end{aligned}
$$

3) 표준형을 심플렉스표에 기재

표준형의 내용을 심플렉스표에 그대로 옮겨 적는다.

기저변수	x_1	x_2	s_1	s_2	s_3	상 수	비 율
Z	-2	-3	0	0	0	0	
s_1	1	2	1	0	0	10	
s_2	3	1	0	1	0	15	
s_3	0	1	0	0	1	4	

심플렉스해법의 1단계는, 각 제품을 1개도 생산하지 않는 단계에서 출발한다. 그리고 표준형을 심플렉스표에 그대로 옮겨 놓은 것은 아무 것도 생산되지 않는 단계($x_1=0$, $x_2=0$)로, 원료의 여유량 $s_1=10$, 작업자의 여유량 $s_2=15$, 설비의 여유량 $s_3=4$가 된다. 그리고 이것도 하나의 해(solution)가 되며, 기저해(basic solution)라고 불린다.

기저해에 대해서 설명하면, 이 예제의 제약식(비음조건 제외)은 3개로, 변수는 x_1, x_2, s_1, s_2, s_3의 5개 이다. 5개의 변수 가운데 2개의 변수를 0으로 두면, 등식이 3개, 변수가 3개가 되어, 등식의 수와 변수의 수가 같아지므로, 방정식은 일반적으로 해를 갖는다. 그리고 기저해가 비음조건을 충족할 때, 기저가능해(basic feasible solution)라고 부른다.

또, 0으로 둔 변수를 비기저변수(nonbasic variable), 그 이외의 변수를 기저변수(basic variable)라고 한다. 처음에는 $x_1=x_2=0$으로 두기 때문에 x_1, x_2는 비기저변수, s_1, s_2, s_3는 기저변수가 된다.

이러한 이유로 심플렉스표를 처음 작성할 때, 기저변수의 열에 s_1, s_2, s_3를 기입한다. 그리고 Z 상수항의 값은 제품 x_1과 x_2를 전혀 생산하지 않으므로 0이 된다.

$$Z=2\times0+3\times0=0$$

4) 진입기저변수와 탈락기저변수의 선정

(1) 진입기저변수의 선정

진입기저변수는 목적함수식을 제약조건화한 식에서 단위당 이익이 가장 큰 값(즉, 음(-)의 부호를 가진 것 중에서 절대값이 큰 값)의 변수를 진입기저변수로 결정한다. 이 열을 피봇열(pivot column)이라고 하며, 이 문제에서는 x_2가 진입기저변수로 선택된다. 그 이유는 가장 이익의 증가폭이 큰 제품을 최대한 생산하다고 생각하는 것은 자연스러운 일이므로, 제품 x_2의 이익 3원이 제품 x_1의 이익 2원보다 크기 때문에, 제품 x_2를 최대한 많이 생산할 것이다.

기저변수	x_1	x_2	s_1	s_2	s_3	상 수	비 율
Z	-2	-3↓	0	0	0	0	
s_1	1	2	1	0	0	10	
s_2	3	1	0	1	0	15	
s_3	0	①	0	0	1	4	

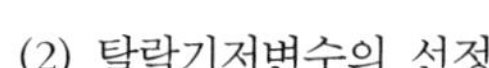

(2) 탈락기저변수의 선정

진입기저변수의 기술계수를 우변 상수에 나누어 그 값이 적은 값을 탈락기저변수로 선택한다. 이 행을 피봇행(pivot row)이라고 하며, 피봇행으로 선정된 기저변수가 비기저변수로 쫓겨나게 된다. 다시 말하면, 피봇열 가운데 '양(+)의 값'에서 상수항을 나누고, 최소값이 되는 행을 찾는다.

이 예제에서 원료 $5(=\frac{10}{2})$, 작업자 $15(=\frac{15}{1})$, 설비 $4(=\frac{4}{1})$를 비교할 때, 설비의 값이 적으므로 s_3가 피봇행의 탈락기저변수로 선택된다.

기저변수	x_1	x_2	s_1	s_2	s_3	상 수	비 율
Z	-2	-3 ↓	0	0	0	0	
s_1	1	2	1	0	0	10	10/2
s_2	3	1	0	1	0	15	15/1
← s_3	0	①	0	0	1	4	4/1

주의할 점은 탈락기저변수의 선택에서 계수가 0일 경우, 0으로 우변 상수값을 나누면 무한대(∞)가 되므로 선택될 수 없으며, 또한 계수가 음수(−)일 경우에도 선택될 수 없다. 그리고 이 예제에서 진입기저변수와 탈락기저변수의 결정으로, 기저변수 s_3를 x_2로 교체한다.

기저변수	x_1	x_2	s_1	s_2	s_3	상 수	비 율
Z	-2	-3	0	0	0	0	
s_1	1	2	1	0	0	10	10/2
s_2	3	1	0	1	0	15	15/1
x_2	0	①	0	0	1	4	4/1

5) 새로운 관계등식의 유도

① 심플렉스표에서 피봇행과 피봇열이 교차하는 수치를 피봇원(pivot element)이라고 하며. 피봇원을 1로 하는 새로운 피봇행을 만들고, 기저변수를 피봇열 변수에 다시 쓴다. 그러나 이 예에서는 피봇원이 1이므로 피봇행을 (0, 1, 0, 0, 1, 4)와 같이 그대로 기재한다.

② 피봇행과 피봇열을 중심으로 1차 결합을 통해서 새로운 관계등식을 유도한다. 즉, x_2와 s_3가 만나는 1이 피봇원이 되며, 피봇원의 값은 반드시 1이 되고, 나머지 값은 0으로 만든다. 여기서 중요한 점은 피봇행의 계수를 K배를 하여 다른 행의 값을 더하거나 빼야 한다는 것이다.

③ 새로 작성된 피봇행을 사용하여 피봇열의 다른 수치가 0이 되도록 가감산을 한다. Z열은 피봇행인 x_2행을 3배하여 더해주면, 새로운 관계등식을 유도할 수 있는데, 이것이 가능한 이유는 '2. 심플렉스해법의 기본 원리'의 ③에서 '한 행(또는 열)의 스칼라배를 더하거나 빼도 그 값은 변하지 않는다.'는 행렬식의 성질 때문이다.

Z			(-2	-3	0	0	0	0)
x_2	+	3 ×	(0	1	0	0	1	4)
Z	=		(-2	0	0	0	3	12)

④ 같은 방법으로 s_1행은 피봇행인 x_2행을 2배하여 빼주면, 새로운 관계등식을 유도할 수 있다.

s_1			(1	2	1	0	0	10)
x_2	-	2 ×	(0	1	0	0	1	4)
s_1	=		(1	0	1	0	-2	2)

⑤ 또, s_2행은 피봇행인 x_2행을 빼주면, 새로운 관계등식을 유도할 수 있다.

s_2		(3	1	0	1	0	15)
x_2	-	(0	1	0	0	1	4)
s_2	=	(3	0	0	1	-1	11)

결론적으로 다음과 같이 2단계 테이블의 관계등식이 완성된다.

기저변수	x_1	x_2	s_1	s_2	s_3	상 수
Z	-2	0	0	0	3	12
s_1	1	0	1	0	-2	2
s_2	3	0	0	1	-1	11
x_2	0	1	0	0	1	4

여기서 $s_1 = 2$, $s_2 = 11$, $x_2 = 4$일 때, Z값은 12가 된다. 그리고 비기저변수인 $x_1 = 0$, $s_3 = 0$이 된다.

6) 반복 연산

(1) 반복 연산 1

그러나 아직 Z행에 음(−)의 부호가 있기 때문에 최적해라고 할 수 없다. 왜냐하면, Z값을 더욱 증가시킬 수 있는 방안이 남아있기 때문이다. 그러므로 목적함수식을 제약조건화한 식의 계수 가운데 음(−)의 부호를 가진 값이 없을 때까지, 진입기저변수와 탈락기저변수의 선정 과정을 반복한다.

기저변수	x_1	x_2	s_1	s_2	s_3	상 수	비 율
Z	-2↓	0	0	0	3	12	
←s_1	①	0	1	0	-2	2	2/1
s_2	3	0	0	1	-1	11	11/3
x_2	0	1	0	0	1	4	

그리고 새로운 관계등식을 유도하여 3단계 테이블을 만든다. 이 과정은 '5) 새로운 관계등식의 유도'와 동일한 방법으로 진행한다.

기저변수	x_1	x_2	s_1	s_2	s_3	상 수	비 율
Z	0	0	2	0	-1↓	16	
x_1	1	0	1	0	-2	2	
←s_2	0	0	-3	1	⑤	5	5/5
x_2	0	1	0	0	1	4	4/1

(2) 반복 연산 2

아직 Z행에 음(−)의 부호가 있기 때문에 최적해라고 할 수 없으므로, 진입기저변수와 탈락기저변수의 선정 과정을 반복한다. 먼저 피봇열 s_3와 피봇행 s_2가 교차하는 피봇원 5를 1로 만들기 위하여 피봇행을 5로 나누어 주면, (0, 0, -3/5, 1/5, 1, 1)의 피봇행을 얻을 수 있다. 그리고 기저변수는 s_3로 바뀐다.

s_2		(0	0	-3	1	5	5) ÷ 5
s_3	=	(0	0	-3/5	1/5	1	1)

그리고 나머지 행도 새로운 관계등식을 유도하여 4단계 테이블을 만든다.

기저변수	x_1	x_2	s_1	s_2	s_3	상 수	비 율
Z	0	0	7/5	1/5	0	17	
x_1	1	0	-1/5	2/5	0	4	
s_3	0	0	-3/5	1/5	1	1	
x_2	0	1	3/5	-1/5	0	3	

이제, 목적함수식을 제약조건화한 Z행의 계수 가운데 음(−)의 부호를 가진 값이 없기 때문에, 이 결과를 최적해라고 할 수 있다.

6) 최적해 도출

기저변수	x_1	x_2	s_1	s_2	s_3	상 수	비 율
Z	-2	-3↓	0	0	0	0	
s_1	1	2	1	0	0	10	10/2
s_2	3	1	0	1	0	15	15/1
←s_3	0	①	0	0	1	4	4/1
Z	-2↓	0	0	0	3	12	
←s_1	①	0	1	0	-2	2	2/1
s_2	3	0	0	1	-1	11	11/3

기저변수	x_1	x_2	s_1	s_2	s_3	상 수	비 율
x_2	0	1	0	0	1	4	
Z	0	0	2	0	-1 ↓	16	
x_1	1	0	1	0	-2	2	
← s_2	0	0	-3	1	⑤	5	5/5
x_2	0	1	0	0	1	4	4/1
Z	0	0	7/5	1/5	0	17	
x_1	1	0	-1/5	2/5	0	4	
s_3	0	0	-3/5	1/5	1	1	
x_2	0	1	3/5	-1/5	0	3	

따라서 최적해는 $x_1 = 4,\ s_3 = 1,\ x_2 = 3$일 때, 최대이익은 17이 된다. 이러한 일련의 과정은 다음과 같은 연속적인 표로 작성하여 최적해를 구하면 편리하다.

예제 4-2

다음 선형계획모형을 심플렉스해법을 이용하여 풀어라.

$$\text{Max} : Z = 4x_1 - 2x_2 + 2x_3$$

$$\begin{aligned} \text{s.t.}: \quad 3x_1 + x_2 + x_3 &\le 180 : \text{자원 1} \\ x_1 - x_2 + 2x_3 &\le 30 \ : \text{자원 2} \\ x_1 + x_2 - x_3 &\le 60 \ : \text{자원 3} \\ x_1,\ x_2,\ x_3 &\ge 0 \end{aligned}$$

풀이

1) 제약조건식에 변수의 도입

제약조건식에 여유변수(slack variable)를 도입하여 등호제약식으로 바꾼다.

$$\begin{aligned} 3x_1 + x_2 + x_3 \le 180 &\rightarrow 3x_1 + x_2 + x_3 + s_1 = 180 \\ x_1 - x_2 + 2x_3 \le 30 &\rightarrow x_1 - x_2 + 2x_3 + s_2 = 30 \\ x_1 + x_2 - x_3 \le 60 &\rightarrow x_1 + x_2 - x_3 + s_3 = 60 \\ x_1,\ x_2 \ge 0 &\rightarrow x_1,\ x_2,\ s_1,\ s_2,\ s_3 \ge 0 \end{aligned}$$

2) 목적함수식의 제약조건화와 표준형의 작성

목적함수식과 제약조건식의 우측에 상수항이 오게 하는 표준형(standard form)으로 작성한다.

$$
\begin{aligned}
\text{Max} \quad & Z \\
\text{s.t.:} \quad & Z - 4x_1 + 2x_2 - 2x_3 = 0 \\
& 3x_1 + x_2 + x_3 + s_1 = 180 \\
& x_1 - x_2 + 2x_3 + s_2 = 30 \\
& x_1 + x_2 - x_3 + s_3 = 60 \\
& x_1,\ x_2,\ s_1,\ s_2,\ s_3 \geq 0
\end{aligned}
$$

3) 표준형을 심플렉스표에 기재

기저변수	x_1	x_2	x_3	s_1	s_2	s_3	상 수	비 율
Z	-4	2	-2	0	0	0	0	
s_1	3	1	1	1	0	0	180	
s_2	1	-1	2	0	1	0	30	
s_3	1	1	-1	0	0	1	60	

4) 진입기저변수와 탈락기저변수의 선정

(1) 진입기저변수의 선정

제품 x_1의 단위당 이익 4원이 제품 x_3의 단위당 이익 2원보다 크기 때문에, 제품 x_1를 최대한 많이 생산한다. 여기서 x_2는 양수(+)이므로 생산할 때마다 손실이 발생하여, 대상에서 제외된다.

(2) 탈락기저변수의 선정

자원 1의 $60(=\frac{180}{3})$, 자원 2의 $30(=\frac{30}{1})$, 자원 3의 $60(=\frac{60}{1})$을 비교할 때, 자원 2의 값이 적으므로 s_2가 피봇행의 탈락기저변수로 선택된다.

기저변수	x_1	x_2	x_3	s_1	s_2	s_3	상 수	비 율
Z	-4↓	2	-2	0	0	0	0	
s_1	3	1	1	1	0	0	180	180/3
←s_2	①	-1	2	0	1	0	30	30/1
s_3	1	1	-1	0	0	1	60	60/1

5) 새로운 관계등식의 유도

① 피봇행을 피봇원으로 나누어 피봇원을 1로 하는 새로운 피봇행을 만들고, 기저변수를 피봇열 변수에 다시 쓴다. 이 예에서는 피봇원이 1이므로 피봇행을 그대로 기재한다.

② 피봇행과 피봇열을 중심으로 1차 결합을 통해서 새로운 관계등식을 유도한다. 즉, x_1과

s_2가 만나는 피봇원의 값은 반드시 1이 되고, 나머지 피봇열의 값은 0으로 만든다.

③ 새로 작성된 피봇행을 사용하여 피봇열의 다른 수치가 0이 되도록 가감산을 한다. Z열은 피봇행인 s_2행을 4배하여 더해주면, 새로운 관계등식을 유도할 수 있다.

기저변수	x_1	x_2	x_3	s_1	s_2	s_3	상 수	비 율
Z	0	-2↓	6	0	4	0	120	
s_1	0	4	-5	1	-3	0	90	90/4
x_1	1	-1	2	0	1	0	30	
←s_3	0	②	-3	0	-1	1	30	30/2

6) 반복 연산

목적함수식을 제약조건화한 식의 계수 가운데 음(-)의 부호를 가진 값이 없을 때까지 위의 4)와 5)의 과정을 되풀이 한다.

기저변수	x_1	x_2	x_3	s_1	s_2	s_3	상 수	비 율
Z	0	0	3	0	3	1	150	
s_1	0	0	1	1	-1	-2	30	
x_1	1	0	0.5	0	0.5	0.5	45	
x_2	0	1	-1.5	0	-0.5	0.5	15	

위의 표에서 Z행의 계수 가운데 음(-)의 부호를 가진 값이 없기 때문에 최적해라고 할 수 있다. 따라서 최적해는 $x_1 = 45$, $x_2 = 15$, $S_1 = 30$일 때, 최대이익은 150이 된다. 이 과정을 연속적인 표로 나타내면 다음과 같다.

기저변수	x_1	x_2	x_3	s_1	s_2	s_3	상 수	비 율
Z	-4↓	2	-2	0	0	0	0	
s_1	3	1	1	1	0	0	180	180/3
←s_2	①	-1	2	0	1	0	30	30/1
s_3	1	1	-1	0	0	1	60	60/1
Z	0	-2↓	6	0	4	0	120	
s_1	0	4	-5	1	-3	0	90	90/4
x_1	1	-1	2	0	1	0	30	
←s_3	0	②	-3	0	-1	1	30	30/2
Z	0	0	3	0	3	1	150	
s_1	0	0	1	1	-1	-2	30	
x_1	1	0	0.5	0	0.5	0.5	45	
x_2	0	1	-1.5	0	-0.5	0.5	15	

2 인위변수의 적용

$2x_1 + 3x_2 + 2x_3 = 120$과 같이 제약조건식에서 등식이 '='일 경우, 선형계획모형의 표준형이 되었으나, 이 상태에서 '$x_1 = x_2 = x_3 = 0$'일 때 '$0 = 120$'이 되어, 최초가능기저해를 찾지 못한다. 그러므로 인위변수(artificial variable)를 도입하여 제약식을 다음과 같이 다시 작성하여야 한다.

$$2x_1 + 3x_2 + 2x_3 + A = 120$$

여기서 A를 인위변수(artificial variable)라고 하며, 이렇게 하면, 인위변수가 기저변수가 되고, 1단계의 테이블을 만들 수 있다. 단, 인위변수는 최초가능기저해를 만들기 위해서 도입한 변수이며, 현실적 의미는 아무것도 없으므로 최종적으로는 반드시 0이 되어야 한다. 이 사실을 보증하기 위해서 목적함수 중에 인위변수를 넣고, 그 계수에 충분히 큰 값 M을 주도록 한다. 즉, 목적함수를 다음과 같이 다시 작성한다.

$$\text{Max} : Z = 3x_1 + 5x_2 + 4x_3 - MA$$

이렇게 인위변수가 목적함수의 값에 영향을 미치지 않게 하기 위한 방법을 big-M법(big-M method)이라고 한다. 인위변수를 이용한 심플렉스해법의 풀이 과정은 일반적인 심플렉스해법의 풀이 과정과 비교할 때, '[단계 1] 제약조건식에 변수의 도입' 및 '[단계 4] 심플렉스표의 개선'에서 약간의 차이가 있고, 나머지 단계는 동일하다.

[단계 1] 제약조건식에 변수의 도입

① 부등호가 '$\leq$'이면 여유변수(slack variable)를 도입하여 등호제약식으로 바꾼다.

② 부등호가 '$\geq$'이면 잉여변수(surplus variable)를 도입하여 등호제약식으로 바꾼다.

③ 부등호가 '$\geq$' 또는 '='이면, 인위변수(artificial variable)를 도입하고, 목적함수식을 제약조건화한 식에 big-M법(big-M method)을 적용한다.

[단계 2] 목적함수식의 제약조건화

① 우변에 상수항의 값이 0이 되도록 변수항을 모두 좌변으로 이동한다.

② 일반적으로 $Z-3x_1-2x_2=0$과 같은 형태가 된다.

[단계 3] 표준형을 심플렉스표에 기재

① [단계 1]과 [단계 2]에 의하여 목적함수식과 제약조건식을 우변 상수항으로 모두 전환한 형태를, 표준형(standard form)이라고 한다.

② 심플렉스표에 표준형의 계수를 그대로 옮겨 적는다.

[단계 4] 심플렉스표의 개선

[단계 5] 진입기저변수와 탈락기저변수의 선정

[단계 6] 새로운 관계등식의 유도

[단계 7] 반복 연산

[단계 8] 최적해 도출

다음 예제를 이용하여 심플렉스해법에 인위변수의 적용을 살펴보도록 하자.

예제 4-3

다음 선형계획모형을 심플렉스해법을 이용하여 풀이하라.

$$\text{Max}: Z = 2x_1 + 3x_2$$
$$\text{s.t.}: \ x_1 + 2x_2 \le 4$$
$$x_1 + \ x_2 = 3$$
$$x_1,\ x_2 \ge 0$$

풀이

1) 제약조건식에 변수의 도입

제약조건식에서 부등호의 형태에 따라 변수를 도입하여 부등호를 등호제약식으로 바꾼다. 그러므로 1번째 제약조건식에는 여유변수(slack variable)를 도입하고, 2번째 제약조건식에 인위변수(artificial variable)를 도입한다. 그리고 2번째 제약조건식으로 인하여 목적함수식에 영향을 전혀 미치지 못하게 하기 위하여 목적함수식에 big-M법(big-M method)을 사용한다.

$$\text{Max}: Z = 2x_1 + 3x_2 - MA$$
$$\text{s.t.}: \ x_1 + 2x_2 \le 4 \ \rightarrow \ x_1 + 2x_2 + s = 4$$
$$x_1 + \ x_2 = 3 \ \rightarrow \ x_1 + \ x_2 + A = 3$$
$$x_1,\ x_2 \ge 0 \ \rightarrow \ x_1,\ x_2,\ s,\ A \ge 0$$

2) 목적함수식의 제약조건화와 표준형으로 작성

$$\begin{aligned} &\text{Max}: Z \\ &\text{s.t.}: \ Z-2x_1-3x_2+MA=0 \\ &\qquad x_1+2x_2+s=4 \\ &\qquad x_1+\ x_2+A=3 \\ &\qquad x_1,\ x_2,\ s,\ A \geq 0 \end{aligned}$$

3) 표준형을 심플렉스표에 기재

기저변수	x_1	x_2	s	A	상수	비율
Z	-2	-3	0	M	0	
s	1	2	1	0	4	
A	1	1	0	1	3	

4) 심플렉스표의 개선

목적함수식을 제약조건화한 식에서 M이 있으므로, 단위행렬을 이루게 하기 위하여 A행에 M을 곱하여 Z행에서 뺀다.

Z		(-2)	-3	0	M	0)
A	- M	×(1	1	0	1	3)
Z	=	(-2-M	-3-M	0	1	-3M)

Z행을 제외한 나머지 행의 계수를 그대로 기재하면, 다음과 같다.

기저변수	x_1	x_2	s	A	상수	비율
Z	-2	-3	0	M	0	
s	1	2	1	0	4	
A	1	1	0	1	3	
Z	-2-M	-3-M	0	0	-3M	
s	1	2	1	0	4	
A	1	1	0	1	3	

5) 진입기저변수와 탈락기저변수의 선정

Z행의 계수 $-M-2$와 $-M-3$의 크기를 비교하면, x_2행의 $-M-3$ 값이 더 작으므로, x_2가 진입기저변수가 된다. 그리고 탈락기저변수는 기술계수를 우변 상수에 나누어 그 값이 작은 것을 선택한다. 그 결과, s가 탈락기저변수가 된다.

기저변수	x_1	x_2	s	A	상수	비율
Z	-M-2	-M-3 ↓	0	0	-3M	
←s	1	②	1	0	4	4/2
A	1	1	0	1	3	3/1

6) 새로운 관계등식의 유도

① 심플렉스표에서 피봇행과 피봇열이 교차하는 s행의 피봇원을 1로 하는 새로운 피봇행으로 만든다. 이 예제에서는 s행을 2로 나누고, 기저변수는 진입기저변수인 x_2로 교체한다.

s		(1	2	1	0	4) ÷2
x_2	=	(1/2	1	1/2	0	2)

② Z열은 피봇행인 x_2행을 $(3+M)$배하여 더해주면, 새로운 관계등식을 유도할 수 있다.

Z			(-2-M	-3-M	0	0	-3M)
x_2	+	$(3+M)$	×(1/2	1	1/2	0	2)
Z	=		(-1/2-M/2	0	(3+M)/2	0	6-M)

③ 피봇열의 x_2행과 A행의 계수가 같으므로, x_2행에서 A행의 계수를 빼주면, 새로운 관계등식을 유도할 수 있다.

A		(1	1	0	1	3)
x_2	-	(1/2	1	1/2	0	2)
A	=	(1/2	0	-1/2	1	1)

④ 다음과 같은 3번째 테이블을 완성할 수 있다.

기저변수	x_1	x_2	s	A	상수	비율
Z	-1-M/2	0	(3+M)/2	0	6-M	
x_2	1/2	1	1/2	0	2	
A	1/2	0	-1/2	1	1	

7) 반복 연산

Z행의 계수 가운데 음(-)의 부호를 가진 값이 없을 때까지 반복 연산 과정을 되풀이 한다.

기저변수	x_1	x_2	s	A	상수	비율
Z	-2	-3	0	M	0	
s	1	2	1	0	4	
A	1	1	0	1	3	
Z	-2-M	-3-M ↓	0	0	-3M	
←s	1	②	1	0	4	4/2
A	1	1	0	1	3	3/1
Z	-1-M/2 ↓	0	(3+M)/2	0	6-M	
x_2	1/2	1	1/2	0	2	2/(1/2)
←A	1/2	0	-1/2	1	1	1/(1/2)

Z	0	0	1	M+1	7	
x_2	0	1	1	-1	1	
x_1	1	0	-1	2	2	

8) 최적해 도출

목적함수식을 제약조건화한 식의 계수가 모두 양(+)의 부호를 가질 때, 목적함수값을 더 이상 개선할 수 없게 되므로, 이 값이 최적해가 된다.

따라서 $x_2 = 1$, $x_1 = 2$일 때, 이 기업은 7의 이익을 얻게 된다.

예제 4-4

다음 선형계획모형을 심플렉스해법을 이용하여 풀어라.

$$\begin{aligned} \text{Max} \ &: \ Z = 4x_1 + 3x_2 + 2x_3 \\ \text{s.t.:} \ & 2x_1 + 4x_2 + x_3 = 48 \\ & 3x_1 + 2x_2 + 2x_3 \le 60 \\ & x_1,\ x_2,\ x_3 \ge 0 \end{aligned}$$

풀이

1) 제약조건식에 변수의 도입

등식의 제약조건식에 인위변수를 사용한다. 그리고 목적함수식에 영향을 전혀 미치지 못하게 하기 위하여 big-M법을 사용한다.

$$\begin{aligned} \text{Max} \ &: \ Z = 4x_1 + 3x_2 + 2x_3 - MA \\ \text{s.t.:} \ & 2x_1 + 4x_2 + x_3 = 48 \rightarrow 2x_1 + 4x_2 + x_3 + A = 48 \\ & 3x_1 + 2x_2 + 2x_3 \le 60 \rightarrow 3x_1 + 2x_2 + 2x_3 + s = 60 \\ & x_1,\ x_2,\ x_3 \ge 0 \qquad \rightarrow x_1,\ x_2,\ x_3,\ s,\ A \ge 0 \end{aligned}$$

2) 목적함수식의 제약조건화와 표준형으로 작성

$$\begin{aligned} \text{Max} \ &: \ Z \\ \text{s.t.:} \ & Z - 4x_1 - 3x_2 - 2x_3 + MA = 0 \\ & 2x_1 + 4x_2 + x_3 + A = 48 \end{aligned}$$

$$3x_1 + 2x_2 + 2x_3 + s \;=\; 60$$
$$x_1,\ x_2,\ x_3,\ s,\ A \geq 0$$

3) 표준형을 심플렉스표에 기재

기저변수	x_1	x_2	x_3	A	s	상수
Z	-4	-3	-2	M	0	0
A	2	4	1	1	0	48
s	3	2	2	0	1	60

4) 심플렉스표의 개선

표의 첫 번째 칸에서 목적함수식을 제약조건화한 식에서 M이 있으므로, 행렬식의 단위행렬을 이루게 하기 위하여 A행에 M을 곱하여 Z행에서 뺀다. (Z행 $-$ A행 $\times M$)

기저변수	x_1	x_2	x_3	A	s	상수
Z	-4	-3	-2	M	0	0
A	2	4	1	1	0	48
s	3	2	2	0	1	60
Z	-4-2M	-3-4M	-2-M	0	0	-48M
A	2	4	1	1	0	48
s	3	2	2	0	1	60

5) 진입기저변수와 탈락기저변수의 선정

진입기저변수와 탈락기저변수를 선정기준에 의하여 결정한다.

기저변수	x_1	x_2	x_3	A	s	상수
Z	-4-2M	-3-4M ↓	-2-M	0	0	-48M
←A	2	④	1	1	0	48
s	3	2	2	0	1	60

6) 새로운 관계등식의 유도

심플렉스표에서 피봇행과 피봇열이 교차하는 A행의 피봇원을 1로 하는 새로운 피봇행으로 만들고, 진입기저변수는 x_2로 바꾼다. 그리고 피봇행을 기준으로 Z행과 s행에 대한 새로운 관계등식을 유도한다.

기저변수	x_1	x_2	x_3	A	s	상수
Z	-5/2	0	-5/4	3/4+M	0	36
x_2	1/2	1	1/4	1/4	0	12
s	②	0	3/2	-1/2	1	36

7) 반복 연산

Z행의 계수 가운데 음(-)의 부호를 가진 값이 없을 때까지 반복 연산 과정을 되풀이 한다.

기저변수	x_1	x_2	x_3	A	s	상수
Z	-5/2 ↓	0	-5/4	3/4+M	0	36
x_2	1/2	1	1/4	1/4	0	12
← s	②	0	3/2	-1/2	1	36
Z	0	0	5/8	1/8+M	5/4	81
x_2	0	1	-1/8	3/8	-1/4	3
x_1	1	0	3/4	-1/4	1/2	18

8) 최적해 도출

따라서 $x_1 = 18$, $x_2 = 3$일 때, 기업은 81의 이익을 얻게 된다.

3 잉여변수의 적용

제약조건식에서 부등호의 방향이 혼합되어 있는 경우, 선형계획모형의 목적(최대화문제 또는 최소화문제)에 따라 부등호의 방향을 하나로 통일하여야 한다. 즉, 제약조건식의 부등호가 '≥'인 부등호를 등호로 바꾸기 위하여 좌측 항에서 초과하는 값(잉여변수 : surplus variable)을 뺀다. 왜냐하면 좌측 항의 값이 우측 항의 값보다 크거나 같기 때문이다.

그러므로 최대화문제나 최소화문제에 관계없이 혼합된 제약조건식이 있을 경우, 표준형에서 잉여변수와 인위변수를 모두 가지게 된다.

$$\text{Max}: Z = 3x_1 + 5x_2 + 4x_3$$

$$\text{s.t.}: \ 2x_1 + 3x_2 + 2x_3 \le 120 \ \rightarrow (\text{식 } 1)$$

$$x_1 + 2x_2 + 3x_3 \ge 90 \ \rightarrow (\text{식 } 2)$$

$$x_1, \ x_2, \ x_3 \ge 0$$

위의 제약조건식에서 최대화문제의 제약조건식에 대한 일반형식이 아닌 (식 2)의 $x_1 + 2x_2 + 3x_3 \ge 90$은 $x_1 + 2x_2 + 3x_3 - s = 90$으로 바뀌며, 잉여변수 s는 기저변수가 될 수 없으므로 인위변수 A를 삽입한다. 그리고 목적함수식의 계수에 영향을 주지 않기 위하여 big-M법을 사용한다.

잉여변수의 사용과 인위변수의 도입으로 big-M법(big-M method)을 적용한다. 잉여변수 및 인위변수를 이용한 심플렉스해법의 풀이 과정은 일반적인 심플렉스 해법의 풀이 과정과 비교할 때, '[단계 1] 제약조건식에 변수의 도입'과 '[단계 4] 심플렉스표의 개선'에서 약간의 차이가 있고, 나머지 단계는 동일하다.

[단계 1] 제약조건식에 변수의 도입

① 부등호가 '≥'이면 잉여변수(surplus variable)를 도입하여 등호제약식으로 바꾼다.

② 부등호가 '≥' 또는 '='이면, 인위변수(artificial variable)를 도입하고, 목적함수식을 제약조건화한 식에 big-M법(big-M method)을 적용한다.

[단계 2] 목적함수식의 제약조건화와 표준형으로 작성

① 우변에 상수항의 값이 0이 되도록 변수항을 모두 좌변으로 이동한다.

② 인위변수(artificial variable)는 목적함수식의 계수로서 $-M$을 부여한다.

③ 목적함수식과 제약조건식을 우변 상수항으로 모두 전환한 형태를, 표준형(standard form)이라고 한다.

[단계 3] 표준형을 심플렉스표에 기재

[단계 4] 심플렉스표의 개선

[단계 5] 진입기저변수와 탈락기저변수의 선정

[단계 6] 새로운 관계등식의 유도

[단계 7] 반복 연산

[단계 8] 최적해 도출

예제 4-5

다음 선형계획모형을 심플렉스해법을 이용하여 풀이하라.

$$\text{Max} : Z = 3x_1 + 5x_2 + 4x_3$$

$$\text{s.t.} : \quad 2x_1 + 3x_2 + 2x_3 \le 120$$

$$x_1 + 2x_2 + 3x_3 \ge 90$$

$$x_1,\ x_2,\ x_3 \ge 0$$

풀이

1) 제약조건식에 변수의 도입

제약조건식에서 부등호의 형태에 따라 여유변수와 잉여변수, 인위변수를 도입하여 부등호를 등호제약식으로 바꾼다. 1번째 제약조건식에 여유변수를 도입한다. 그리고 2번째 제약조건식에서 부등호의 방향이 일반형식과 다르므로 잉여변수를 도입하고 동시에 인위변수를 도입한다.

$$\begin{aligned}
&\text{Max} : Z = 3x_1 + 5x_2 + 4x_3 - MA_1 \\
&\text{s.t.} : \ 2x_1 + 3x_2 + 2x_3 + s_1 = 120 \\
&\qquad x_1 + 2x_2 + 3x_3 - s_2 + A_1 = 90 \\
&\qquad x_1,\ x_2,\ x_3,\ s_1,\ s_2,\ A_1 \geq 0
\end{aligned}$$

2) 목적함수식의 제약조건화와 표준형으로 작성

$$\begin{aligned}
&\text{Max} : Z \\
&\text{s.t.} : \ Z - 3x_1 - 5x_2 - 4x_3 + MA_1 = 0 \\
&\qquad 2x_1 + 3x_2 + 2x_3 + s_1 = 120 \\
&\qquad x_1 + 2x_2 + 3x_3 - s_2 + A_1 = 90 \\
&\qquad x_1,\ x_2,\ x_3,\ s_1,\ s_2,\ A_1 \geq 0
\end{aligned}$$

3) 표준형을 심플렉스표에 기재

기저변수	x_1	x_2	x_3	s_1	s_2	A_1	상수
Z	-3	-5	-4	0	0	M	0
s_1	2	3	2	1	0	0	120
A_1	1	2	3	0	-1	1	90

4) 심플렉스표의 개선

인위변수의 도입으로 기저변수의 성격이 무시되므로 심플렉스표를 개선한다. 즉, 목적함수식을 제약조건화한 식의 계수에 M이 있으므로, 행렬식의 단위행렬을 이루게 하기 위하여 A_1행에 M을 곱하여 Z행에서 뺀다.(Z행 $- A_1$행 $\times M$) 그러면 다음과 같은 테이블의 값을 얻게 된다.

기저변수	x_1	x_2	x_3	s_1	s_2	A_1	상수
Z	-3	-5	-4	0	0	M	0
s_1	2	3	2	1	0	0	120
A_1	1	2	3	0	-1	1	90
Z	-3-M	-5-2M	-4-3M	0	M	0	-90M
s_1	2	3	2	1	0	0	120
A_1	1	2	3	0	-1	1	90

5) 진입기저변수와 탈락기저변수의 선정

Z행의 계수에서 $-3-M$, $-5-2M$, $-4-3M$, $-M$의 값을 비교하면, x_3행의 $-4-3M$ 값이 작으므로, x_3가 진입기저변수가 된다. 그리고 탈락기저변수는 기술계수를 우변 상수에 나누어 그 값이 작은 것을 선택한다. 그 결과, A_1이 탈락기저변수가 된다.

기저변수	x_1	x_2	x_3	s_1	s_2	A_1	상수	비율
Z	-3	-5	-4	0	0	M	0	
s_1	2	3	2	1	0	0	120	
A_1	1	2	3	0	-1	1	90	
Z	-3-M	-5-2M	-4-3M ↓	0	M	0	-90M	
s_1	2	3	2	1	0	0	120	120/2 = 60
←A_1	1	2	③	0	-1	1	90	90/3 = 30

6) 새로운 관계등식의 유도

심플렉스표에서 피봇행과 피봇열이 교차하는 A_1행의 피봇원을 1로 하는 새로운 피봇행으로 만든다. 이 예제에서는 A_1행을 3으로 나누고, 기저변수는 진입기저변수인 x_3로 교체한다. 그리고 Z행과 s_1행에 대한 새로운 관계등식을 유도한다.

기저변수	x_1	x_2	x_3	s_1	s_2	A_1	상수	비율
Z	-5/3	-7/3	0	0	-4/3	4/3+M	120	
s_1	4/3	(5/3)	0	1	2/3	-2/3	60	
x_3	1/3	2/3	1	0	-1/3	1/3	30	

7) 반복 연산

Z행의 계수 가운데 음(-)의 부호를 가진 값이 없을 때까지 반복 연산 과정을 되풀이 한다.

기저변수	x_1	x_2	x_3	s_1	s_2	A_1	상수	비율
Z	-3	-5	-4	0	0	M	0	
s_1	2	3	2	1	0	0	120	
A_1	1	2	3	0	-1	1	90	
Z	-3-M	-5-2M	-4-3M ↓	0	M	0	-90M	
s_1	2	3	2	1	0	0	120	120/2 = 60
←A_1	1	2	③	0	-1	1	90	90/3 = 30
Z	-5/3	-7/3 ↓	0	0	-4/3	4/3+M	120	
←s_1	4/3	(5/3)	0	1	2/3	-2/3	60	60/(5/3)
x_3	1/3	2/3	1	0	-1/3	1/3	30	30/(2/3)

기저변수	x_1	x_2	x_3	s_1	s_2	A_1	상수	비율
Z	1/5	0	0	7/5	-2/5 ↓	2/5+M	204	
←x_2	4/5	1	0	3/5	(2/5)	-2/5	36	36/(2/5)
x_3	-1/5	0	1	-2/5	-3/5	3/5	6	
Z	1	1	0	2	0	M	240	
s_2	2	5/2	0	2/3	1	-1	90	
x_3	1	3/2	1	1/2	0	0	60	

8) 최적해 도출

따라서 최적해는 $Z=240$, $s_2=90$, $x_3=60$ 이 된다.

예제 4-6

다음 선형계획모형을 심플렉스해법을 이용하여 풀어라.

$$\begin{aligned}
\text{Max } & Z = 4x_1 + 3x_2 + 6x_3 \\
\text{s.t.: } & 3x_1 + x_2 + 3x_3 \le 30 \\
& 2x_1 + 2x_2 + 3x_3 \ge 40 \\
& x_1,\ x_2,\ x_3 \ge 0
\end{aligned}$$

풀이

1) 여유변수와 인위변수의 도입

1번째 제약조건식에는 여유변수를 도입하고, 2번째 제약조건식에 인위변수를 도입한다. 그리고 2번째 제약조건식으로 인하여 목적함수식에 영향을 전혀 미치지 못하게 하기 위하여 목적함수식에 big-M법을 사용한다.

$$\begin{aligned}
\text{Max } & Z = 4x_1 + 3x_2 + 6x_3 \\
\text{s.t.: } & 3x_1 + x_2 + 3x_3 \le 30 \rightarrow 3x_1 + x_2 + 3x_3 + s_1 = 30 \\
& 2x_1 + 2x_2 + 3x_3 \ge 40 \rightarrow 2x_1 + 2x_2 + 3x_3 - s_2 + A = 40 \\
& x_1,\ x_2,\ x_3 \ge 0 \rightarrow x_1,\ x_2,\ x_3,\ s_1,\ s_2,\ A \ge 0
\end{aligned}$$

2) 표준형으로 작성

$$\begin{aligned}
&\text{Max}: Z\\
&\text{s.t.}: \ Z-4x_1-3x_2-6x_3+MA=0\\
&\quad 3x_1+x_2+3x_3 \le 30 \rightarrow 3x_1+x_2+3x_3+s_1=30\\
&\quad 2x_1+2x_2+3x_3 \ge 40 \rightarrow 2x_1+2x_2+3x_3-s_2+A=40\\
&\quad x_1,\ x_2,\ x_3 \ge 0 \quad \rightarrow x_1,\ x_2,\ x_3,\ s_1,\ s_2,\ A \ge 0
\end{aligned}$$

3) 표준형을 심플렉스표에 작성

기저변수	x_1	x_2	x_3	s_1	s_2	A	상 수
Z	-4	-3	-6	0	0	M	0
s_1	3	1	3	1	0	0	30
A	2	2	3	0	-1	1	40

4) 심플렉스표의 개선

기저변수	x_1	x_2	x_3	s_1	s_2	A	상 수
Z	-4	-3	-6	0	0	M	0
s_1	3	1	3	1	0	0	30
A	2	2	3	0	-1	1	40
Z	-4-2M	-3-2M	-6-3M ↓	0	M	0	-40M
$\leftarrow s_1$	3	1	3	1	0	0	30
A	2	2	3	0	-1	1	40

5) 진입기저변수와 탈락기저변수의 선정 및 연산

기저변수	x_1	x_2	x_3	s_1	s_2	A	상 수
Z	-4-2M	-3-2M	-6-3M ↓	0	M	0	-40M
$\leftarrow s_1$	3	1	③	1	0	0	30
A	2	2	3	0	-1	1	40
Z	2+M	-1-M ↓	0	2+M	M	0	60-10M
x_3	1	1/3	1	1/3	0	0	10
$\leftarrow A$	-1	①	0	-1	-1	1	10
Z	1	0	0	1	-1 ↓	1+M	70
$\leftarrow x_3$	4/3	0	1	2/3	(1/3)	-1/3	20/3
x_2	-1	1	0	-1	-1	1	10
Z	5	0	3	3	0	M	90
s_2	4	0	3	2	1	-1	20
x_2	3	1	3	1	0	0	30

6) 최적해 도출
따라서 $x_2 = 30$, $s_2 = 20$일 때 최대이익은 90이 된다.

제3절 최소화문제

1 최소화문제의 풀이 과정

최소화문제에서 제약조건식의 부등호의 일반형식은 최대화문제에서 주로 다루어 온 부등호의 '≤' 형태보다 오히려 '≥' 형태를 갖는다. 이런 제약조건식에서는 좌측항에서 잉여변수(surplus variable)를 빼 주어야 한다. 동시에 제약조건식에 인위변수(artificial variable)를 도입하는데, 최대화문제로 전환하기 전에는 목적함수식의 계수로서 반드시 $+M$을 부여하여야 한다.

최소화문제의 풀이 과정은 최대화문제로 변환하는 과정을 제외하면, 최대화문제와 크게 다를 것이 없지만 정리하면, 다음과 같다.

[단계 1] 최대화문제로 전환

- 목적함수식의 양변에 -1을 곱하여 최대화문제로 전환한다.

  $\text{Min} : Z = \sum c_j x_j \quad \rightarrow \quad \text{Max} : -Z = \sum (-c_j) x_j$

[단계 2] 제약조건식에 변수의 도입

- 부등호의 방향에 따라 제약조건식을 여유변수, 잉여변수, 인위변수를 이용하여 부등호를 등호제약식으로 바꾼다.

[단계 3] 목적함수식의 제약조건화와 표준형 작성

① 우변에 상수항의 값이 0이 되도록 변수항을 모두 좌변으로 이동한다.

② 최대화문제로 전환된 인위변수(artificial variable)는 목적함수식의 계수로서 $-M$을 부여한다.

[단계 4] 표준형을 심플렉스표에 기재

① [단계 2]과 [단계 3]에 의하여 목적함수식과 제약조건식을 우변 상수항으로 모두 전환한 형태를, 표준형(standard form)이라 한다.

② 심플렉스표에 표준형의 계수를 그대로 옮겨 적는다.

[단계 5] 심플렉스표의 개선

- 목적함수식을 제약조건화한 식에서 M이 있으므로, 단위행렬을 이루게 하기 위하여 A행에 M을 곱하여 Z행에서 뺀다.

[단계 6] 진입기저변수와 탈락기저변수의 선정

① 진입기저변수의 선정 : 목적함수식을 제약조건화한 식에서 단위당 이익이 가장 큰 값의 변수를 진입기저변수로 결정한다. 즉, 심플렉스표에서 음(-)의 부호를 가진 값 가운데 절대값이 가장 큰 변수를 진입기저변수로 결정한다.

② 탈락기저변수의 선정 : 진입기저변수의 기술계수를 우측상수에 나누어 그 값이 적은 값을 탈락기저변수로 선택한다. 그 이유는 모든 공정을 거쳐야 완전한 하나의 제품이 되기 때문이다.

[단계 7] 새로운 관계등식의 유도

① 진입기저변수와 탈락기저변수를 중심으로 1차 결합을 통하여 새로운 관계등식을 유도한다.

② '2. 심플렉스해법의 기본 원리'의 ③에서 '한 행(또는 열)의 스칼라배를 더하거나 빼도 그 값은 변하지 않는다.'는 성질을 이용한다.

[단계 8] 반복 연산

① 목적함수식을 제약조건화한 식의 계수 가운데 음(-)의 부호를 가진 값이 없을 때까지, [단계 4]의 과정을 되풀이한다.

② 목적함수식을 제약조건화한 식의 계수가 모두 양(+)의 부호를 가질 때, 목적함수의 값을 더 이상 개선할 수 없게 되며, 이 값이 최적해가 된다.

[단계 9] 최적해의 도출

- 마지막 테이블에서 $-Z$행의 우측 상수값도 음(-)의 값을 갖게 되므로, 양변에 -1을 곱하면, Z값은 양(+)의 값을 갖는다.

이제, 심플렉스해법을 이용하여 최소화문제의 예제를 풀이하는 과정을 살펴보도록 하자.

예제 4-7

B사는 2종류의 잔디비료를 생산하여 판매하고자 한다. 비료는 질소와 인산을 혼합하여 생산하며, 비료의 생산비용을 최소화하고자 한다. 다음 B사의 선형계획 모형에 대하여 심플렉스해법을 이용하여 풀이하라.

$$\begin{aligned} \text{Min}: Z &= 12x_1 + 18x_2 \\ \text{s.t.}: \ & 2x_1 + 3x_2 \geq 6 \\ & 5x_1 + x_2 \geq 10 \\ & x_1,\ x_2 \geq 0 \end{aligned}$$

풀이

1) 최대화문제로 전환

먼저 목적함수식의 양변에 −1을 곱하여 최대화문제로 전환한다.

$$\text{Min}: Z = 12x_1 + 18x_2$$
$$\text{Max}: -Z = -12x_1 - 18x_2$$

2) 제약조건식에 변수의 도입

부등호의 방향에 따라 제약조건식에 잉여변수와 인위변수를 도입하고, 부등호를 등호제약식으로 바꾼다.

$$\begin{aligned} \text{s.t.}: \ & 2x_1 + 3x_2 - s_1 + A_1 = 6 \\ & 5x_1 + x_2 - s_2 + A_2 = 10 \end{aligned}$$

3) 목적함수식의 제약조건화와 표준형으로 작성

목적함수식에서 상수항을 오른쪽으로 이동시켜 표준형으로 나타내면, 다음과 같다.

$$\begin{aligned} \text{Max}: \ & -Z \\ \text{s.t.}: \ & -Z + 12x_1 + 18x_2 - MA_1 - MA_2 = 0 \\ & 2x_1 + 3x_2 - s_1 + A_1 = 6 \\ & 5x_1 + x_2 - s_2 + A_2 = 10 \\ & x_1,\ x_2,\ s_1,\ s_2,\ A_1,\ A_2 \geq 0 \end{aligned}$$

4) 표준형을 심플렉스표에 기재

기저변수	x_1	x_2	s_1	s_2	A_1	A_2	상수	비율
$-Z$	12	18	0	0	M	M	0	
A_1	2	3	-1	0	1	0	6	
A_2	5	1	0	-1	0	1	10	

5) 심플렉스표의 개선

목적함수식을 제약조건화한 -Z행에서 M이 2개 있으므로, 행렬식의 단위행렬을 이루게 하기 위하여 A_1행과 A_2행에 M을 곱하여 $-Z$행에서 뺀다. (Z행 - A_1행$\times M$ - A_2행$\times M$) 그러면 두 번째 칸의 $-Z$행과 같은 결과를 얻게 된다.

기저변수	x_1	x_2	s_1	s_2	A_1	A_2	상수	비율
$-Z$	12	18	0	0	M	M	0	
A_1	2	3	-1	0	1	0	6	
A_2	5	1	0	-1	0	1	10	
$-Z$	12-7M	18-4M	M	M	0	0	-16M	
A_1	2	3	-1	0	1	0	6	6/2 = 3
A_2	5	1	0	-1	0	1	10	10/5 = 2

5) 진입기저변수와 탈락기저변수의 선정

진입기저변수와 탈락기저변수를 선정한다. 여기부터의 과정은 최대화문제의 풀이 과정과 동일하다.

기저변수	x_1	x_2	s_1	s_2	A_1	A_2	상수	비율
$-Z$	12-7M ↓	18-4M	M	M	0	0	-16M	
A_1	2	3	-1	0	1	0	6	6/2 = 3
←A_2	⑤	1	0	-1	0	1	10	10/5 = 2

6) 새로운 관계등식의 유도

진입기저변수와 탈락기저변수를 중심으로 1차 결합을 통하여 새로운 관계등식을 유도한다.

기저변수	x_1	x_2	s_1	s_2	A_1	A_2	상수	비율
$-Z$	0	$\frac{78}{5}-\frac{13}{5}M$	M	$\frac{12}{5}-\frac{2}{5}M$	0	$-\frac{12}{5}+\frac{7}{5}M$	-24-6M	
A_1	0	13/5	-1	2/5	1	-2/5	2	$2\div\frac{13}{5}=\frac{10}{13}$
x_1	1	1/5	0	-1/5	0	1/5	2	$2\div\frac{1}{5}=10$

7) 반복 연산

목적함수식을 제약조건화한 식의 계수가 모두 양(+)의 부호를 가질 때, 목적함수의 값을 더 이상 개선할 수 없게 되며, 이 값이 최적해가 된다.

기저변수	x_1	x_2	s_1	s_2	A_1	A_2	상수	비율
$-Z$	0	$\frac{78}{5}-\frac{13}{5}M\downarrow$	M	$\frac{12}{5}-\frac{2}{5}M$	0	$-\frac{12}{5}+\frac{7}{5}M$	-24-6M	
$\leftarrow A_1$	0	13/5	-1	2/5	1	-2/5	2	$2\div\frac{13}{5}=\frac{10}{13}$
x_1	1	1/5	0	-1/5	0	1/5	2	$2\div\frac{1}{5}=10$
$-Z$	0	0	6	0	-6+M	M	-36	
x_2	1	0	-5/13	2/13	5/13	-2/13	10/13	
x_1	0	1	1/13	-2/13	-1/13	3/13	24/13	

8) 최적해의 도출

심플렉스표의 마지막 테이블에서 $-Z$는 -36의 값을 가지므로, 양변에 -1을 곱하여 Z값을 구한다. 따라서 $x_2=\frac{10}{13}$, $x_1=\frac{24}{13}$일 때 최소값 $Z=36$이 된다.

예제 4-8

하루에 필요한 단백질과 비타민의 최소영양분을 고려하면서 최소의 비용을 갖는 식단을 구성하는 방법을 찾고자 한다. 다음의 식단구성모형을 심플렉스해법을 이용하여 풀어라.

$$\text{Min}: \; Z = 5x_1 + 4x_2$$

$$\text{s.t.}: \; 2x_1 + 3x_2 \geq 36 \; : \text{단백질}$$

$$3x_1 + x_2 \geq 45 \; : \text{비타민}$$

$$x_1, \; x_2 \geq 0$$

풀이

1) 최대화문제로 전환

목적함수식을 최대화문제로 바꾸기 위하여 -1을 양변에 곱한다.

$$
\begin{aligned}
\text{Max} &: -Z = -5x_1 - 4x_2 \\
\text{s.t.} &: 2x_1 + 3x_2 \geq 36 \\
&\quad 3x_1 + x_2 \geq 45 \\
&\quad x_1,\ x_2 \geq 0
\end{aligned}
$$

2) 제약조건식에 변수의 도입

$$
\begin{aligned}
\text{Max} &: -Z = -5x_1 - 4x_2 - MA_1 - MA_2 \\
\text{s.t.} &: 2x_1 + 3x_2 \geq 36 \rightarrow 2x_1 + 3x_2 - s_1 + A_1 = 36 \\
&\quad 3x_1 + x_2 \geq 45 \rightarrow 3x_1 + x_2 - s_2 + A_2 = 45 \\
&\quad x_1,\ x_2 \geq 0 \rightarrow x_1,\ x_2,\ s_1,\ s_2,\ A_1,\ A_2 \geq 0
\end{aligned}
$$

3) 목적함수식의 제약조건화와 표준형 작성

$$
\begin{aligned}
\text{Max} &: -Z \\
\text{s.t.} &: -Z + 5x_1 + 4x_2 + MA_1 + MA_2 = 0 \\
&\quad 2x_1 + 3x_2 - s_1 + A_1 = 36 \\
&\quad 3x_1 + x_2 - s_2 + A_2 = 45 \\
&\quad x_1,\ x_2,\ s_1,\ s_2,\ A_1,\ A_2 \geq 0
\end{aligned}
$$

4) 표준형을 심플렉스표에 기재

기저변수	x_1	x_2	s_1	s_2	A_1	A_2	상수	비율
$-Z$	5	4	0	0	M	M	0	
A_1	2	3	-1	0	1	0	36	
A_2	3	1	0	-1	0	1	45	

5) 심플렉스표의 개선

$-Z$행에 M의 값이 있으므로, 단위행렬을 이루게 하기 위하여 A행에 M을 곱하여 $-Z$행에서 뺀다.

기저변수	x_1	x_2	s_1	s_2	A_1	A_2	상수	비율
$-Z$	5	4	0	0	M	M	0	
A_1	2	3	-1	0	1	0	36	
A_2	3	1	0	-1	0	1	45	
$-Z$	5-5M	4-4M	M	M	0	0	-81M	
A_1	2	3	-1	0	1	0	36	
A_2	3	1	0	-1	0	1	45	

6) 진입기저변수와 탈락기저변수의 선정

기저변수	x_1	x_2	s_1	s_2	A_1	A_2	상수	비율
$-Z$	5	4	0	0	M	M	0	
A_1	2	3	-1	0	1	0	36	
A_2	3	1	0	-1	0	1	45	
$-Z$	5-5M ↓	4-4M	M	M	0	0	-81M	
A_1	2	3	-1	0	1	0	36	36/2 = 18
$\leftarrow A_2$	③	1	0	-1	0	1	45	45/3 = 15

7) 새로운 관계등식의 유도

기저변수	x_1	x_2	s_1	s_2	A_1	A_2	상수	비율
$-Z$	0	$\frac{7}{3}-\frac{7}{3}M$	M	$\frac{5}{3}-\frac{2}{3}M$	0	$-\frac{5}{3}+\frac{5}{3}M$	-75-6M	
A_1	0	(7/3)	-1	2/3	1	-2/3	6	
x_1	1	1/3	0	-1/3	0	1/3	15	

8) 반복 연산

기저변수	x_1	x_2	s_1	s_2	A_1	A_2	상수	비율
$-Z$	0	$\frac{7}{3}-\frac{7}{3}M\downarrow$	M	$\frac{5}{3}-\frac{2}{3}M$	0	$-\frac{5}{3}+\frac{5}{3}M$	-75-6M	
$\leftarrow A_1$	0	(7/3)	-1	2/3	1	-2/3	6	$6 \div \frac{7}{3}$
x_1	1	1/3	0	-1/3	0	1/3	15	$15 \div \frac{1}{3}$
$-Z$	0	0	1	1	-1+M	-1+M	81	
x_2	0	1	-3/7	2/7	3/7	-2/7	18/7	
x_1	1	0	1/7	3/7	-1/7	3/7	99/7	

9) 최적해의 도출

따라서 $x_2 = \frac{18}{7}$, $x_1 = \frac{99}{7}$일 때, 최소비용은 81이 된다. 위의 심플렉스표를 연결하여 나타내면, 다음과 같다.

기저변수	x_1	x_2	s_1	s_2	A_1	A_2	상수	비율
$-Z$	5	4	0	0	M	M	0	
A_1	2	3	-1	0	1	0	36	
A_2	3	1	0	-1	0	1	45	

기저변수	x_1	x_2	s_1	s_2	A_1	A_2	상수	비율
$-Z$	5-5M ↓	4-4M	M	M	0	0	-81M	
A_1	2	3	-1	0	1	0	36	36/2 = 18
$\leftarrow A_2$	③	1	0	-1	0	1	45	45/3 = 15
$-Z$	0	$\frac{7}{3}-\frac{7}{3}M\downarrow$	M	$\frac{5}{3}-\frac{2}{3}M$	0	$-\frac{5}{3}+\frac{5}{3}M$	-75-6M	
$\leftarrow A_1$	0	(7/3)	-1	2/3	1	-2/3	6	$6\div\frac{7}{3}$
x_1	1	1/3	0	-1/3	0	1/3	15	$15\div\frac{1}{3}$
$-Z$	0	0	1	1	-1+M	-1+M	81	
x_2	0	1	-3/7	2/7	3/7	-2/7	18/7	
x_1	1	0	1/7	3/7	-1/7	3/7	99/7	

제4절 특수한 문제의 보완

1 진입기저변수 선정시의 동률

진입기저변수를 선정할 때 가장 큰 기여도를 갖는 동일한 값의 비기저변수가 2개 이상이면, 임의로 한 변수를 선택하여 반복절차를 계속한다. 이때, 최적해는 동일하다.

예제 4-9

다음 선형계획모형을 심플렉스해법을 이용하여 풀어라.

$$\text{Max}: Z = 5x_1 + 5x_2$$
$$\text{s.t.}: \ 2x_1 + 3x_2 \le 60$$
$$3x_1 + 2x_2 \le 80$$
$$x_1,\ x_2 \ge 0$$

풀이

1) 표준형 작성

선형계획모형을 표준형으로 바꾼 다음, 심플렉스표를 이용하여 풀이하면 다음과 같다.

$$
\begin{aligned}
&\text{Max} : Z \\
&\text{s.t.} : \quad Z - 5x_1 - 5x_2 = 0 \\
&\qquad 2x_1 + 3x_2 \le 60 \rightarrow 2x_1 + 3x_2 + s_1 = 60 \\
&\qquad 3x_1 + 2x_2 \le 80 \rightarrow 3x_1 + 2x_2 + s_2 = 80 \\
&\qquad x_1,\ x_2 \ge 0 \quad \rightarrow x_1,\ x_2,\ s_1,\ s_2 \ge 0
\end{aligned}
$$

2) 진입기저변수의 선정

기저변수	x_1	x_2	s_1	s_2	상 수	비 율
Z	-5↓	-5↓	0	0	0	
s_1	2	3	1	0	60	
s_2	3	2	0	1	80	

진입기저변수의 선정기준에 의하면, x_1, x_2의 단위당 이익이 동일하다. 이러한 경우에는 x_1, x_2 가운데 어떤 변수를 진입기저변수로 선택하여도 결과는 같다.

2 퇴화현상

탈락기저변수는 양(+)의 최소비율을 갖는 변수가 되는데, 이 비율이 2개 이상 같은 경우에는 다음 변환에서 탈락기저변수로 선택되지 않고, 그대로 기저에 남게 된다. 이 현상을 퇴화현상(degeneracy)이라고 하며, 이렇게 얻어진 해를 퇴화기저해라고 한다. 퇴화현상이 일어나면 심플렉스해법을 적용하는 기저변수는 변화하지만 그들이 나타내는 극점이 동일하기 때문에 해가 변화하지 않는다.

퇴화현상이 발생하는 선형계획모형을 계속적으로 연산하면 기저변수가 순환하게 되는 현상이 일어나지만, 현실 문제에서는 거의 발생하지 않는다.

예제 4-10

다음 선형계획모형을 심플렉스해법을 이용하여 풀어라.

$$\text{Max}: Z = 4x_1 + 3x_2 + 2x_3$$
$$\text{s.t.}: \quad 2x_1 + 4x_2 + x_3 \le 40$$
$$3x_1 + 2x_2 + 2x_3 \le 60$$
$$x_1,\ x_2,\ x_3 \ge 0$$

풀이

1) 표준형으로 작성

선형계획모형을 표준형으로 바꾼 다음, 심플렉스표를 이용하여 풀이하면 다음과 같다.

$$\text{Max}: Z$$
$$\text{s.t.}: \quad Z - 4x_1 - 3x_2 - 2x_3 = 0$$
$$2x_1 + 4x_2 + x_3 \le 40 \rightarrow 2x_1 + 4x_2 + x_3 + s_1 = 40$$
$$3x_1 + 2x_2 + 2x_3 \le 60 \rightarrow 3x_1 + 2x_2 + 2x_3 + s_2 = 60$$
$$x_1,\ x_2,\ x_3 \ge 0 \quad \rightarrow x_1,\ x_2,\ x_3,\ s_1,\ s_2 \ge 0$$

2) 진입기저변수와 탈락기저변수의 선정

기저변수	x_1	x_2	x_3	s_1	s_2	상 수	비 율
Z	$-4\downarrow$	-3	-2	0	0	0	
s_1	2	4	1	1	0	40	40/2
s_2	3	2	2	0	1	60	60/3

진입기저변수 x_1에 대하여 탈락기저변수를 선정할 때의 비율이 s_1, s_2 모두 동일한 비율이 된다. 이때 s_1, s_2 가운데 어떤 값을 탈락기저변수로 선정하여도 결과는 같다.

3 복수 최적해

복수 최적해(multiple optimal solutions)란 2개 이상의 최적해를 갖는 경우를 말한다. 일반적으로 복수 최적해는 하나의 제약조건식이 목적함수식과 일치한 경우에 발생한다. 그리고 심플렉스표에서 하나 이상의 비기저변수의 목적함수 계수가 0이 될 때, 복수 최적해가 나타난다. 즉, 비기저변수의 목적함수 계수가 0이란 것은 단위당 공헌이익이 0이 됨을 나타내는 것으로, 그 비기저변수를 기저변수로 도입하면 동일한 목적함수값을 제공하는 또 다른 최적해를 얻을 수 있음을 나타낸다.

예제 4-11

다음 선형계획모형을 심플렉스해법을 이용하여 풀어라.

$$\text{Max} : Z = 10x_1 + 15x_2$$
$$\text{s.t.} : \quad 2x_1 + 3x_2 \le 15$$
$$3x_1 + 2x_2 \le 15$$
$$x_1 + \ x_2 \le 6$$
$$x_1,\ x_2 \ge 0$$

풀이

1) 표준형으로 작성

선형계획모형을 표준형으로 바꾼 다음, 심플렉스표를 이용하여 풀이하면 다음과 같다.

$$\text{Max} : Z$$
$$\text{s.t.} : \quad Z - 10x_1 - 15x_2 = 0$$
$$2x_1 + 3x_2 \le 15 \ \rightarrow \ 2x_1 + 3x_2 + s_1 = 15$$
$$3x_1 + 2x_2 \le 15 \ \rightarrow \ 3x_1 + 2x_2 + s_2 = 15$$
$$x_1 + \ x_2 \le 6 \ \rightarrow \ x_1 + \ x_2 + s_3 = 6$$
$$x_1,\ x_2 \ge 0 \ \rightarrow \ x_1,\ x_2,\ s_1,\ s_2,\ s_3 \ge 0$$

2) 진입기저변수와 탈락기저변수의 선정

기저변수	x_1	x_2	s_1	s_2	s_3	상 수	비 율
Z	-10	-15↓	0	0	0	0	
←s_1	2	③	1	0	0	15	15/3
s_2	3	2	0	1	0	15	15/2
s_3	1	1	0	0	1	6	6/1

3) 새로운 관계등식의 유도

두 번째 단계에서 목적함수의 계수에 개선의 여지가 없으므로 이미 최적해에 도달하였으며, 만약 비기저변수 x_1이 진입한다고 해도 x_1의 계수가 0 이므로 목적함수값은 변화하지 않는다. 그리고 비기저변수 x_1의 목적함수 계수가 0이므로 복수최적해가 발생함을 알 수 있다.

기저변수	x_1	x_2	s_1	s_2	s_3	상 수	비 율
Z	-10	-15↓	0	0	0	0	
←s_1	2	3	1	0	0	15	15/3
s_2	3	2	0	1	0	15	15/2
s_3	1	1	0	0	1	6	6/1
Z	0	0	5	0	0	75	
x_2	2/3	1	1/3	0	0	5	
s_2	5/3	0	-2/3	1	0	5	
s_3	1/3	0	-1/3	0	1	1	

4) 복수최적해의 발생

위의 선형계획모형을 그래프를 이용하여 풀이하면 더욱 분명하게 복수최적해가 발생한 것을 볼 수 있다.

$$x_2 \leq -\frac{10}{15}x_1 + \frac{Z}{15} \quad \rightarrow (\text{식 } 1)$$

$$x_2 \leq -\frac{2}{3}x_1 + 5 \quad \rightarrow (\text{식 } 2)$$

$$x_2 \leq -\frac{3}{2}x_1 + \frac{15}{2} \quad \rightarrow (\text{식 } 3)$$

$$x_2 \leq -1x_1 + 6 \quad \rightarrow (\text{식 } 4)$$

$$x_1,\ x_2 \geq 0$$

위의 식들을 그래프 상에 나타내면 다음과 같다.

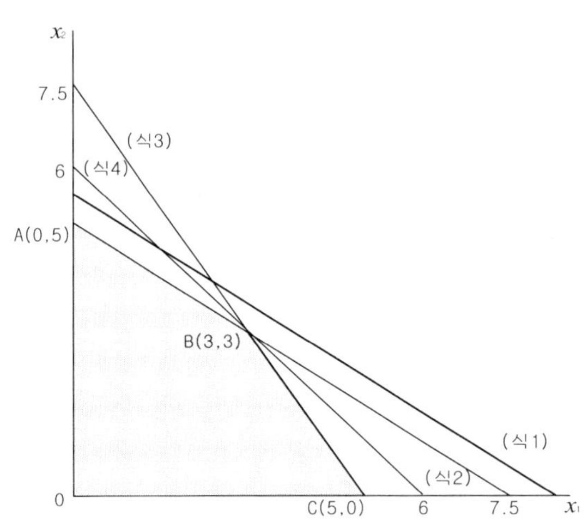

목적함수식 (식 1)의 기울기와 제약조건식 (식 2)의 기울기가 같으므로 꼭지점 A와 B 사이에서 해가 무수히 존재한다. 즉, 복수최적해가 발생함을 알 수 있다.

4 무한해

무한해(unbounded solution)란 제약조건식을 위반하지 않고, 목적함수의 값을 무한히 향상시킬 수 있는 경우를 말한다. 그러나 현실 세계에서 무한히 개선될 수 있는 목적함수의 값을 갖는 것은 불가능하다.

심플렉스표에서는 탈락기저변수를 선택할 수 없을 경우에 무한 최적해로 판정한다.

예제 4-12

다음 선형계획모형을 심플렉스해법을 이용하여 풀어라.

$$\text{Max} : Z = 4x_1 + 5x_2$$

$$\text{s.t.} : \ 2x_1 - 3x_2 \leq 60$$

$$3x_1 - 2x_2 \leq 80$$

$$x_1,\ x_2 \geq 0$$

풀이

1) 표준형 작성

선형계획모형을 표준형으로 바꾼다.

$$\begin{aligned}&\text{Max}: Z\\&\text{s.t.}: Z-4x_1-5x_2=0\\&\quad 2x_1-3x_2\le 60 \rightarrow 2x_1-3x_2+s_1=60\\&\quad 3x_1-2x_2\le 80 \rightarrow 3x_1-2x_2+s_2=80\\&\quad x_1,\ x_2\ge 0 \rightarrow x_1,\ x_2,\ s_1,\ s_2\ge 0\end{aligned}$$

2) 진입기저변수와 탈락기저변수의 선정

기저변수	x_1	x_2↓	s_1	s_2	상 수
Z	-4	-5	0	0	0
s_1	2	-3	1	0	60
s_2	3	-2	0	1	40

진입기저변수 x_2열에 대한 탈락기저변수의 선정을 고려할 때, s_1, s_2행의 기술계수가 모두 음수(-)이므로 비율계산이 불가능하며, 이와 같은 상태를 무한해(unbounded solution)라고 한다.

5 불가능해

불가능해(infeasible solution)는 선형계획문제의 제약조건식과 비음조건을 동시에 만족시키는 해가 없음을 말한다. 즉, 심플렉스표의 최종 테이블에서 기저변수의 우변 상수 값에 인위변수가 존재하거나 인위변수가 기저변수로 남게 될 경우를 말한다. 이 경우의 선형계획문제를 실행불가능문제라고 한다.

기저변수	x_1	x_2	x_3	s_1	s_2	A_1	A_2	상수
$-Z$	0	1	3/4	1/2	2	-1/2+M	0	-10+2M
x_1	1	5	1/2	-1/2	3/5	1/2	0	8+M
A_2	0	3	3/4	1/2	3/4	-1/2	1	6

연 습 문 제

4.1 심플렉스해법의 기본 원리를 설명하라.

4.2 심플렉스해법의 풀이 과정을 설명하라.

4.3 진입기저변수와 탈락기저변수의 선정 방법을 설명하라.

4.4 최대화문제와 최소화문제의 심플렉스해법 적용시의 차이점을 설명하라.

4.5 심플렉스해법에서 사용되는 변수의 종류를 나열하고, 그 적용 예를 설명하라.

4.6 S사는 3종류의 시계 A, B, C를 생산하여 판매하는 기업이다. 각 시계의 개당 판매 이익은 4,000원, 3,000원, 6,000원이고, 각 시계는 공정 Ⅰ, Ⅱ, Ⅲ의 3가지 공정을 거치게 되는데, 각 공정의 1일 처리능력은 180시간, 120시간, 140시간이다. 100개의 시계를 생산하는데 소요되는 각 공정의 처리능력은 다음과 같다. S사의 이익을 최대로 하는 생산량을 결정하라.

종류 \ 공정	공정 Ⅰ	공정 Ⅱ	공정 Ⅲ
모델 A	2	4	1
모델 B	4	1	2
모델 C	1	4	2

4.7 다음 선형계획모형을 심플렉스해법을 이용하여 풀어라.

$$\text{Max}: Z = 5x_1 + 2x_2$$
$$\text{s.t.}: \quad x_1 + 3x_2 \leq 27$$
$$2x_2 \leq 14$$
$$x_1,\ x_2 \geq 0$$

4.8 다음 선형계획모형을 심플렉스해법을 이용하여 풀어라.

$$\text{Max}: Z = 3x_1 + 5x_2 + 4x_3$$
$$\text{s.t.}: \quad 2x_1 + 3x_2 + 2x_3 \leq 120$$

$$x_1 + 2x_2 + 3x_3 \le 90$$
$$x_1,\ x_2,\ x_3 \ge 0$$

4.9 다음 선형계획모형을 심플렉스해법을 이용하여 풀어라.

$$\text{Max} : Z = 5x_1 + 2x_2 + 8x_3 + x_4$$
$$\text{s.t.} : \ 4x_1 + 3x_2 + 5x_3 + x_4 \le 100$$
$$2x_1 + 5x_2 + x_3 + 2x_4 \le 40$$
$$2x_1 + 4x_2 + 5x_3 + x_4 \le 80$$
$$x_1,\ x_2,\ x_3,\ x_4 \ge 0$$

4.10 다음 선형계획모형을 심플렉스해법을 이용하여 풀어라.

$$\text{Max} : Z = 6x_1 + 4x_2 + 4x_3$$
$$\text{s.t.} : \ x_1 + 2x_2 + 3x_3 \le 65$$
$$3x_1 + 3x_2 + x_3 = 45$$
$$x_1,\ x_2,\ x_3 \ge 0$$

4.11 다음 선형계획모형을 심플렉스해법을 이용하여 풀어라.

$$\text{Max} : Z = x_1 + 6x_2 + 4x_3$$
$$\text{s.t.} : \ 2x_1 + 3x_2 + x_3 \ge 90$$
$$2x_1 + x_2 + 2x_3 \le 50$$
$$x_1,\ x_2,\ x_3 \ge 0$$

4.12 다음 선형계획모형을 심플렉스해법을 이용하여 풀어라.

$$\text{Max} : Z = 5x_1 + 2x_2 + 8x_3 + x_4$$
$$\text{s.t.} : \ 4x_1 + 3x_2 + 5x_3 + x_4 \le 100$$
$$2x_1 + 5x_2 + x_3 + 2x_4 \le 40$$
$$2x_1 + 4x_2 + 5x_3 + x_4 = 80$$
$$x_1,\ x_2,\ x_3,\ x_4 \ge 0$$

4.13 다음 선형계획모형을 심플렉스해법을 이용하여 풀어라.

$$\text{Min} : Z = 3x_1 + 5x_2 + x_3$$
$$\text{s.t.} : \ 2x_1 + x_2 + 3x_3 \ge 24$$

$$x_1 + 2x_2 + 3x_3 \geq 30$$
$$x_1,\ x_2,\ x_3 \geq 0$$

4.14 다음 선형계획모형을 심플렉스해법을 이용하여 풀어라.

$$\text{Min} : Z = 3x_1 + 5x_2 + 4x_3$$
$$\text{s.t.} :\ 2x_1 + 3x_2 + 2x_3 \geq 120$$
$$1x_1 + 2x_2 + 3x_3 \geq 90$$
$$x_1,\ x_2,\ x_3 \geq 0$$

4.15 다음 선형계획모형을 심플렉스해법을 이용하여 풀어라.

$$\text{Min} : Z = 4x_1 + 3x_2 + 6x_3$$
$$\text{s.t.} :\ 3x_1 + x_2 + 3x_3 \geq 30$$
$$2x_1 + 2x_2 + 3x_3 \geq 40$$
$$x_1,\ x_2,\ x_3 \geq 0$$

4.16 다음 선형계획모형을 심플렉스해법을 이용하여 풀어라.

$$\text{Min} : Z = 2x_1 + 4x_2 + 6x_3$$
$$\text{s.t.} :\ x_1 + 3x_2 + 2x_3 \geq 30$$
$$4x_1 + 2x_2 + x_3 \geq 60$$
$$x_1,\ x_2,\ x_3 \geq 0$$

4.16 다음 선형계획모형을 심플렉스해법을 이용하여 풀어라.

$$\text{Min} : Z = 5x_1 + 4x_2 + 2x_3$$
$$\text{s.t.} :\ 4x_1 + 3x_2 + 1x_3 = 90$$
$$3x_1 + 1x_2 + 4x_3 \geq 120$$
$$x_1,\ x_2,\ x_3 \geq 0$$

제 5 장 쌍대이론과 민감도 분석

제1절 쌍대이론

1 쌍대이론의 개념

쌍대이론(duality theory)이란 주어진 선형계획문제에 대한 다른 형태의 선형계획문제를 새롭게 규정할 수 있음을 의미한다. 이때, 주어진 선형계획문제를 원문제(primal problem)라 하고, 이 원문제의 상대적 관점에서 규정된 문제를 쌍대문제(dual problem)라고 한다. 즉, 원문제가 기업의 이익측면이라면, 쌍대문제는 기업의 비용측면이 된다.

원문제와 쌍대문제는 기업을 이익의 측면과 비용의 측면에서 각각 관찰한 것으로, 감도분석의 기초 개념이 된다. 그러므로 기업을 이익의 측면에서 보던 비용의 측면에서 보던 기업의 이익은 동일하게 계산되므로, 기업의 이익과 관련된 최대화문제는 최소화문제로, 비용과 관련된 최소화문제는 최대화문제로 변환이 가능하다.

그리고 원문제의 단위이익은 쌍대문제의 우측상수로 바뀌고, 원문제의 우측상수는 쌍대문제의 단위비용으로 바뀐다. 즉, 원문제의 제약조건식에 있는 각 변수의 계수행렬이 쌍대문제에서는 전치되어 나타난다.

일반적으로 원문제를 쌍대문제로 바꾸는데, 다음과 같은 방법을 사용한다.

표 5-1 ▸▸▸ 원문제와 쌍대문제의 관계

원 문 제	쌍대문제
Max(최대화문제)	Min(최소화문제)
i번째 제약조건식 ≤	비음조건 $y_i \geqq 0$
i번째 제약조건식 =	비음조건 y_i 제한없음
i번째 제약조건식 ≥	비음조건 $y_i \leqq 0$
비음조건 $x_i \geqq 0$	j번째 제약조건식 ≥
비음조건 제한없음	j번째 제약조건식 =

위의 방법을 적용하여 원문제와 쌍대문제의 관계를 수식으로 간단하게 정리하면 다음과 같다.

표 5-2 ▸▸▸ 원문제와 쌍대문제의 관계 정리

원 문 제	쌍대문제
Max : $Z = CX$	Min : $Y_0 = B'Y$
s.t. : $AX \leq B$	s.t. : $A'Y \geq C$
$X_i \geq 0$	$Y_j \geq 0$

쌍대이론은 그 역도 성립하므로 원문제를 쌍대문제로 바꾸고, 다시 그 문제를 쌍대문제로 바꾸면, 원문제로 되돌아오게 된다.

일반적인 선형계획모형의 원문제를 쌍대문제로 전환하는 과정은 다음과 같다.

[단계 1] 목적함수식의 전환

① 최대화문제는 최소화문제로, 최소화문제는 최대화문제로 바꾼다.

② 원문제의 목적함수식 계수는 쌍대문제의 제약조건식 우측상수로 전치된다.

[단계 2] 제약조건식의 전환

① 제약조건식의 부등호의 방향이 일반형태가 아닌 경우, 양변에 '−1'을 곱하여 부등호의 방향을 정렬한다.

② 원문제의 제약조건식에 있는 각 변수의 계수행렬이 쌍대문제에서는 전치되어 나타난다.

[단계 3] 비음조건의 전환

① 변환된 변수를 비음조건에 추가한다.

② 원문제의 제약조건식이 등호일 경우, 해당변수를 쌍대문제의 비음조건에서 삭제한다.

[단계 4] 쌍대문제 모형의 작성

다음 예제를 이용하여 선형계획모형의 원문제를 쌍대문제로 전환하여 보자.

예제 5-1

다음 선형계획모형을 쌍대문제로 나타내어라. 그리고 쌍대문제를 다시 원문제로 나타내어라.

$$\text{Max}: Z = 3x_1 + 5x_2 + 4x_3$$

$$\begin{aligned} \text{s.t.}: \ & 2x_1 + 3x_2 + 2x_3 \le 120 \\ & 1x_1 + 2x_2 + 3x_3 \le 90 \\ & x_1,\ x_2,\ x_3 \ge 0 \end{aligned}$$

풀이

1) 목적함수식의 전환

원문제에서 제약조건식의 우측 상수는 목적함수식의 계수로 옮겨가고, 최소화문제는 최대화 문제로 바뀌므로 목적함수식을 전환하면 다음과 같다.

$$\text{Min}: Y_0 = 120y_1 + 90y_2$$

2) 제약조건식과 비음조건의 전환

원문제의 제약조건식에 있는 각 변수의 계수행렬이 쌍대문제에서는 전치되므로 원문제의 목적함수식 계수는 쌍대문제의 제약조건식 우측상수로 전치된다. 그리고 첫 번째 제약조건식이 등호를 가지고 있으므로 비음조건에 영향을 미치게 된다.

$$\begin{aligned} \text{s.t.}: \ & 2y_1 + 1y_2 \ge 3 \\ & 3y_1 + 2y_2 \ge 5 \\ & 2y_1 + 3y_2 \ge 4 \\ & y_1,\ y_2 \ge 0 \end{aligned}$$

3) 쌍대문제 모형의 작성

위의 내용을 정리하면, 다음과 같은 선형계획모형으로 나타낼 수 있다.

$$
\begin{aligned}
\text{Min} :\ & Y_0 = 120y_1 + 90y_2 \\
\text{s.t.} :\ & 2y_1 + 1y_2 \geq 3 \\
& 3y_1 + 2y_2 \geq 5 \\
& 2y_1 + 3y_2 \geq 4 \\
& y_1,\ y_2 \geq 0
\end{aligned}
$$

4) 쌍대문제의 원문제 전환

위의 변환된 쌍대문제를 이용하여 다시 쌍대문제로 변환하면 원문제가 된다.

$$
\begin{aligned}
\text{Max} :\ & Z = 3x_1 + 5x_2 + 4x_3 \\
\text{s.t.} :\ & 2x_1 + 3x_2 + 2x_3 \leq 120 \\
& 1x_1 + 2x_2 + 3x_3 \leq 90 \\
& x_1,\ x_2,\ x_3 \geq 0
\end{aligned}
$$

원문제를 쌍대문제로 전환하는 방법을 그림으로 나타내면, 다음과 같다.

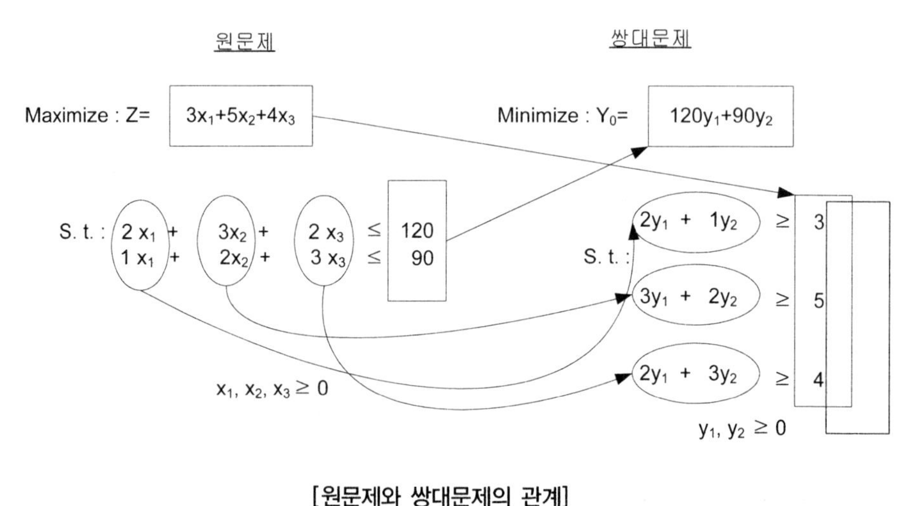

[원문제와 쌍대문제의 관계]

예제 5-2

다음 선형계획모형을 쌍대문제로 나타내어라.

$$\text{Max} : Z = x_1 + 2x_2 + 3x_3$$

$$\begin{aligned} \text{s.t.} :\ & 2x_1 + x_2 + 4x_3 \leq 36 \\ & 4x_1 + 2x_2 + 4x_3 \leq 60 \\ & x_1,\ x_2,\ x_3 \geq 0 \end{aligned}$$

풀이

1) 목적함수식의 전환

원문제에서 제약조건식의 우측 상수는 목적함수식의 계수로 옮겨가고, 최대화문제는 최소화문제로 바뀌므로 목적함수식을 전환하면 다음과 같다.

$$\text{Min} : Y_0 = 36y_1 + 60y_2$$

2) 제약조건식과 비음조건의 전환

원문제의 제약조건식에 있는 각 변수의 계수행렬이 쌍대문제에서는 전치되어 나타난다. 그리고 원문제의 목적함수식 계수는 쌍대문제의 제약조건식 우측상수로 전치된다.

$$\begin{aligned} \text{s.t.} :\ & 2y_1 + 4y_2 \geq 1 \\ & 1y_1 + 2y_2 \geq 2 \\ & 4y_1 + 4y_2 \geq 3 \\ & y_1,\ y_2 \geq 0 \end{aligned}$$

3) 쌍대문제 모형의 작성

$$\begin{aligned} \text{Min} :\ & Y_0 = 36y_1 + 60y_2 \\ \text{s.t.} :\ & 2y_1 + 4y_2 \geq 1 \\ & 1y_1 + 2y_2 \geq 2 \\ & 4y_1 + 4y_2 \geq 3 \\ & y_1,\ y_2 \geq 0 \end{aligned}$$

이제, 원문제와 쌍대문제에 대한 심플렉스해법을 적용한 결과를 살펴보도록 하자. 왜냐하면, 최소화문제인 원문제를 쌍대문제인 최대화문제로 변환하여 심플렉스해법을 적용시키면, 계산상의 효율을 기할 수 있기 때문이다.

예제 5-3

다음 선형계획모형을 쌍대문제로 변환하고, 그 해를 심플렉스해법을 이용하여 구하라.

$$
\begin{aligned}
\text{Min}: \ & Y_0 = 36y_1 + 60y_2 \\
\text{s.t.}: \ & 2y_1 + 4y_2 \geq 1 \\
& 1y_1 + 2y_2 \geq 2 \\
& 4y_1 + 4y_2 \geq 3 \\
& y_1,\ y_2 \geq 0
\end{aligned}
$$

풀이

1) 쌍대문제로 변환

최소화문제를 쌍대문제로 변환하여 심플렉스해법을 적용하면, 계산상의 효율을 기할 수 있다. 즉, 변환된 최대화문제를 심플렉스해법에 적용하므로, 최종 테이블에서 원문제의 최적해를 제시하면 된다.

$$
\begin{aligned}
\text{Max}: \ & Z = x_1 + 2x_2 + 3x_3 \\
\text{s.t.}: \ & 2x_1 + x_2 + 4x_3 \leq 36 \\
& 4x_1 + 2x_2 + 4x_3 \leq 60 \\
& x_1,\ x_2,\ x_3 \geq 0
\end{aligned}
$$

2) 표준형 작성

$$
\begin{aligned}
\text{Max}: \ & Z \\
\text{s.t.}: \ & Z - x_1 - 2x_2 - 3x_3 = 0 \\
& 2x_1 + x_2 + 4x_3 + s_1 = 36 \\
& 4x_1 + 2x_2 + 4x_3 + s_2 = 60 \\
& x_1,\ x_2,\ x_3,\ s_1,\ s_2 \geq 0
\end{aligned}
$$

3) 심플렉스표에 의한 연산

기저변수	x_1	x_2	x_3	s_1	s_2	상 수	비 율
Z	-1	-2	-3↓	0	0	0	
←s_1	2	1	④	1	0	36	36/4
s_2	4	2	4	0	1	60	60/4
Z	1/2	-5/4↓	0	3/4	0	27	
x_3	1/2	1/4	1	1/4	0	9	$9/\frac{1}{4}$
←s_2	2	①	0	-1	1	24	24/1
Z	3	0	0	-1/2↓	5/4	57	
←x_3	0	0	1	(1/2)	-1/4	3	$3/\frac{1}{2}$
x_2	2	1	0	-1	1	24	
Z	3	0	1	0	1	60	
s_1	0	0	2	1	-1/2	6	
x_2	2	1	2	0	1/2	30	

4) 쌍대문제의 최적해 도출

계산된 쌍대문제의 최적해는 $s_1 = 6$, $x_2 = 30$일 때, $Z = 60$의 값을 갖는다.

기저변수	x_1	x_2	x_3	s_1	s_2	상 수
Z	3	0	1	0	1	60
s_1	0	0	2	1	-1/2	6
x_2	2	1	2	0	1/2	30

5) 원문제의 최적해 도출

원문제의 최적해는 목적함수식을 제약조건화한 행에 나타난다. 그러므로 최적해는 $s_1 = 3$, $s_3 = 1$, $y_2 = 1$, $Y_0 = 60$의 값을 갖는다.

기저변수	x_1	x_2	x_3	s_1	s_2	상 수
Z	3	0	1	0	1	60
s_1	0	0	2	1	-1/2	6
x_2	2	1	2	0	1/2	30

2 최적해의 비교

원문제와 쌍대문제의 최적해에서 상호간에 관계가 있음을 알 수 있다. 즉, 원문제의 목적함수식을 제약조건화한 식의 계수는 쌍대문제의 변수값을 나타낸다. 그리고 원문제의 여유변수값은 쌍대문제의 y_i변수값이 되고, 원문제의 x_j변수값은 쌍대문제의 여유변수값이 된다.

위의 예제에서 나타난 계산 결과를 이용하여 원문제와 쌍대문제의 관계를 나타내면, 다음과 같다.

표 5-3 ▸▸▸ 원문제와 쌍대문제의 관계

원 문 제			쌍 대 문 제		
변수	값	근 거	변수	값	근 거
s_1	3	기저변수	x_1	0	비기저변수
s_2	0	비기저변수	x_2	30	기저변수
s_3	1	기저변수	x_3	0	비기저변수
y_1	0	비기저변수	s_1	6	기저변수
y_2	1	기저변수	s_2	0	비기저변수
Y_0	60	목적함수	Z	60	목적함수

위의 <표 5-3>을 살펴보면, 한 변수가 원문제에서 기저변수이면, 쌍대문제에서는 비기저변수가 되어 두 변수의 곱은 항상 0이 된다. 이것을 따름정리(theorem of complementary slackness)라고 한다.

쌍대문제의 제약조건은 제품의 단위당 이익과 투입자원의 가치와의 관계를 나타낸 것이다. 그리고 쌍대문제의 제약조건에 부여한 잉여변수는 원문제에서 제품을 나타내고 있는 기저변수와 관련이 있다.

따라서 원문제의 제약조건에 부여한 여유변수는 쌍대문제에서 자원의 가치를 나타내는 기저변수와 관련이 있다.

쌍대문제의 중요한 이점은 계산을 간편하게 하기 위한 것이다. 즉, 최소화문제를 최대화문제로 바꾸어 계산하면, 최소화문제에서 적용되는 잉여변수와 인위변수의 수가 최대화문제에서는 반으로 줄어들게 되어 계산상의 효율을 기할 수 있기 때문이다.

제2절 쌍대심플렉스해법

1 쌍대심플렉스해법의 의의

최소화문제의 표준형에서 여러 개의 인위변수가 도입될 경우, 계산상의 복잡성으로 어려움이 많았다. 그러나 쌍대심플렉스해법을 적용하면 쉽게 최적해를 구할 수 있다. 왜냐하면 제약조건식에서 부등호의 방향이 '≥'일 경우, 양변에 '-1'을 곱하여 부등호의 방향을 '≤'으로 바꿀 수 있으며, 인위변수의 도입이 불필요하기 때문이다.

그리고 쌍대심플렉스해법의 또 다른 중요성은 민감도 분석에 있다. 왜냐하면 심플렉스해법으로 구한 최적해가 선형계획모형의 수정으로 더 이상 실행가능성을 유지하기 어려울 때, 즉 우측상수항이 '-'부호를 갖게 될 때 쌍대심플렉스해법은 유용하게 적용될 수 있기 때문이다.

2 쌍대심플렉스해법의 풀이

쌍대심플렉스해법과 심플렉스해법의 차이점은 진입기저변수와 탈락기저변수의 선정방법 그리고 최적성의 검사에 있다. 쌍대심플렉스해법을 적용할 때에는 목적함수식을 제약조건화한 식의 모든 계수가 비음(0 또는 +)이어야 하며, 기저해로부터 최적해를 찾아가는 기법이므로 목적함수의 값은 계속 줄어든다. 무엇보다도 쌍대심플렉스해법의 기본 개념은 심플렉스해법과 동일하다는 생각을 갖고, 접근하는 것이 좋다.

쌍대심플렉스해법의 풀이과정을 정리하면, 다음과 같다.

[단계 1] 목적함수식을 최대화문제로 전환

- 목적함수식의 양변에 '−1'을 곱하여 최대화문제로 전환한다.

[단계 2] 여유변수의 도입

• 부등호의 방향이 '≥'인 제약조건식의 양변에 '−1'을 곱하면, 부등호의 방향이 바뀌게 된다. 그 다음, 여유변수를 도입한다.

[단계 3] 탈락기저변수와 진입기저변수의 선정 및 연산

① 탈락기저변수 : 우측상수 가운데 가장 작은 음의 값(최대이익)을 탈락기저변수로 선택한다. 즉, 음수값을 갖는 계수 가운데, 절대값이 큰 변수를 선택한다.

② 진입기저변수 : 목적함수의 계수를 나눌 때, 최소 음(−)의 값을 갖는 계수를 진입기저변수로 선정한다. 즉, 음수값을 갖는 계수 가운데 절대값이 작은 변수를 선택한다.

③ 새로운 관계등식의 유도 : 탈락기저변수와 진입기저변수를 중심으로 적절한 1차결합을 통해서 새로운 관계등식을 유도한다.

[단계 4] 반복 연산

• 우측상수의 계수가 '−'부호를 가진 값이 없을 때까지, [단계 2]와 [단계 3]의 과정을 되풀이한다.

[단계 5] 최적해의 도출

• 우측상수의 계수가 모두 비음일 때, 최적해가 된다.

이제, 예제를 이용하여 쌍대심플렉스해법의 풀이과정을 살펴보도록 하자.

예제 5-4

다음 선형계획모형에 쌍대심플렉스해법을 이용하여 풀이하는 과정을 살펴보도록 하자.

$$\text{Min : } Y_0 = 36y_1 + 60y_2$$

$$\text{s.t.: } 2y_1 + 4y_2 \geq 1$$

$$1y_1 + 2y_2 \geq 2$$

$$4y_1 + 4y_2 \geq 3$$

$$y_1,\ y_2 \geq 0$$

풀이

1) 목적함수식을 최대화문제로 전환

목적함수식의 양변에 −1을 곱하여 최대화문제로 전환한다.

$$\text{Max}: -Y_0 = -36y_1 - 60y_2$$

2) 여유변수의 도입과 표준형으로 전환

제약조건의 양변에 −1을 곱하면, 부등호의 방향이 바뀌게 된다. 그 다음 여유변수를 도입하고, 표준형으로 나타낸다.

$$\begin{aligned}
&\text{Max}: -Y_0 \\
&\text{s.t.}: \ -Y_0 + 36y_1 + 60y_2 = 0 \\
&\quad -2y_1 - 4y_2 \le -1 \ \rightarrow \ -2y_1 - 4y_2 + s_1 = -1 \\
&\quad -1y_1 - 2y_2 \le -2 \ \rightarrow \ -1y_1 - 2y_2 + s_2 = -2 \\
&\quad -4y_1 - 4y_2 \le -3 \ \rightarrow \ -4y_1 - 4y_2 + s_3 = -3 \\
&\quad y_1,\ y_2 \ge 0 \quad \rightarrow \ y_1,\ y_2,\ s_1,\ s_2,\ s_3 \ge 0
\end{aligned}$$

3) 탈락기저변수와 진입기저변수의 선정 및 연산

우측상수 가운데 가장 작은 음의 값(최대이익)을 탈락기저변수로 선택한다. 그 다음, 목적함수의 계수를 나눌 때, 최대 음(−)의 값을 갖는 계수를 진입기저변수로 선정한다.

탈락기저변수와 진입기저변수를 중심으로 1차 결합을 통해서 새로운 관계등식을 유도한다. 즉, y_2와 s_3가 만나는 −4가 피봇원(pivot element)이 되며, 피봇원의 값은 반드시 1이 되고, 나머지 피봇열의 값은 0이 되도록 만든다.

기저변수	y_1	y_2	s_1	s_2	s_3	상 수
$-Y_0$	36	60 ↓	0	0	0	0
s_1	-2	-4	1	0	0	-1
s_2	-1	-2	0	1	0	-2
$\leftarrow s_3$	-4	(-4)	0	0	1	-3
$-Y_0$	-24	0	0	0	15 ↓	-45
s_1	2	0	1	0	-1	2
$\leftarrow s_2$	1	0	0	1	(-1/2)	-1/2
y_2	1	1	0	0	-1/4	3/4
$-Y_0$	6	0	0	30	0	-60
s_1	0	0	1	-2	0	3
s_3	-2	0	0	-2	1	1
y_2	1/2	1	0	-1/2	0	1

4) 최적해의 도출

목적함수식을 제약조건화한 식의 계수와 우측상수의 계수가 모두 비음(0 또는 +)이므로 최적해이다. 따라서 최적해는 $s_1=3$, $s_3=1$, $y_2=1$, $Y_0=60$의 값을 갖는다.

예제 5-5

다음 선형계획모형을 쌍대심플렉스해법을 이용하여 풀어라.

$$\begin{aligned}\text{Min}: & \ Y_0 = 48y_1 + 60y_2 \\ \text{s.t.}: & \ 2y_1 + 3y_2 \geq 4 \\ & \ 4y_1 + 2y_2 \geq 3 \\ & \ y_1 + 2y_2 \geq 2 \\ & \ y_1,\ y_2 \geq 0\end{aligned}$$

풀이

1) 목적함수식을 최대화문제로 전환

목적함수식의 양변에 -1을 곱하여 최대화문제로 전환한다.

$$\text{Max}: -Y_0 = -48y_1 - 60y_2$$

2) 여유변수의 도입과 표준형으로 전환

제약조건의 양변에 '-1'을 곱하면, 부등호의 방향이 바뀌게 된다. 그 다음 여유변수를 도입하고, 표준형으로 나타낸다.

$$\begin{aligned}\text{Max}: & -Y_0 \\ \text{s.t.}: & -Y_0 + 48y_1 + 60y_2 = 0 \\ & -2y_1 - 3y_2 \leq -4 \rightarrow -2y_1 - 3y_2 + s_1 = -4 \\ & -4y_1 - 2y_2 \leq -3 \rightarrow -4y_1 - 2y_2 + s_2 = -3 \\ & -1y_1 - 2y_2 \leq -2 \rightarrow -1y_1 - 2y_2 + s_3 = -2 \\ & \quad y_1,\ y_2 \geq 0 \quad \rightarrow y_1,\ y_2,\ s_1,\ s_2,\ s_3 \geq 0\end{aligned}$$

3) 탈락기저변수와 진입기저변수의 선정 및 연산

우측상수 가운데 가장 작은 음의 값(최대이익)을 탈락기저변수로 선택한다. 그 다음, 목적함수의 계수를 나눌 때, 최대 음(−)의 값을 갖는 계수를 진입기저변수로 선정한다. 그리고 피봇원을 중심으로 1차 결합을 통해서 새로운 관계등식을 유도한다. 즉, y_2와 s_1이 만나는 −3이 피봇원이 된다. 여기서 피봇원의 값은 반드시 1이 되고, 나머지 피봇열의 값은 0으로 만든다. 우측상수의 계수가 '−' 부호를 가진 값이 없을 때까지 이 과정을 되풀이한다.

기저변수	y_1	y_2	s_1	s_2	s_3	상 수
$-Y_0$	48	60↓	0	0	0	0
←s_1	-2	(-3)	1	0	0	-4
s_2	-4	-2	0	1	0	-3
s_3	-1	-2	0	0	1	-2
$-Y_0$	8↓	0	20	0	0	-80
y_2	2/3	1	-1/3	0	0	4/3
←s_2	(-8/3)	0	-2/3	1	0	-1/3
s_3	1/3	0	-2/3	0	1	2/3
$-Y_0$	0	0	18	3	0	-81
y_2	0	1	-1/2	1/4	0	5/4
y_1	1	0	1/4	-3/8	0	1/8
s_3	0	0	-3/4	1/8	1	5/8

4) 최적해의 도출

우측상수의 계수가 모두 비음(0 또는 +)이므로 최적해이다. 따라서 최적해는 $y_2=\frac{5}{4}$, $y_1=\frac{1}{8}$, $s_3=\frac{5}{8}$일 때, Y_0의 값은 81이 된다.

제3절 심플렉스해법의 수학적 분석

1 기호의 정의

선형계획모형과 심플렉스해법의 수학적 의미를 통하여 민감도 분석의 기초를 확립해 보자. 먼저, 다음의 선형계획모형을 심플렉스해법을 이용하여 풀이하면, 다음과 같다.

$$\text{Max}: Z = x_1 + 2x_2 + 3x_3$$

$$\text{s.t.}: \quad 2x_1 + x_2 + 4x_3 \le 36$$

$$4x_1 + 2x_2 + 4x_3 \le 60$$

$$x_1,\ x_2,\ x_3 \ge 0$$

기 호	기저변수	x_1	x_2	x_3	s_1	s_2	상 수	비 율
R_0^-	Z	-1	-2	-3 ↓	0	0	0	
R_1^-	$\leftarrow s_1$	2	1	④	1	0	36	36/4
R_2^-	s_2	4	2	4	0	1	60	60/4
R_0	Z	1/2	-5/4 ↓	0	3/4	0	27	
R_1	x_3	1/2	1/4	1	1/4	0	9	$9/\frac{1}{4}$
R_2	$\leftarrow s_2$	2	①	0	-1	1	24	24/1
R_0	Z	3	0	0	-1/2 ↓	5/4	57	
R_1	$\leftarrow x_3$	0	0	1	(1/2)	-1/4	3	$3/\frac{1}{2}$
R_2	x_2	2	1	0	-1	1	24	
R_0^*	Z	3	0	1	0	1	60	
R_1^*	s_1	0	0	2	1	-1/2	6	
R_2^*	x_2	2	1	2	0	1/2	30	

위의 심플렉스표에서 오른쪽 항에 있는 기호를 정의하면, 다음과 같다.

R_k^- : 최초 단계 테이블의 k번째 행

R_k : 중간 단계 테이블의 k번째 행

R_k^* : 최종 단계 테이블의 k번째 행

여기서, 심플렉스표의 최초 단계 테이블은 다음과 같이 나타낼 수 있다.

$R_0^- = [-1,\ -2,\ -3,\ 0,\ 0,\ 0]$

$R_1^- = [\ 2,\ 1,\ 4,\ 1,\ 0,\ 36]$

$R_2^- = [\ 4,\ 2,\ 4,\ 0,\ 1,\ 60]$

그러므로 위의 심플렉스표에서 최종 단계의 테이블은 다음과 같이 나타낼 수 있다.

$$R_0^* = [\ 3,\ 0,\ 1,\ 0,\ 1,\ 60]$$

$$R_1^* = [\ 0,\ 0,\ 2,\ 1,\ -\frac{1}{2},\ 6]$$

$$R_2^* = [\ 2,\ 1,\ 2,\ 0,\ \frac{1}{2},\ 30]$$

2 목적함수식의 유도

심플렉스 연산 과정의 각 단계는 최초 테이블에 나타난 행들의 선형결합으로 표시할 수 있다. 그러므로 심플렉스표에서 2번째 테이블의 목적함수식 R_0행의 계수는 다음과 같이 계산한다.

$$\begin{aligned} R_0 &= R_0^- + (\frac{3}{4}) \times R_1^- + 0 \times R_2^- \\ &= [-1,\ -2,\ -3, 0, 0, 0] + \frac{3}{4} \times [2, 1, 4, 1, 0, 36] + 0 \times [4, 2, 4, 0, 1, 60] \\ &= [\frac{1}{2,} - \frac{5}{4}, 0, \frac{3}{4}, 0, 27] \end{aligned}$$

그리고 최종 단계의 목적함수식 R_0^*행은 다음과 같다.

$$\begin{aligned} R_0^* &= R_0^- + 0 \times R_1^- + 1 \times R_2^- \\ &= [-1,\ -2,\ -3, 0, 0, 0] + 0 \times [2, 1, 4, 1, 0, 36] + 1 \times [4, 2, 4, 0, 1, 60] \\ &= [3, 0, 1, 0, 1, 60] \end{aligned}$$

따라서 각 단계별 목적함수식은 다음 공식으로 유도해 낼 수 있다.

$$R_0 = R_0^- + \sum R_i Y_i$$

3 제약조건식의 유도

목적함수식과 마찬가지로 제약조건식도 심플렉스 연산 과정의 각 단계는 최초 테이블의 제약조건식 행들의 선형결합으로 표시할 수 있다. 단지, 목적함수식을 유도하는 것과의 차이점은 목적함수식의 계수를 합하지 않는 것이다.

심플렉스표에서 2번째 테이블의 제약조건식 R_1 행의 계수는 다음과 같이 구한다.

$$\begin{aligned} R_1 &= \frac{1}{4} \times R_1^- + 0 \times R_2^- \\ &= \frac{1}{4} \times [2, 1, 4, 1, 0, 36] + 0 \times [4, 2, 4, 0, 1, 60] \\ &= [\frac{1}{2}, \frac{1}{4}, 1, \frac{1}{4}, 0, 9] \end{aligned}$$

그리고 최종 테이블의 제약조건식 R_1^* 행은 다음과 같다.

$$\begin{aligned} R_1^* &= 1 \times R_1^- + (-\frac{1}{2}) \times R_2^- \\ &= 1 \times [2, 1, 4, 1, 0, 36] + (-\frac{1}{2}) \times [4, 2, 4, 0, 1, 60] \\ &= [0, 0, 2, 1, -\frac{1}{2}, 6] \end{aligned}$$

따라서 각 단계별 제약조건식은 다음 공식으로 유도해 낼 수 있다.

$$R_k = \sum R_i S_{ki}$$

위의 공식은 심플렉스연산의 어느 단계에서나 성립한다. 그러므로 심플렉스표를 계산하는 중간과정에서 언제든지 적용하여 계산상의 효율을 기할 수 있으며, 민감도 분석의 기초개념으로 사용된다.

제4절 민감도 분석

1 민감도 분석의 의의

선형계획모형은 확정적 모형으로, 각 계수가 일정하다는 것을 가정하고 있지만, 이 계수들은 시간의 흐름에 따라 변경될 수 있다. 실제, 이 계수들의 값은 주위환경이나 의사결정자의 의지에 따라 사용 가능한 자원의 양들을 약간씩 조정하게 된다. 이럴 때 최적해가 어떻게 변하는가를 분석하는 것은 의사결정자에게 도움이 되며, 이러한 분석을 민감도 분석(sensitivity analysis)이라고 부른다.

민감도 분석은 대부분 최종 심플렉스표를 중심으로 간단히 이루어지며, 사후분석(post optimality analysis)이라고도 한다.

따라서 최적해가 모형의 데이터 및 계수의 변화에 어느 정도 민감하게 작용하는가를 조사할 필요가 있다. 여기서 선형계획모형에서 나타날 수 있는 5가지 종류의 민감도 분석은 다음과 같다.

① 목적함수식의 계수(비기저변수와 기저변수) 변화
② 가용자원(우측상수)의 변화
③ 제약조건식의 계수(기술계수) 변화
④ 새로운 변수의 추가
⑤ 새로운 제약조건식의 추가

민감도 분석의 풀이과정을 정리하면, 다음과 같다.

[단계 1] 선형계획모형의 수정

[단계 2] 계수의 계산

- 심플렉스해법의 수학적 분석에 의하여 계수를 계산한다.

[단계 3] 계수 기재

- 최종 테이블에 계산된 계수를 기재한다.

[단계 4] 최적해가 아닌 경우의 반복 연산

① 목적함수식을 제약조건화한 식에 '−' 부호가 있으면, 심플렉스해법 적용한다.

② 우측상수에 '−' 부호가 있으면, 쌍대심플렉스해법 적용한다.

[단계 5] 최적해 도출

2 민감도 분석의 적용

1) 가용자원의 변화

가용자원이 변화할 때, 현재의 최적해가 어떻게 변하는가를 분석하는 것이다. 가용자원이 한 단위 변화할 때, 목적함수 값은 쌍대문제의 결정변수 값인 잠재가격만큼 변화하게 된다. 그러므로 실행가능성이 유지되기만 하면, 현 기저해는 그대로 최적성을 유지하게 된다.

가용자원의 변화에 따른 최적해의 변화를 다음 예제를 이용하여 살펴보도록 하자.

예제 5-6

다음 선형계획모형에서 공정 Ⅰ의 원료의 가용자원이 36에서 50으로 변동하였다면, 최적해는 어떻게 달라지겠는가? 아래의 풀이결과를 이용하여 나타내어라.

$$\text{Max}: Z = x_1 + 2x_2 + 3x_3$$
$$\text{s.t.}: \ 2x_1 + x_2 + 4x_3 \le 36 \quad : \text{원료}$$
$$4x_1 + 2x_2 + 4x_3 \le 60 \quad : \text{작업자}$$
$$x_1,\ x_2,\ x_3 \ge 0$$

기저변수	x_1	x_2	x_3	s_1	s_2	상 수
Z	3	0	1	0	1	60
s_1	0	0	2	1	-1/2	6
x_2	2	1	2	0	1/2	30

풀이

1) 선형계획모형의 수정

위의 선형계획모형은 다음과 같이 변화한다.

$$\text{Max}: Z = x_1 + 2x_2 + 3x_3$$
$$\text{s.t.}: \ 2x_1 + x_2 + 4x_3 \le 50$$
$$4x_1 + 2x_2 + 4x_3 \le 60$$
$$x_1,\ x_2,\ x_3 \ge 0$$

원문제의 풀이과정에서 첫 테이블과 마지막 테이블을 이용하여야 한다. 다음은 원문제의 풀이과정에서 첫 테이블과 마지막 테이블을 나타낸 것이다.

기저변수	x_1	x_2	x_3	s_1	s_2	상 수
Z	-1	-2	-3	0	0	0
s_1	2	1	4	1	0	50
s_2	4	2	4	0	1	60
Z	.	.	.	.	.	.
.	.	.	.	.	.	.
.	.	.	.	.	.	.
Z	3	0	1	0	1	60
s_1	0	0	2	1	-1/2	6
x_2	2	1	2	0	1/2	30

2) 계수의 계산

가용자원의 변화는 최적해에 변화를 가져올 수 있으며, 계산과정은 다음과 같다.

$$\begin{vmatrix} 0 \\ 50 \\ 60 \end{vmatrix} \quad \begin{vmatrix} 0 & 1 \\ 1 & -\frac{1}{2} \\ 0 & \frac{1}{2} \end{vmatrix} \Rightarrow \begin{vmatrix} 0 + 50 \times 0 + 60 \times 1 = 60 \\ 50 \times 1 + 60 \times -\left(\frac{1}{2}\right) = 20 \\ 50 \times 0 + 60 \times \left(\frac{1}{2}\right) = 30 \end{vmatrix}$$

3) 계수의 기재

계산된 우측상수를 마지막 테이블에 기재한다.

기저변수	x_1	x_2	x_3	s_1	s_2	상 수
Z	3	0	1	0	1	60
s_1	0	0	2	1	-1/2	20
x_2	2	1	2	0	1/2	30

4) 최적해 도출

우측 상수항의 계수가 모두 양(+)의 값을 가지므로 이 자체가 최적해가 된다. 따라서 최적해는 $s_1 = 20$, $x_2 = 30$, $Z = 60$으로 변화한다.

2) 비기저변수의 변화

목적함수식의 계수 가운데 비기저변수의 값이 변화하였을 때, 변화한 결과의 최종 심플렉스표에서 해당되는 열의 값이 변화하게 된다. 이때, 변화된 비기저변수의 값이 양수이면, 기업의 이익을 더 이상 증가시킬 수 없으므로 최적해는 변화하지 않는다.

그러나 최종 심플렉스표에서 변화된 비기저변수의 값이 음수값이면, 최적해를 개선할 여지가 남아있으므로 비기저변수를 진입기저변수로 하여 심플렉스해법을 적용시켜야 한다.

비기저변수의 변화에 따른 최적해의 변화를 다음 예제를 이용하여 살펴보도록 하자.

예제 5-7

다음 선형계획모형에서 제품 A의 단위당 이익이 1원에서 2원으로 변동하였다면, 최적해는 어떻게 달라지겠는가? 아래의 풀이결과를 이용하여 나타내어라.

$$\text{Max} : Z = x_1 + 2x_2 + 3x_3$$

$$\text{s.t.} : \; 2x_1 + x_2 + 4x_3 \le 36 \quad : \text{원료}$$

$$4x_1 + 2x_2 + 4x_3 \le 60 \quad : \text{작업자}$$

$$x_1,\; x_2,\; x_3 \ge 0$$

기저변수	x_1	x_2	x_3	s_1	s_2	상 수
Z	3	0	1	0	1	60
s_1	0	0	2	1	-1/2	6
x_2	2	1	2	0	1/2	30

풀이

1) 선형계획모형의 수정

위의 선형계획모형은 다음과 같이 변화한다.

$$\text{Max} : Z = 2x_1 + 2x_2 + 3x_3$$

$$\text{s.t.: } 2x_1 + x_2 + 4x_3 \le 36$$
$$4x_1 + 2x_2 + 4x_3 \le 60$$
$$x_1,\ x_2,\ x_3 \ge 0$$

2) 계수의 계산

비기저변수의 변화는 목적함수식을 제약조건화한 식의 계수가 (−)부호를 가질 때, 최적해에 변화를 가져올 수 있으며 계산과정은 다음과 같다.

$$\begin{vmatrix} -2 \\ 2 \\ 4 \end{vmatrix} \quad \begin{vmatrix} 0 & 1 \\ 1 & -\frac{1}{2} \\ 0 & \frac{1}{2} \end{vmatrix} \Rightarrow \begin{vmatrix} -2 + 2 \times 0 + 4 \times 1 = 2 \\ 2 \times 1 + 4 \times \left(-\frac{1}{2}\right) = 2 \\ 2 \times 0 + 4 \times \left(\frac{1}{2}\right) = 2 \end{vmatrix}$$

3) 계수의 기재

이 결과를 심플렉스표의 최종 테이블에 나타내면, 다음과 같다.

기저변수	x_1	x_2	x_3	s_1	s_2	상 수
Z	-2	-2	-3	0	0	0
s_1	2	1	4	1	0	36
s_2	4	2	4	0	1	60
Z	·	·	·	·	·	·
·	·	·	·	·	·	·
·	·	·	·	·	·	·
Z	2	0	1	0	1	60
s_1	2	0	2	1	-1/2	6
x_2	2	1	2	0	1/2	30

4) 최적해 도출

변화한 결과를 살펴보면, 목적함수를 제약조건화한 x_1의 비기저변수값이 양수값이므로, 최적해는 변화하지 않는다. 즉, 최적해는 $s_1 = 6$, $x_2 = 30$, $Z = 60$이 된다.

3) 기저변수의 변화

최적해에서 기저변수의 단위당 공헌이익이 변화하였다면, 현재의 최적해가 최적성을 유지하기 어렵다. 그러므로 수학적 고찰에 의하여 해를 수정한 다음, 다시 심플렉스해법을 이용하여 푼다.

기저변수의 변화에 따른 최적해의 변화를 다음 예제를 이용하여 살펴보도록 하자.

예제 5-8

다음 선형계획모형에서 제품 B의 단위당 이익이 2원에서 3원으로 증가하고, 공정 Ⅱ의 기술계수가 3시간으로 변화하였다면, 최적해는 어떻게 달라지겠는가? 아래의 풀이결과를 이용하여 나타내어라.

$$\text{Max} : Z = x_1 + 2x_2 + 3x_3$$
$$\text{s.t.} : \; 2x_1 + x_2 + 4x_3 \le 36 \quad : \text{원료}$$
$$4x_1 + 2x_2 + 4x_3 \le 60 \; : \text{작업자}$$
$$x_1,\; x_2,\; x_3 \ge 0$$

기저변수	x_1	x_2	x_3	s_1	s_2	상 수
Z	3	0	1	0	1	60
s_1	0	0	2	1	-1/2	6
x_2	2	1	2	0	1/2	30

풀이

1) 선형계획모형의 수정

위의 선형계획모형은 다음과 같이 변화한다.

$$\text{Max} : Z = x_1 + 3x_2 + 3x_3$$
$$\text{s.t.} : \; 2x_1 + x_2 + 4x_3 \le 36$$
$$4x_1 + 3x_2 + 4x_3 \le 60$$
$$x_1,\; x_2,\; x_3 \ge 0$$

2) 계수의 계산

기저변수의 변화는 최적해에 변화를 가져올 가능성이 매우 크며, 계산과정은 다음과 같다.

$$\begin{vmatrix} -3 \\ 1 \\ 3 \end{vmatrix} \quad \begin{vmatrix} 0 & 1 \\ 1 & -\frac{1}{2} \\ 0 & \frac{1}{2} \end{vmatrix} \Rightarrow \begin{vmatrix} -3 + 1 \times 0 + 3 \times 1 = 0 \\ 1 \times 1 + 3 \times \left(-\frac{1}{2}\right) = -1/2 \\ 1 \times 0 + 3 \times \left(\frac{1}{2}\right) = 3/2 \end{vmatrix}$$

3) 계수의 기재

계산된 계수를 최종 테이블에 기재한다.

기저변수	x_1	x_2	x_3	s_1	s_2	상 수
Z	-1	-3	-3	0	0	0
s_1	2	1	4	1	0	36
s_2	4	3	4	0	1	60
Z	·	·	·	·	·	·
·	·	·	·	·	·	·
·	·	·	·	·	·	·
Z	2	0↓	1	0	1	60
s_1	0	-1/2	2	1	-1/2	6
$\leftarrow x_2$	2	(3/2)	2	0	1/2	30

4) 반복 연산

위의 마지막 테이블을 최적해라고 할 수 없다. 왜냐하면, 기저변수값이 '+'이지만 다른 계수의 값이 달라졌으므로, 관계등식을 이용하여 계수를 정리하여야 한다. 그러므로 피봇원의 계수 $\frac{3}{2}$을 1이 되게 하고, 나머지 피봇열의 계수는 0이 되도록 만든다.

만약, 결과값에서 우측 상수항의 계수가 음(−)의 값이 나오면, 쌍대심플렉스해법을 이용하여 연산을 계속한다.

기저변수	x_1	x_2	x_3	s_1	s_2	상 수
Z	-1	-3	-3	0	0	0
s_1	2	1	4	1	0	36
s_2	4	3	4	0	1	60
Z	·	·	·	·	·	·
·	·	·	·	·	·	·
·	·	·	·	·	·	·
Z	3	0↓	1	0	1	60
s_1	0	-1/2	2	1	-1/2	6
$\leftarrow x_2$	2	(3/2)	2	0	1/2	30
Z	3	0	1	0	1	60
s_1	2/3	0	8/3	1	-1/3	16
x_2	4/3	1	4/3	0	1/3	20

5) 최적해 도출

따라서 최적해는 $s_1 = 16$, $x_2 = 20$, $Z = 60$으로 변화한다.

4) 기술계수의 변화

제약조건식의 기술계수는 신기술이나 새로운 설비를 도입함으로써 자원이용의 효율성이 높아져 변화될 수 있다. 즉, 기술수준의 향상에 따라 제품을 생산하는데 소요되는 자원이 증가하거나 감소할 수 있다.

기술계수의 변화에 따른 최적해의 변화를 다음 예제를 이용하여 살펴보도록 하자.

예제 5-9

다음 선형계획모형에서 제품 C의 기술계수가 공정 Ⅰ에서 2시간, 공정 Ⅱ에서 2시간으로 변화하였다면, 최적해는 어떻게 변하겠는가? 아래의 풀이결과를 이용하여 나타내어라.

$$\text{Max}: Z = x_1 + 2x_2 + 3x_3$$
$$\text{s.t.}: \ 2x_1 + x_2 + 4x_3 \le 36 \ : \text{원료}$$
$$4x_1 + 2x_2 + 4x_3 \le 60 \ : \text{작업자}$$
$$x_1,\ x_2,\ x_3 \ge 0$$

기저변수	x_1	x_2	x_3	s_1	s_2	상 수
Z	3	0	1	0	1	60
s_1	0	0	2	1	-1/2	6
x_2	2	1	2	0	1/2	30

풀이

1) 선형계획모형의 수정

위의 선형계획모형은 다음과 같이 변화한다.

$$\text{Max}: Z = x_1 + 2x_2 + 3x_3$$
$$\text{s.t.}: \ 2x_1 + x_2 + 2x_3 \le 36$$
$$4x_1 + 2x_2 + 2x_3 \le 60$$
$$x_1,\ x_2,\ x_3 \ge 0$$

2) 계수의 계산

비기저변수의 변화는 목적함수식을 제약조건화한 식의 계수가 (−)부호를 가질 때, 최적해에 변화를 가져올 수 있으며 계산과정은 다음과 같다.

$$\begin{vmatrix} -3 \\ 2 \\ 2 \end{vmatrix} \quad \begin{vmatrix} 0 & 1 \\ 1 & -\frac{1}{2} \\ 0 & \frac{1}{2} \end{vmatrix} \Rightarrow \begin{vmatrix} -3+2\times 0+2\times 1=-1 \\ 2\times 1+2\times\left(-\frac{1}{2}\right)=1 \\ 2\times 0+2\times\left(\frac{1}{2}\right)=1 \end{vmatrix}$$

3) 계수의 기재 및 반복 연산

비기저변수값이 음수이므로, 이 결과를 이용하여 심플렉스해법을 적용시켜야 한다. 즉, 비기저변수 x_3가 진입기저변수로 선정된다.

기저변수	x_1	x_2	x_3	s_1	s_2	상 수	비 율
Z	-1	-2	-3	0	0	0	
s_1	2	1	2	1	0	36	
s_2	4	2	2	0	1	60	
Z	.	.	.	.	.	.	.
.	.	.	.	.	.	.	.
.	.	.	.	.	.	.	.
Z	3	0	-1 ↓	0	1	60	
←s_1	0	0	①	1	-1/2	6	6/1
x_2	2	1	1	0	1/2	30	30/1
Z	3	0	0	1	1/2	66	
x_3	0	0	1	1	-1/3	6	
x_2	2	1	0	-1	1	24	

4) 최적해 도출

따라서 최적해는 $x_3=6$, $x_2=24$, $Z=66$으로 변화한다.

5) 새로운 제약조건식의 추가

선형계획모형에 공정상의 품질수준을 높이기 위하여 새로운 제약조건식을 추가할 수 있다. 제약조건식이 추가될 때는 최종 테이블에 새로운 제약조건식을 추가하고, 관계등식을 이용하여 계수를 정리하여야 한다. 그리고 우측상수에 '−'가 있으면, 쌍대심플렉스해법을 적용한다.

새로운 제약조건식의 추가에 따른 최적해의 변화를 다음 예제를 이용하여 살펴보도록 하자.

예제 5-10

다음 선형계획모형에서 공정상의 품질수준을 높이기 위하여 $3x_1 + 2x_2 + 3x_3 \leq 90$ 와 같은 새로운 제약조건식을 추가하였다. 최적해는 어떻게 달라지겠는가? 아래의 풀이결과를 이용하여 나타내어라.

$$\text{Max} : Z = x_1 + 2x_2 + 3x_3$$
$$\text{s.t.} : \; 2x_1 + x_2 + 4x_3 \leq 36 \quad : \text{원료}$$
$$4x_1 + 2x_2 + 4x_3 \leq 60 \quad : \text{작업자}$$
$$x_1, \; x_2, \; x_3 \geq 0$$

기저변수	x_1	x_2	x_3	s_1	s_2	상 수
Z	3	0	1	0	1	60
s_1	0	0	2	1	-1/2	6
x_2	2	1	2	0	1/2	30

풀이

1) 선형계획모형의 수정

선형계획모형에 새로운 제약조건식이 추가되면 다음과 같이 변화한다.

$$\text{Max} : Z = x_1 + 2x_2 + 3x_3$$
$$\text{s.t.} : \; 2x_1 + x_2 + 4x_3 \leq 36$$
$$4x_1 + 2x_2 + 4x_3 \leq 60$$
$$3x_1 + 2x_2 + 3x_3 \leq 90$$
$$x_1, \; x_2, \; x_3 \geq 0$$

2) 표준형으로 작성

위의 선형계획모형을 표준형으로 바꾼다.

$$\text{Max} : Z$$
$$\text{s.t.} : \; Z - x_1 - 2x_2 - 3x_3 = 0$$

$$2x_1 + x_2 + 4x_3 \le 36 \rightarrow 2x_1 + x_2 + 4x_3 + s_1 = 36$$
$$4x_1 + 2x_2 + 4x_3 \le 60 \rightarrow 4x_1 + 2x_2 + 4x_3 + s_2 = 60$$
$$3x_1 + 2x_2 + 3x_3 \le 90 \rightarrow 3x_1 + 2x_2 + 3x_3 + s_3 = 90$$
$$x_1,\ x_2,\ x_3 \ge 0 \quad \rightarrow x_1,\ x_2,\ x_3,\ s_1,\ s_2,\ s_3 \ge 0$$

3) 계수의 기재 및 반복 연산

추가된 제약조건식의 계수를 조정한다. 이 결과, 우측 상수값이 양수이면 이 자체가 최적해가 된다. 만약, 음수(−)이면, 쌍대심플렉스해법을 이용하여 풀이과정을 계속한다.

기저변수	x_1	x_2	x_3	s_1	s_2	s_3	상 수	비 율
Z	-1	-2	-3	0	0	0	0	
s_1	2	1	4	1	0	0	36	
s_2	4	2	4	0	1	0	60	
s_3	3	2	3	0	0	1	90	
Z	·	·	·	·	·	·	·	
·	·	·	·	·	·	·	·	
·	·	·	·	·	·	·	·	
Z	3	0	1	0	1	0	60	
s_1	0	0	2	①	-1/2	0	6	
x_2	2	①	2	0	1/2	0	30	
s_3	3	2	3	0	0	①	90	
Z	3	0	1	0	1	0	60	
s_1	0	0	2	①	-1/2	0	6	
x_2	2	①	2	0	1/2	0	30	
s_3	-1	0	-1	0	-1	①	30	

4) 최적해 도출

따라서 최적해는 $s_1 = 6$, $x_2 = 30$, $s_3 = 30$, $Z = 60$으로 변화한다.

제5절 원문제의 추정

심플렉스표의 최종 테이블을 이용하여 원문제(primal problem)를 추정할 수 있다. 이것은 최종 단계의 여유변수와 잉여변수들의 기저변수 단위행렬(identity matrix)을 최초 단계의 단위행렬 형태로 변화시킴으로서 가능하다.

원문제의 추정과정을 설명하면, 다음과 같다.

[단계 1] 여유변수의 기저변수화

- 최종 심플렉스표에서 원문제의 여유변수로 도입된 변수들을 순서대로 기저변수화하고, 다른 계수들을 조정한다.

[단계 2] 표준형의 작성

[단계 3] 원문제의 추정

다음의 예를 이용하여 원문제의 추정과정을 설명하도록 하자.

예제 5-11

다음의 최종 심플렉스표를 이용하여 원문제를 추정하라.

기저변수	x_1	x_2	x_3	s_1	s_2	상 수	비 율
Z	3	0	1	0	1	60	
s_1	0	0	2	1	-1/2	6	
x_2	2	1	2	0	1/2	30	

풀이

1) 여유변수 s_1의 기저변수화

여유변수 s_1, s_2열은 원래 0과 1의 값으로 구성된 것이었으므로, s_1을 기저변수로 환원한다. 이 예제에서는 다행히 s_1이 기저변수이므로 그대로 둔다.

2) 여유변수 s_2의 기저변수화

다음으로 s_2를 기저변수로 환원하고, 그 행에 2를 곱하여 1로 만든다.

기저변수	x_1	x_2	x_3	s_1	s_2	상 수
Z	3	0	1	0	1	60
s_1	0	0	2	①	-1/2	6
x_2	2	1	2	0	1/2	30
Z	3	0	1	0	1	60
s_1	0	0	2	①	-1/2	6
s_2	4	2	4	0	①	60

그리고 Z와 s_1열도 단위행렬이 이루어지도록 정리한다.

기저변수	x_1	x_2	x_3	s_1	s_2	상 수
Z	-1	-2	-3	0	0	0
s_1	2	1	4	①	0	36
s_2	4	2	4	0	①	60

3) 표준형 작성

$$\begin{aligned}
&\text{Max} : Z \\
&\text{s.t.}: \quad Z - x_1 - 2x_2 - 3x_3 = 0 \\
&\qquad\quad 2x_1 + x_2 + 4x_3 + s_1 = 36 \\
&\qquad\quad 4x_1 + 2x_2 + 4x_3 + s_2 = 60 \\
&\qquad\quad x_1,\ x_2,\ x_3,\ s_1,\ s_2 \geq 0
\end{aligned}$$

4) 원문제의 추정

따라서 위의 심플렉스표를 이용하여 선형계획모형으로 나타내면, 다음과 같다.

$$\begin{aligned}
&\text{Max} : Z = x_1 + 2x_2 + 3x_3 \\
&\text{s.t.}: \quad 2x_1 + x_2 + 4x_3 \leq 36 \\
&\qquad\quad 4x_1 + 2x_2 + 4x_3 \leq 60 \\
&\qquad\quad x_1,\ x_2,\ x_3 \geq 0
\end{aligned}$$

예제 5-12

다음 문제의 결과를 이용하여 원문제를 추정하라.

기저변수	x_1	x_2	x_3	s_1	s_2	상 수
Z	0	0	5/8	1/8	5/4	81
x_2	0	1	-1/8	3/8	-1/4	3
x_1	1	0	3/4	-1/4	1/2	18

풀이

1) 여유변수의 기저변수화

여유변수 s_1, s_2는 본래 0과 1의 값을 가진 것이었으므로 본래의 형태로 환원한다. 먼저 s_1부터 환원한다.

기저변수	x_1	x_2	x_3	s_1	s_2	상 수
Z	0	0	5/8	1/8	5/4	81
x_2	0	1	-1/8	(3/8)	-1/4	3
x_1	1	0	3/4	-1/4	1/2	18
Z	0	-1/3	2/3	0	4/3	80
s_1	0	8/3	-1/3	①	-2/3	8
x_1	1	2/3	2/3	0	(1/3)	20
Z	-4	-3	-2	0	0	0
s_1	2	4	1	1	0	48
s_2	3	2	2	0	①	60

2) 표준형의 작성

위의 표에 나타난 최종 단계가 표준형을 심플렉스표에 나타낸 최초 단계의 수식들이다. 그러므로 이 수식들을 표준형으로 나타내면, 다음과 같다.

$$\begin{aligned}
&\text{Max}: Z\\
&\text{s.t.}: \quad Z-4x_1-3x_2-2x_3=0\\
&\qquad 2x_1+4x_2+\ x_3+s_1=48\\
&\qquad 3x_1+2x_2+2x_3+s_2=60\\
&\qquad x_1,\ x_2,\ x_3,\ s_1,\ s_2 \geq 0
\end{aligned}$$

3) 원문제의 추정

표준형을 선형계획모형으로 나타내면, 다음과 같다.

$$\begin{aligned}
&\text{Max}: Z=4x_1+3x_2+2x_3\\
&\text{s.t.}: \quad 2x_1+4x_2+\ x_3 \leq 48\\
&\qquad 3x_1+2x_2+2x_3 \leq 60\\
&\qquad x_1,\ x_2,\ x_3 \geq 0
\end{aligned}$$

연 습 문 제

5.1 쌍대이론의 개념을 설명하라.

5.2 원문제와 쌍대문제의 최적해에서 상호간의 관계를 설명하라.

5.3 쌍대심플렉스해법의 풀이과정을 설명하라.

5.4 민감도 분석의 의의를 설명하라.

5.5 선형계획모형에서 나타나는 민감도의 종류를 설명하라.

5.6 다음 선형계획모형을 풀어라.

$$\text{Min}: y_0 = 60y_1 + 80y_2$$
$$\text{s.t.}:\ 3y_1 + 2y_2 \geqq 2$$
$$2y_1 + 3y_2 \geqq 3$$
$$3y_1 + 1y_2 \geqq 2$$
$$y_1,\ y_2 \geqq 0$$

5.7 다음 선형계획모형을 쌍대심플렉스해법을 이용하여 풀어라.

$$\text{Min}: y_0 = 36y_1 + 60y_2$$
$$\text{s.t.}:\ 2y_1 + 4y_2 \geqq 1$$
$$y_1 + 2y_2 \geqq 2$$
$$4y_1 + 4y_2 \geqq 3$$
$$y_1,\ y_2 \geqq 0$$

5.8 다음 선형계획모형을 풀어라.

$$\text{Min}: y_0 = 100y_1 + 40y_2 + 80y_3$$
$$\text{s.t.}:\ 4y_1 + 2y_2 + 2y_3 \geqq 5$$
$$3y_1 + 5y_2 + 4y_3 \geqq 2$$

$$5y_1 + \ \ y_2 + 5y_3 \geq 5$$
$$y_1 + 2y_2 + y_3 \geq 1$$
$$y_1,\ y_2,\ y_3 \geq 0$$

5.9 다음 물음에 답하라.

기저변수	x_1	x_2	x_3	s_1	s_2	상 수
Z	0	0	1/4	1/2	5/4	142.5
x_1	1	0	3/4	1/2	-1/4	7.5
x_2	0	1	3/4	-1/2	3/4	37.5

1) 원문제를 추정하라.
2) 쌍대문제는?
3) 원문제의 해는?
4) 쌍대문제의 해는?
5) 공정 Ⅰ의 가용자원이 90으로 변동되었을 때 최적해는 어떻게 달라지겠는가?
6) 제품 B의 단위당 이익이 6으로 증가하고, 기술계수가 공정 Ⅰ에서 4로 증가할 때 최적해를 구하라.
7) 제품 A의 공헌이익이 2로 그리고 공정 Ⅱ의 기술계수가 4시간으로 변화할 때의 최적해를 구하라.
8) 새로운 제약조건식($4x_1 + 3x_2 + 4x_3 \leq 120$)이 추가될 때, 최적규모를 결정하라.

5.10 다음 물음에 답하라.

기저변수	x_1	x_2	x_3	s_1	s_2	상 수
Z	23/5	0	0	6/5	8/5	204
x_3	4/5	0	1	3/5	-1/5	12
x_2	2/5	1	0	-1/5	2/5	26

1) 원문제를 추정하라.
2) 쌍대문제는?
3) 원문제의 해는?
4) 쌍대문제의 해는?
5) 공정 Ⅰ의 가용자원이 100으로 변동되었을 때 최적해는 어떻게 달라지겠는가?
6) 제품 A의 단위당 이익이 3으로 증가하고, 기술계수가 공정 Ⅱ에서 4로 증가할 때 최적규모를 결정하라.

7) 제품 B의 공헌이익이 3으로 그리고 공정 Ⅰ의 기술계수가 3시간으로 변화할 때의 최적규모를 결정하라.
8) 신제품의 공헌이익이 5로 그리고 공정 Ⅰ의 기술계수가 3시간, 공정 Ⅱ의 기술계수가 4시간일 때 최적규모를 결정하라.
9) 새로운 제약조건식 $(4x_1 + 2x_2 + 3x_3 \le 120)$이 추가될 때 최적해를 구하라.

5.11 다음 물음에 답하라.

기저변수	x_1	x_2	x_3	x_4	s_1	s_2	s_3	상 수
Z	0	7/2	0	3/5	9/10	0	7/10	146
x_1	1	-1/2	0	0	1/2	0	-1/2	10
s_2	0	5	0	9/5	-4/5	1	3/5	8
x_3	0	1	1	1/5	-1/5	0	2/5	12

1) 원문제를 추정하라.
2) 쌍대문제는?
3) 원문제의 해는?
4) 쌍대문제의 해는?
5) 공정 Ⅰ의 가용자원이 120으로, 공정 Ⅱ의 가용자원이 80으로 변동되었을 때, 최적해는 어떻게 달라지겠는가?
6) 제품 D의 단위당 이익이 6으로 증가하고, 기술계수가 공정 Ⅲ에서 3으로 변화할 때 최적규모를 결정하라.
7) 제품 A의 공헌이익이 3으로 그리고 공정 Ⅱ의 기술계수가 3시간으로 변화할 때의 최적규모를 결정하라.
8) 새로운 제약조건식$(1x_1 + 2x_2 + 3x_3 + 1x_4 \le 90)$이 추가될 때, 최적해를 구하라.

제 6 장

수송계획법

제1절 서 론

1 수송문제의 개념

수송문제(transportation problem)는 복수의 출발지에서 복수의 목적지에 최소의 수송비로 물건을 수송하는 문제이다. 지금 복수의 공장 $F_i(i=1, 2, \cdots, m)$에서 복수의 영업소 $S_j(j=1, 2, \cdots, n)$에 상품을 수송하는 것을 생각해 보자. 각 공장에서 각 영업소로 상품을 수송하는데 특별한 제약이 없음을 가정할 경우, 각 공장 F_i의 상품 공급량을 a_i, 각 영업소 S_j의 수요량을 b_j라고 하고, F_i에서 S_j에 상품을 1단위 수송하는 비용(수송 단가)을 C_{ij}로 하면, 총수송비용을 최소화하기 위하여 공장 F_i에서 각 영업소 S_j에 상품 x_{ij}개를 수송할 것인가를 결정하는 문제가 수송계획문제이다.

공장의 수가 2개($m=2$), 영업소 수가 3개($n=3$)의 경우에는 <표 6-1>처럼 나타난다.

여기서 공급량의 합계 Σa와 수요량의 합계 Σb가 정확히 일치하는 경우를 균형 수송문제, Σa와 Σb가 일치하지 않는 경우를 불균형 수송문제라고 한다. 불균형 수송문제는 균형 수송문제로 수정하여 풀 수 있으므로, 여기서는 균형 수송문제에 대해서 설명하겠다.

표 6-1 ▸▸▸ 수송문제($m=2$, $n=3$의 기업)

공장 \ 영업소	S_1	S_2	S_3	공급량
F_1	C_{11} x_{11}	C_{12} x_{12}	C_{13} x_{13}	a_1
F_2	C_{21} x_{21}	C_{22} x_{22}	C_{23} x_{23}	a_2
수요량	b_1	b_2	b_3	

2 선형계획모형의 적용

수송문제는 선형계획모형의 특수형태이므로 이를 선형계획모형으로 나타낼 수 있다. 수송문제의 일반모형을 선형계획모형으로 표현하면 다음과 같다.

$$\text{Min} : TC = \sum_{i=1}^{m}\sum_{j=1}^{n} c_{ij}x_{ij}$$

$$\text{s.t.} : \sum_{j=1}^{n} x_{ij} \le s_i (i=1,\ 2,\ \cdots,\ m)\text{: 공급제약조건}$$

$$\sum_{i=1}^{m} x_{ij} \ge d_j (j=1,\ 2,\ \cdots,\ n)\ \text{: 수요제약조건}$$

$$x_{ij} \geqq 0 \quad \forall i,\ j$$

여기서, m : 공급지의 수
n : 수요지의 수
s_i : 공급지 i의 공급량
d_j : 수요지 j의 수요량
c_{ij} : 공급지 i에서 수요지 j까지의 단위수송비용
x_{ij} : 공급지 i에서 수요지 j까지의 수송량

위의 식은 m개의 공급지에서 공급 가능한 제품의 공급량과 n개의 수요지에서 요구하는 수요량이 같다는 것을 전제로 하고 있다. 그리고 수송문제의 일반모형을 그림으로 나타내면, 다음과 같다.

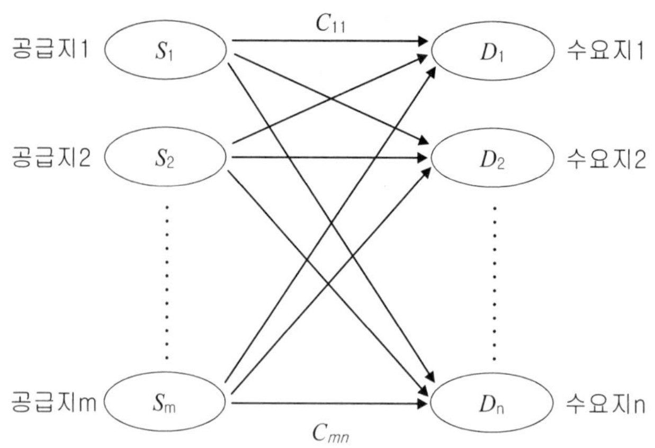

그림 6-1 ▸▸▸ 수송문제의 개념도

예제 6-1

P사는 3개의 공급지에서 제품을 생산하여 3개의 수요지에 판매하는 기업이다. 공급지 A_1, A_2, A_3에서의 공급량은 60단위, 50단위, 70단위이며, 수요지 B_1, B_2, B_3에서의 수요량은 70단위, 60단위, 50단위이다. 그리고 각 공급지에서 수요지까지의 단위물품을 수송하는데 드는 비용은 다음과 같다.

수요지 / 공급지	B_1	B_2	B_3
A_1	7	8	5
A_2	9	7	6
A_3	8	9	5

K사가 최소의 수송비용으로 각 공급지에서 각 수요지로 운반하는 방법을 선형계획모형으로 나타내어라.

풀이

1) 수송계획표 작성

위의 내용을 정리하면, 다음과 같은 수송계획표로 나타낼 수 있다.

공급지 \ 수요지	B_1	B_2	B_3	공급량
A_1	7 x_{11}	8 x_{12}	5 x_{13}	60
A_2	9 x_{21}	7 x_{22}	6 x_{23}	50
A_3	8 x_{31}	9 x_{32}	5 x_{33}	70
수요량	70	60	50	180

2) 선형계획모형 작성

이 기업은 총수송비용을 최소화하는 것이 목적이므로, 목적함수식은 각 칸의 단위수송비용에 물품의 수송량을 곱한 값을 모두 더해 총수송비용을 최소화하는 형태로 나타낸다.

위의 수송계획표의 내용을 선형계획모형으로 나타내면 다음과 같다.

$$\text{Min} : Z = 7x_{11} + 8x_{12} + 5x_{13} + 9x_{21} + 7x_{22} + 6x_{23} + 8x_{31} + 9x_{32} + 5x_{33}$$

$$\text{s.t.}: \left.\begin{aligned} x_{11} + x_{12} + x_{13} &= 60 \\ x_{21} + x_{22} + x_{23} &= 50 \\ x_{31} + x_{32} + x_{33} &= 70 \end{aligned}\right\} \text{공급량의 제약조건}$$

$$\left.\begin{aligned} x_{11} + x_{21} + x_{31} &= 70 \\ x_{12} + x_{22} + x_{32} &= 60 \\ x_{13} + x_{23} + x_{33} &= 50 \end{aligned}\right\} \text{수요량의 제약조건}$$

$$x_{ij} \geq 0 \quad (i = 1,\ 2,\ 3,\ j = 1,\ 2,\ 3)$$

수송문제는 선형계획문제의 일종으로, 심플렉스해법으로 해를 구할 수 있다. 그러나 수송문제는 특수한 구조를 가지므로, 그 구조를 이용한 효율적인 해법이 개발되었다.

수송문제를 푸는 순서로서, 처음에 최초실행가능해(initial feasible solution)를 구하고, 이 해를 출발점으로 최적해를 구할 때까지 수정을 거듭하여 가는 방식이다. 최초실행가능해는 실행가능해 가운데 하나이며, 앞 장에서 서술한 심플렉스해법에서는 표의 1단계 기저해에 해당한다.

제2절 최초실행가능해의 도출

최초실행가능해는 완성된 수송계획표를 이용하여 최초의 실행가능기저해, 즉 최적해에 근접한 해로서, 다음 기법을 이용하여 찾는다.

① 북서코너법(north-west corner method)
② 최소비용법(least cost method)
③ 보겔법(Vogel's approximation method)

위의 각 기법에 의하여 결정된 최초실행가능해는 그 값들이 모두 다를 수 있지만, 최적성 검사를 통하여 하나의 최적해를 구할 수 있다.

1 북서코너법

북서코너법(north-west corner method)은 수송계획표의 북서쪽 구석(왼쪽 상단)부터 수요량과 공급량을 비교하여 최대한의 수송량을 할당하고, 바로 옆의 오른쪽 칸으로 이동하여 다시 수요량과 공급량을 비교하여 할당하는 방법으로, 모든 칸을 차례로 할당해 나가는 방법이다.

그러므로 북서코너법은 위치만을 고려하여 최초 실행가능기저해를 구하는 가장 단순한 기법으로, 최초 실행가능기저해는 쉽게 구할 수 있으나 수송비용을 고려하지 않기 때문에 총수송비용이 많아질 수 있다는 단점이 있다.

북서코너법의 풀이과정을 단계별로 정리하면, 다음과 같다.

[단계 1] 수송계획표의 작성
- 문제의 내용에 맞게 수송계획표를 작성한다.

[단계 2] 북서쪽의 구석부터 수요량과 공급량 비교 및 할당
- 수송계획표의 북서쪽 구석(왼쪽 상단)부터 수요량과 공급량을 비교하여 작은 값을 할당한다.

[단계 3] 수요량과 공급량이 남아있는 칸에 할당
- 수요량과 공급량이 남아있는 칸(오른쪽 또는 아래)으로 이동하여 남은 수요량과 공급량을 비교하여 작은 값을 할당한다.

[단계 4] 남은 수송량의 할당

- 남은 수송량을 모두 할당할 때까지 [단계 3]을 반복한다.

[단계 5] 최초 실행가능기저해 도출

다음 예제를 북서코너법을 이용하여 최초 실행가능기저해를 도출하는 과정을 살펴보도록 하자.

예제 6-2

다음 수송문제를 북서코너법을 이용하여 최초 실행가능기저해를 구하라.

공급지 \ 수요지	B_1	B_2	B_3	B_4	공급량
A_1	5	8	2	4	25
A_2	9	6	8	5	20
A_3	7	9	6	3	15
수요량	20	15	20	5	60

풀이

1) 수송계획표의 작성

공급지 \ 수요지	B_1		B_2		B_3		B_4		공급량
A_1	5	①	8	②	2	③	4	④	25
A_2	9	⑤	6	⑥	8	⑦	5	⑧	20
A_3	7	⑨	9	⑩	6	⑪	3	⑫	15
수요량	20		15		20		5		60

2) 북서쪽의 구석부터 수요량과 공급량 비교 및 할당

①항의 수요량과 공급량을 비교하여, 작은 값인 20을 배정한다. 그 다음, ⑤항과 ⑨항은 수요량이 없으므로 B_1열을 제외시킨다.

공급지 \ 수요지	B_1		B_2		B_3		B_4		공급량
A_1	5	①	8	②	2	③	4	④	25→5
	20								
A_2	9	⑤	6	⑥	8	⑦	5	⑧	20
	-								
A_3	7	⑨	9	⑩	6	⑪	3	⑫	15
	-								
수요량	20→0		15		20		5		60

3) 수요량과 공급량이 남아있는 칸에 할당

이제, 공급지 A_1의 공급 가능량이 5톤이므로, 이것을 ②항에 배정한다. 그 다음, ③항에는 배정이 불가능하므로, ⑥항에 수요지 B_2에 남은 수요량 10을 배정한다. 그리고 공급지 A_1 행과 수요지 B_2 열을 제외시킨다.

공급지 \ 수요지	B_2		B_3		B_4		공급량
A_1	8	②	2	③	4	④	5 → 0
	5		-		-		
A_2	6	⑥	8	⑦	5	⑧	20 → 10
	10						
A_3	9	⑩	6	⑪	3	⑫	15
	-						
수요량	15 → 10 → 0		20		5		

4) 남은 수송량의 할당

⑦항에 10톤을 배정하고, 나머지 수요량 10톤을 ⑪항에 배정한다. 그리고 남은 A_3의 공급량 5톤을 ⑫항에 배정한다.

공급지 \ 수요지	B_3		B_4		공급량
A_2	8	⑦	5	⑧	10 → 0
	10		-		
A_3	6	⑪	3	⑫	15 → 5
	10		5		
수요량	20 → 10 → 0		5		

5) 최초 실행가능기저해 도출

모든 수송량이 배정되었으므로 북서코너법에 의한 최초 실행가능기저해가 도출되었다.

수요지 / 공급지	B_1		B_2		B_3		B_4		공급량
A_1	5	①	8	②	2	③	4	④	25
	20		5						
A_2	9	⑤	6	⑥	8	⑦	5	⑧	20
			10		10				
A_3	7	⑨	9	⑩	6	⑪	3	⑫	15
					10		5		
수요량	20		15		20		5		60

따라서 총수송비용은 다음과 같다.

총수송비용 $= 5 \times 20 + 8 \times 5 + 6 \times 10 + 8 \times 10 + 6 \times 10 + 3 \times 5 = 355$

예제 6-3

다음 수송문제를 북서코너법을 이용하여 최초 실행가능기저해를 구하라.

수요지 / 공급지	B_1	B_2	B_3	공급량
A_1	8	10	11	5
A_2	10	9	13	8
A_3	14	12	10	7
수요량	7	9	4	20

풀이

1) 수송계획표의 작성

수요지 / 공급지	B_1		B_2		B_3		공급량
A_1	8	①	10	②	11	③	5
A_2	10	④	9	⑤	13	⑥	8
A_3	14	⑦	12	⑧	10	⑨	7
수요량	7		9		4		20

2) 북서쪽의 구석부터 수요량과 공급량 비교 및 할당

수송계획표의 북서쪽 구석(왼쪽 상단)부터 수송량을 할당한다.

3) 수요량과 공급량이 남아있는 칸에 할당

수요량과 공급량을 비교하여 수송량이 적은 곳부터 차례로 할당한다.

공급지 \ 수요지	B_1		B_2		B_3		공급량
A_1	8	①	10	②	11	③	5
	5						
A_2	10	④	9	⑤	13	⑥	8
	2		6				
A_3	14	⑦	12	⑧	10	⑨	7
			3		4		
수요량	7		9		4		20

4) 최초 실행가능기저해 도출

모든 수송량이 배정되었으므로 최초 실행가능기저해가 도출되었다.

따라서 총수송비용은 190($=8\times5+10\times2+9\times6+12\times3+10\times4$)이 된다.

2 최소비용법

최소비용법(minimum-cost method)은 최소의 수송 단가를 갖는 셀에 최대한의 량을 할당하면서 최초실행가능해를 찾아가는 방법이다. 수송문제는 총수송비용을 최소로 하는 것이 목적이기 때문에 최소비용법은 합당한 방법이라고 할 수 있다.

최소비용법의 풀이과정을 정리하면, 다음과 같다.

[단계 1] 수송계획표의 작성

- 문제의 내용에 맞게 수송계획표를 작성한다.

[단계 2] 최소 수송비인 칸의 선택 및 수송량 할당

① 수송계획표에서 수송비가 최소인 칸을 찾는다.

② 해당 칸의 수요량과 공급량을 비교하여 작은 값을 할당한다.

[단계 3] 다음으로 적은 수송비의 선택 및 수송량 할당

- 할당되지 않은 빈 칸 가운데 수송비가 최소인 칸을 찾고, 해당 칸의 수요량과 공급량을 비교하여 작은 값을 할당한다. 이때, 수송량이 남아있지 않는

수요지나 공급지는 제외한다.

[단계 4] 남은 수송량의 할당

• 남은 수송량을 모두 할당할 때까지 [단계 3]을 반복한다.

[단계 5] 최초 실행가능기저해 도출

다음 예제를 최소비용법을 이용하여 최초실행가능해를 도출해 보도록 하자.

예제 6-4

S기업은 철강을 공급하는 기업으로, 3개의 공급지에서 4개의 수요지에 최소의 비용으로 공급하고자 한다. 기업과 관련된 내용이 다음 표와 같을 때, 최소비용법을 이용하여 최초 실행가능기저해를 구하라. (단위 : 톤, 만원)

수요지 / 공급지	B_1	B_2	B_3	B_4	공급량
A_1	5	8	2	4	25
A_2	9	6	8	5	20
A_3	7	9	6	3	15
수요량	20	15	20	5	60

풀이

1) 수송계획표의 작성

수요지 / 공급지	B_1	B_2	B_3	B_4	공급량
A_1	5 ①	8 ②	2 ③	4 ④	25
A_2	9 ⑤	6 ⑥	8 ⑦	5 ⑧	20
A_3	7 ⑨	9 ⑩	6 ⑪	3 ⑫	15
수요량	20	15	20	5	60

2) 최소 수송비인 칸의 선택 및 수송량 할당

수송계획표에서 최소 수송 단가는 ③항의 2만원이다. 여기에 수요량과 공급량을 비교하여 최소값인 20톤을 배정한다.

수요지 / 공급지	B_1		B_2		B_3		B_4		공급량
A_1	5	①	8	②	2	③	4	④	25 → 5
					20				
A_2	9	⑤	6	⑥	8	⑦	5	⑧	20
					-				
A_3	7	⑨	9	⑩	6	⑪	3	⑫	15
					-				
수요량	20		15		20 → 0		5		60

수요지 B_3는 수요량이 달성되었으므로 제외하고, 다시 최소 수송단가인 항을 찾는다. ⑫항이 3만원으로 최소이므로, 여기에 수요량과 공급량을 비교하여 최소값 5톤을 배정한다.

수요지 / 공급지	B_1		B_2		B_4		공급량
A_1	5	①	8	②	4	④	5
					-		
A_2	9	⑤	6	⑥	5	⑧	20
					-		
A_3	7	⑨	9	⑩	3	⑫	15→10
					5		
수요량	20		15		5→0		

3) 남은 수송량의 할당

수요지 B_4에 남은 수요량이 0이므로 제외시키고, 다시 남은 행과 열 가운데 최소값 ①항에 공급량과 수요량 가운데 적은 값인 5톤을 배정하고, 공급량이 0인 A_1행을 제외한다. 같은 방법으로 남은 행과 열 가운데 최소값인 ⑥항에 공급량과 수요량을 비교하여 적은 값 15톤을 배정한다. 그런데 공급량 10톤이 남게 되므로, ⑨항에 배정한다. 그리고 남은 수송량은 B_1 열에 배정한다.

수요지 / 공급지	B_1		B_2		공급량
A_1	5	①	8	②	5 → 0
	5		-		
A_2	9	⑤	6	⑥	20 → 5
	5		15		
A_3	7	⑨	9	⑩	10
	10		-		
수요량	20 → 15		15 → 0		

4) 최초 실행가능기저해 도출

이상의 결과를 하나의 표에 정리하면, 다음과 같다.

공급지 \ 수요지	B_1		B_2		B_3		B_4		공급량
A_1	5	①	8	②	2	③	4	④	25
	5				20				
A_2	9	⑤	6	⑥	8	⑦	5	⑧	20
	5		15						
A_3	7	⑨	9	⑩	6	⑪	3	⑫	15
	10						5		
수요량	20		15		20		5		60

따라서 최초실행가능해의 총 수송비는, 각 항의 운송 단가와 수송량을 곱한 것을 모두 합하여 285만원($= 5\times5+2\times20+9\times5+6\times15+7\times10+3\times5$)이 된다.

3) 보겔 근사법

보겔 근사법(Vogel's approximation method; VAM)은 최초실행가능해를 구하는 가장 효율적인 방법으로, 때로는 최적해를 얻는 일도 있다. 이 방법은 후회비용의 개념에 기초한 방법이다. VAM의 절차는 다음과 같다.

[단계 1] 후회비용행렬표의 작성

- 각 행과 열의 비용 가운데 최소값과 그 다음으로 작은 값을 찾아 그 차이를 계산하여 후회비용행렬표를 작성한다. 이 값은 최소의 운송 단가로 수송하지 못한데 따른 후회비용이다.

[단계 2] 최대 후회비용의 선택과 수송량의 할당

① 수송계획표에서 수송비가 최소인 칸을 찾는다.

② 최소 수송 단가의 셀에 최대값을 할당한다. 왜냐하면, 이것에 의해 최대의 후회를 피할 수 있기 때문이다.

[단계 3] 새로운 후회비용행렬표의 작성

- 충족된 행이나 열을 제외하고, [단계 2]를 반복한다.

[단계 4] 최초 실행가능기저해의 도출

예제 6-5

다음 수송계획표를 보겔 근사법을 이용하여 최초 실행가능기저해를 도출하라.

공급지 \ 수요지	B_1		B_2		B_3		B_4		공급량
A_1	3	①	8	②	2	③	4	④	30
A_2	5	⑤	6	⑥	8	⑦	5	⑧	20
A_3	12	⑨	10	⑩	6	⑪	3	⑫	10
수요량	20		15		20		5		60

풀이

1) 후회비용행렬표의 작성

수송계획표의 각 행과 열의 비용 가운데 최소값과 그 다음으로 작은 값을 찾아 그 차이를 계산하여 후회비용행렬표를 작성한다.

공급지 \ 수요지	B_1		B_2		B_3		B_4		공급량	u_i
A_1	3	①	8	②	2	③	4	④	30	1
A_2	5	⑤	6	⑥	8	⑦	5	⑧	20	0
A_3	12	⑨	10	⑩	6	⑪	3	⑫	10	3
수요량	20		15		20		5		60	
v_j	2		2		4		1			

2) 최대 기회비용의 선택과 수송량의 할당

모든 행과 열에 대해서 후회의 크기를 계산하고, 그 크기를 비교하면, 최대 후회의 크기를 갖는 것은 B_3행으로 나타났다. 그러므로 최소값 2인 ③항에 수요량과 공급량 중에서 작은 값인 20을 배정하고, B_3행을 제외시킨다. 그리고 할당된 값을 수요량과 공급량에서 뺀다.

공급지 \ 수요지	B_1	B_2	B_3	B_4	공급량	u_i
A_1	3 ①	8 ②	2 ③	4 ④	30→10	1
			20			
A_2	5 ⑤	6 ⑥	8 ⑦	5 ⑧	20	0
			-			
A_3	12 ⑨	10 ⑩	6 ⑪	3 ⑫	10	3
			-			
수요량	20	15	20→0	5	60	
v_j	2	2	4↑	1		

3) 새로운 후회비용행렬표의 작성

a. 1차 새로운 후회비용행렬표의 작성

기회비용이 큰 A_3행에서 최소 수송비인 ⑫항에 5를 배정하고, B_4열을 제외시킨다. 그리고 할당된 값을 수요량과 공급량에서 뺀다.

공급지 \ 수요지	B_1	B_2	B_4	공급량	u_i
A_1	3 ①	8 ②	4 ④	10	1
			-		
A_2	5 ⑤	6 ⑥	5 ⑧	20	0
			-		
A_3	12 ⑨	10 ⑩	3 ⑫	10 → 5	7 ←
			5		
수요량	20	15	5 → 0		
v_j	2	2	1		

b. 2차 새로운 후회비용행렬표의 작성

기회비용이 큰 A_1행에서 최소 수송비 ①에 10을 배정하고, A_1행을 제외시킨다.

공급지 \ 수요지	B_1	B_2	공급량	u_i
A_1	3 ①	8 ②	10 → 0	5 ←
	10	-		
A_2	5 ⑤	6 ⑥	20	1
A_3	12 ⑨	10 ⑩	5	2
수요량	20 → 10	15		
v_j	2	2		

c. 3차 새로운 후회비용행렬표의 작성

기회비용이 큰 B_1열에서 최소 수송비 ⑤항에 10을 배정한다. 그리고 나머지 항인 ⑥에 남은 공급량 10을, ⑩에 5를 배정한다.

수요지 / 공급지	B_1		B_2		공급량	u_i
A_2	5	⑤	6	⑥	20→10	1
	10		10			
A_3	12	⑨	10	⑩	5	2
	-		5			
수요량	10→0		15			
v_j	7↑		4			

4) 최초 실행가능기저해의 도출

앞에서 할당된 값들을 모두 나타내면 다음과 같다.

수요지 / 공급지	B_1		B_2		B_3		B_4		공급량
A_1	3	①	8	②	2	③	4	④	30
	10				20				
A_2	5	⑤	6	⑥	8	⑦	5	⑧	20
	10		10						
A_3	12	⑨	10	⑩	6	⑪	3	⑫	10
			5				5		
수요량	20		15		20		5		200

따라서 총수송비용은 245원$(=3\times10+2\times20+5\times10+6\times10+10\times5+3\times5)$이 된다.

제3절 최적성 검사

수송문제에 대한 최초 실행가능기저해를 구한 다음, 현재의 해가 최적해인지 아닌지에 대한 최적성 검사를 하여야 한다. 최적성 검사의 기본 개념은 각 빈칸의 기회비용을 고려한 것으로 빈칸들이 모두 양(+)이면, 현재의 해가 최적해가 된다.

현재의 최초 실행가능기저해가 최적해가 아니라면, 모든 빈칸의 기회비용을 계산하여 가장 큰 음(−)의 값을 갖는 빈칸에 가능한 많은 수송량을 할당한다. 그리고 모든 빈칸의 기회비용이 0이거나 양(+)의 값을 가질 때까지 계속한다. 이렇게 기회비용이 음(−)인 빈칸을 찾고, 적정 수송량을 배정하는 방법을 개선방법이라고 하며, 총수송비용을 절감할 수 있는 최적해를 구할 수 있다.

수송문제의 최초 실행가능기저해에 대한 최적성 검사에는 다음과 같이 2가지 방법이 있다.

① 디딤돌법(stepping stone method)
② 수정배분법(modified distribution method : MODI법)

1 디딤돌법

디딤돌법(stepping stone method)은 최초 실행가능기저해가 최적해인지를 판별하기 위하여 할당이 되지 않은 빈칸에 한 단위를 할당하고, 그 결과가 총비용에 감소효과를 가져오는 칸(−값의 발생)들이 있는 가를 알아보는 기법이다. 만약, 음수(−) 칸이 있으면, 이 칸에 적정 수송량을 할당하여 최적해를 구한다. 디딤돌법의 풀이과정을 정리하면, 다음과 같다.

[단계 1] 폐쇄경로 탐색

- 할당되지 않은 빈칸에 한 개의 수송량이 할당되었다고 가정하고, 폐쇄경로를 찾는다.(폐쇄경로란 모든 공급과 수요의 제약조건을 만족시키면서 수송계획표를 조정할 수 있는 경로를 말한다.)

[단계 2] 개선지수 계산

- 할당되지 않은 각 칸에 대하여 개선지수를 계산한다.

[단계 3] 최적성 검사

- 모든 개선지수가 양수(+)이면, 이 결과는 최적해이다. 그러나 어떤 개선지수가 음수(−)이면, 단계 4로 간다.

[단계 4] 실행가능기저해의 개선

① 가장 큰 음(−)의 개선지수를 가진 빈칸을 새로 할당될 칸으로 정한다.
② 새로 할당될 칸에 대하여 폐쇄경로를 검토한다. 그리고 이 경로에서 음(−)의 부호를 가진 칸의 수송량들을 검토하여 최소 수송량을 찾아 이동시킨다.

③ 폐쇄경로에서 각 칸의 수요량과 공급량을 조정한다.

[단계 5] 최적해 도출

• 최적해가 도출될 때까지 [단계 1]에서 [단계 4]의 방법을 반복한다.

이제, 최초 실행가능기저해의 결과를 디딤돌법을 적용하여 최적성을 검사하고 최적해를 구해보자.

예제 6-6

다음은 북서코너법에 의하여 구해진 최초 실행가능기저해이다. 디딤돌법을 적용하여 최적해를 구하라.

공급지 \ 수요지	B_1		B_2		B_3		공급량
A_1	10	①	12	②	16	③	80
	50		30				
A_2	9	④	7	⑤	12	⑥	80
			70		10		
A_3	8	⑦	16	⑧	18	⑨	40
					40		
수요량	50		100		50		200

풀이

1) 폐쇄경로 탐색 및 개선지수 계산

할당되지 않은 각 빈칸에 대하여 한 개의 수송량이 할당되었다고 가정하고 폐쇄경로를 찾은 다음, 시계방향으로 개선지수를 구하면 다음과 같다.

칸 ③ : + 16 - 12 + 7 - 12 = -1

칸 ④ : + 9 - 10 + 12 - 7 = +4

칸 ⑦ : + 8 - 10 + 12 - 7 + 12 - 18 = -3

칸 ⑧ : + 16 - 7 + 12 - 18 = +3

2) 최적성 검사

개선지수 중에서 칸 ③과 ⑦이 음수(−)이므로, 현재의 풀이결과는 최적이 아니다. 따라서 모형을 개선한다.

3) 실행가능기저해의 개선

개선방법은 칸 ⑦이 가장 큰 음(−)의 개선지수를 가지고 있으므로, 여기에 수송량을 배정한다. 칸 ⑦에 수송량을 배정하는 개선방법은 빈칸 ⑦을 중심으로 폐쇄경로를 만들고, 이 가운데 음(−)의 부호를 가진 칸 가운데 최소 수송량의 값을 가져온다. 칸 ⑦의 폐쇄경로는 +⑦ -① + ② - ⑤ + ⑥ - ⑨가 되고, 이 가운데 음(−)의 부호를 가진 최소 수송량인 ⑨의 40을 가져온다. 그리고 수송계획표의 수요와 공급량을 조정한다.

공급지 \ 수요지	B_1		B_2		B_3		공급량
A_1	10	①	12	②	16	③	80
	50-40 = 10		30+40 = 70				
A_2	9	④	7	⑤	12	⑥	80
			70-40 = 30		10+40 = 50		
A_3	8	⑦	16	⑧	18	⑨	40
	40				40-40 = 0		
수요량	50		100		50		200

[단계 1]의 개선지수 계산으로 되돌아간다. 그리고 개선지수를 계산하면 다음과 같다.

칸 ③ : + 16 - 12 + 7 - 12 = -1
칸 ④ : + 9 - 10 + 12 - 7 = +4
칸 ⑧ : + 16 - 8 + 10 - 12 = +6
칸 ⑨ : + 18 - 8 + 10 - 12 + 7 - 12 = +3

그러나 아직도 개선지수가 음(−)인 항이 있으므로, 현재의 풀이는 최적이 아니므로 다시 한 번 개선한다.

칸 ③이 음(−)의 개선지수를 가졌으므로, 여기에 수송량을 배정한다. 칸 ③의 폐쇄경로는 + ③ - ⑥ + ⑤ - ②가 되고, 음(−)의 부호를 가진 칸의 할당량 가운데 최소값인 ⑥의 50을 가져온 다음, 수요와 공급량을 조정한다.

공급지 \ 수요지	B_1		B_2		B_3		공급량
A_1	10	①	12	②	16	③	80
	10		70-50 = 20		50		
A_2	9	④	7	⑤	12	⑥	80
			30+50 = 80		50-50 = 0		
A_3	8	⑦	16	⑧	18	⑨	40
	40						
수요량	50		100		50		200

4) 최적해 도출

각 빈칸의 개선지수를 계산하면 다음과 같다.

칸 ④ : + 9 - 10 + 12 - 7 = +4
칸 ⑥ : + 12 - 7 + 12 - 16 = +1
칸 ⑧ : + 16 - 8 + 10 - 12 = +6
칸 ⑨ : + 18 - 8 + 10 - 16 = +4

개선지수가 모두 양(+)이므로 현재의 풀이가 최적해이다. 따라서 총수송비용은 다음과 같다.

총수송비용 = 10 × 10 + 12 × 20 + 16 × 50 + 7 × 80 + 8 × 40 = 2,020

예제 6-7

다음은 최소비용법으로 구해진 최초 실행가능기저해이다. 이 결과에 디딤돌법을 적용하여 최적해를 구하라.

공급지 \ 수요지	B_1		B_2		B_3		공급량
A_1	8	①	10	②	11	③	5
	5						
A_2	10	④	9	⑤	13	⑥	8
			8				
A_3	14	⑦	12	⑧	10	⑨	7
	2		1		4		
수요량	7		9		4		20

풀이

1) 폐쇄경로 탐색 및 개선지수 계산

할당되지 않은 각 빈칸에 대하여 한 개의 수송량이 할당되었다고 가정하고 폐쇄경로를 찾은 다음, 시계방향으로 개선지수를 구한다.

칸 ② : + 10 - 12 + 14 - 8 = +4
칸 ③ : + 11 - 10 + 14 - 8 = +7
칸 ④ : + 10 - 9 + 12 - 14 = -1
칸 ⑥ : + 13 - 10 + 12 - 9 = +6

④의 개선지수가 음수(−)이므로 최적해가 아니다.

2) 최적성 검사

개선방법을 이용하여 수송계획표를 개선한다. 즉, 칸 ④의 폐쇄경로를 찾은 다음, 음(−)의 값을 가진 칸 ⑤와 ⑦ 가운데 수송량이 적은 ⑦의 값 2를 칸 ④에 가져온다.

3) 실행가능기저해의 개선

공급량과 수요량을 일치시킨다.

공급지 \ 수요지	B_1		B_2		B_3		공급량
A_1	8	①	10	②	11	③	5
	5						
A_2	10	④	9	⑤	13	⑥	8
	2		6				
A_3	14	⑦	12	⑧	10	⑨	7
			3		4		
수요량	7		9		4		20

4) 최적해 도출

총수송비용 = 8 × 5 + 10 × 2 + 9 × 6 + 12 × 3 + 10 × 4 = 190

2 수정배분법

수정배분법(modified distribution method : MODI법)은 각 행과 열의 기회비용을 이용하여 할당되지 않은 빈칸을 한꺼번에 고려하여 개선지수를 구하는 방법이다. 수정배분법의 풀이과정을 정리하면, 다음과 같다.

[단계 1] 행과 열의 요소 계산

- 각 行과 列의 요소인 특정지수 U_i와 V_j를 정한다.

[단계 2] 개선지수 계산

- 최초 실행가능기저해로 할당되지 않은 빈칸의 각 비용 C_{ij}에 대하여 개선효과를 구한다.

[단계 3] 최적성 검사 및 실행가능기저해의 개선

- 개선지수 $D_{ij}(= C_{ij}^*$ - 행의 요소(U_i) - 열의 요소$(V_j))$ 가운데 음(−)의

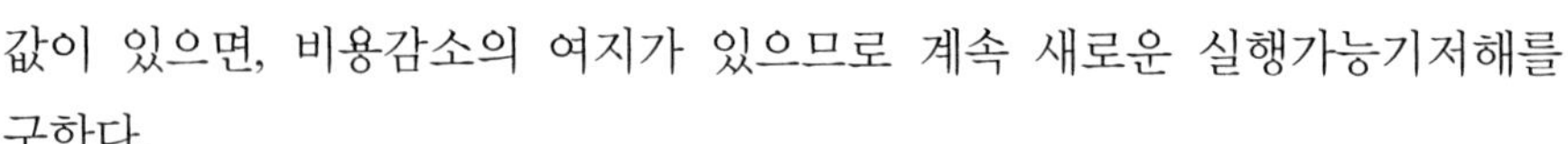

값이 있으면, 비용감소의 여지가 있으므로 계속 새로운 실행가능기저해를 구한다.

[단계 4] 최적해 도출

• 개선지수 D_{ij}가 모두 양(+)이면, 최적해에 이른다.

예제 6-8

다음은 북서코너법으로 최초 실행가능기저해가 얻어진 결과이다. 이 결과에 수정배분법을 적용하여 최적해를 구하라.

수요지 / 공급지	B_1		B_2		B_3		공급량
A_1	10	①	12	②	16	③	80
	50		30				
A_2	9	④	7	⑤	12	⑥	80
			70		10		
A_3	8	⑦	16	⑧	18	⑨	40
					40		
수요량	50		100		50		200

풀이

1) 행과 열의 요소 계산

먼저 할당되어 있는 칸에 대해 $U_i + V_j = C_{ij}$의 관계가 성립하도록 U_i와 V_j의 값을 구한다. 이를 구하기 위해서는 다음과 같은 연립방정식을 풀어야 한다.

$$C_{11} : U_1 + V_1 = 10$$
$$C_{12} : U_1 + V_2 = 12$$
$$C_{22} : U_2 + V_2 = 7$$
$$C_{23} : U_2 + V_3 = 12$$
$$C_{33} : U_3 + V_3 = 18$$

여기서 $U_1 = 0$으로 놓으면, $U_2 = -5$, $U_3 = 1$, $V_1 = 10$, $V_2 = 12$, $V_3 = 17$이 된다.

수요지 / 공급지	B_1		B_2		B_3		공급량	u_i
A_1	10	①	12	②	16	③	80	0
	50		30					
A_2	9	④	7	⑤	12	⑥	80	-5
			70		10			
A_3	8	⑦	16	⑧	18	⑨	40	1
					40			
수요량	50		100		50		200	
v_j	10		12		17			

2) 개선지수 계산

산출된 U_i와 V_j의 값은 사용되지 않은 빈칸의 개선지수 D_{ij}를 계산하면, 다음과 같다.

칸 ③ : $D_{13} = C^*_{13} - U_1 - V_3 = 16 - 0 - 17 = -1$

칸 ④ : $D_{21} = C^*_{21} - U_2 - V_1 = 9 - (-5) - 10 = 4$

칸 ⑦ : $D_{31} = C^*_{31} - U_3 - V_1 = 8 - 1 - 10 = -3$

칸 ⑧ : $D_{32} = C^*_{32} - U_3 - V_2 = 16 - 1 - 12 = 3$

3) 최적성 검사 및 실행가능기저해의 개선

개선지수에 음(−)의 값이 있으므로, 최적해에 이르지 못한다. 그러므로 개선지수가 보다 큰 빈칸 ⑦을 먼저 고려한다. 칸 ⑦의 폐쇄경로는 +⑦-①+②-⑤+⑥-⑨이므로, 음수 부호인 ①, ⑤, ⑨에서 최소 수송량인 ⑨의 값 40을 빈칸 ⑦로 가져온다.

수요지 / 공급지	B_1		B_2		B_3		공급량	u_i
A_1	10	①	12	②	16	③	80	0
	50-40 = 10		30+40 = 70					
A_2	9	④	7	⑤	12	⑥	80	-5
			70-40 = 30		10+40 = 50			
A_3	8	⑦	16	⑧	18	⑨	40	-2
	0+40 = 40				40-40 = 0			
수요량	50		100		50		200	
v_j	10		12		17			

4) 행과 열의 요소 계산

할당된 칸에 대해 $U_i + V_j = C_{ij}$의 관계가 성립하도록 다시 U_i와 V_j의 값을 구한다. 이를 구하기 위해서는 다음과 같은 연립방정식을 푼다.

$$C_{11} = U_1 + V_1 = 10$$
$$C_{12} = U_1 + V_2 = 12$$
$$C_{22} = U_2 + V_2 = 7$$
$$C_{23} = U_2 + V_3 = 12$$
$$C_{31} = U_3 + V_1 = 8$$

여기서 다시 $U_1 = 0$으로 놓으면, $U_2 = -5$, $U_3 = -2$, $V_1 = 10$, $V_2 = 12$, $V_3 = 17$이 된다.

5) 개선지수 계산

U_i와 V_j의 값을 이용하여 개선지수 D_{ij}를 계산한다.

칸 ③ : $D_{13} = C^*_{13} - U_1 - V_3 = 16 - 0 - 17 = -1$

칸 ④ : $D_{21} = C^*_{21} - U_2 - V_1 = 9 - (-5) - 10 = 4$

칸 ⑧ : $D_{32} = C^*_{32} - U_3 - V_2 = 16 - (-2) - 12 = 6$

칸 ⑨ : $D_{33} = C^*_{33} - U_3 - V_3 = 18 - (-2) - 17 = 3$

6) 실행가능기저해의 개선

개선지수가 음수(−)인 칸 ③에 수송량을 배정한다. 칸 ③의 폐쇄경로는 +③ -⑥ +⑤ -② 이므로, 빈칸 ③에 ⑥의 값 50을 이동시킨 다음, 수요와 공급량을 조정한다.

7) 최적성 검사

이제, 개선지수가 모두 양수(+)이지만, 다시 한번 수정배분법을 이용하여 최적해를 검토한다.

수요지 / 공급지	B_1		B_2		B_3		공급량	u_i
A_1	10	①	12	②	16	③	80	0
	10		70-50 = 20		0+50 = 50			
A_2	9	④	7	⑤	12	⑥	80	-5
			30+50 = 80		50-50 = 0			
A_3	8	⑦	16	⑧	18	⑨	40	-2
	40							
수요량	50		100		50		200	
v_j	10		12		16			

다시 U_i와 V_j의 값을 구한다.

$$C_{11} = U_1 + V_1 = 10$$

$C_{12} = U_1 + V_2 = 12$
$C_{13} = U_1 + V_3 = 16$
$C_{22} = U_2 + V_2 = 7$
$C_{31} = U_3 + V_1 = 8$

여기서 다시 $U_1 = 0$으로 놓으면, $U_2 = -5$, $U_3 = -2$, $V_1 = 10$, $V_2 = 12$, $V_3 = 16$이 된다. 그리고 U_i와 V_j의 값을 이용하여 개선지수 D_{ij}를 계산한다.

칸 ④ : $D_{21} = C^*_{21} - U_2 - V_1 = 9 - (-5) - 10 = 4$
칸 ⑥ : $D_{23} = C^*_{23} - U_2 - V_3 = 12 - (5) - 16 = 1$
칸 ⑧ : $D_{32} = C^*_{32} - U_3 - V_2 = 16 - (-2) - 12 = 6$
칸 ⑨ : $D_{33} = C^*_{33} - U_3 - V_3 = 18 - (-2) - 16 = 4$

8) 최적해 도출
개선되는 값이 모두 양수(+)이므로 최적해에 도달하였다.
따라서 총수송비용은 다음과 같다.
총수송비용 = 10 × 10 + 12 × 20 + 16 × 50 + 7 × 80 + 8 × 40 = 2,020

예제 6-9

다음은 보겔법에 의하여 구해진 최초 실행가능기저해이다. 수정배분법을 이용하여 최적해를 구하라.

공급지 \ 수요지	B_1		B_2		B_3		공급량
A_1	8	①	10	②	11	③	5
	5						
A_2	10	④	9	⑤	13	⑥	8
	2		6				
A_3	14	⑦	12	⑧	10	⑨	7
			3		4		
수요량	7		9		4		20

풀이

1) 행과 열의 요소 계산

할당된 칸에 대해 $U_i + V_j = C_{ij}$의 관계가 성립하도록 U_i와 V_j의 값을 구한다.

공급지 \ 수요지	B_1		B_2		B_3		공급량	u_i
A_1	8	①	10	②	11	③	5	−2
	5							
A_2	10	④	9	⑤	13	⑥	8	0
	2		6					
A_3	14	⑦	12	⑧	10	⑨	7	3
			3		4			
수요량	7		9		4		20	
v_j	10		9		7			

$$C_{11} = U_1 + V_1 = 8$$
$$C_{21} = U_2 + V_1 = 10$$
$$C_{22} = U_2 + V_2 = 9$$
$$C_{32} = U_3 + V_2 = 12$$
$$C_{33} = U_3 + V_3 = 10$$

여기서 $U_2 = 0$으로 놓으면, $U_1 = -2$, $U_3 = 3$, $V_1 = 10$, $V_2 = 9$, $V_3 = 7$이 된다.

2) 최적성 검사 및 개선지수 계산

U_i와 V_j의 값을 이용하여 개선지수 D_{ij}를 계산한다.

칸 ② : $D_{12} = C^*_{12} - U_1 - V_2 = 10-(-2)-9 = 3$

칸 ③ : $D_{13} = C^*_{13} - U_1 - V_3 = 11-(-2)-7 = 6$

칸 ⑥ : $D_{23} = C^*_{23} - U_2 - V_3 = 13-0-7 = 6$

칸 ⑦ : $D_{31} = C^*_{31} - U_3 - V_1 = 14-3-10 = 1$

3) 최적해 도출

개선지수가 모두 양수(+)이므로 최적해이다. 그러므로 최초 실행가능기저해와 최적해가 동일하며, 총수송비용은 다음과 같다.

총수송비용 = 8 × 5 + 10 × 2 + 9 × 6 + 12 × 3 + 10 × 4 = 190

제4절 수송문제의 특수한 경우

1 해의 퇴화

일반적으로 m개의 생산지에서 n개의 수요지에 상품을 보내는 경우, 최초실행가능해가 있는 셀의 수는 $m+n-1$개가 된다. 만약, 최초실행가능해가 있는 셀의 수가 $m+n-1$개보다 적을 때, 이 수송문제는 '퇴화되었다'(degenerate)라고 한다.

만약, <표 6-2>와 같이 $m=3$, $n=3$이라고 하면, 최초실행가능해의 셀은 $3+3-1=5$개가 반드시 있어야 하며, 5개보다 적을 경우, MODI법을 적용하자면, 난처해진다.

이렇게 퇴화한 경우에는 빈 셀 가운데 임의의 1개에 0을 넣어 인위적으로 해가 있는 셀의 수를 5개로 하여, MODI법의 계산을 이어 간다. 단, 빈 셀 가운데 어떤 셀을 0으로 하느냐에 대해서는 명확한 규정은 없다.

표 6-2 ▸▸▸ 퇴화한 사례

수요지 공급지	B_1	B_2	B_3	공급량
A_1	6	8	10	150
		100	50	
A_2	7	11	11	250
			250	
A_3	4	5	12	200
	200			
수요량	200	100	300	

2 불균형 수송문제

공급량의 합계와 수요량의 합계가 일치하지 않는 불균형 수송문제에는 다음 2가지의 경우가 있다.

① **공급량 초과의 경우** : 공급량의 합계 $\sum a >$ 수요량의 합계 $\sum b$

② **수요량 초과의 경우** : 공급량의 합계 $\sum a <$ 수요량의 합계 $\sum b$

①의 경우는 공급량이 수요량을 초과하는 량, 즉 $\sum a - \sum b$의 수량을 가상의 수요량으로 설정하며, ②의 경우는 수요량이 공급량을 초과하는 량, 즉 $\sum b - \sum a$의 수량을 가상의 공급량으로 설정한다.

이와 같이 불균형 수송문제는 인위적으로 균형 수송문제로 고쳐서 부족한 부분에 필요로 하는 가상의 공급지(또는 수요지)를 설정하고, 그곳에 수송량을 배정하는데, 값은 모두 0으로 한다. 그 이유는 실제적인 활동이 아닌 가상의 활동이기 때문이다.

표 6-3 ▸▸▸ 공급량 초과의 경우

공장 \ 도시	B_1	B_2	B_3	가상도시 B_4	공급량
A_1	6	8	10	0	150
			100		
A_2	7	11	11	0	250
			200	50	
A_3	4	5	12	0	250
	100	100			
수요량	200	100	300	50	

<표 6-3>의 공장 A_2에서 가상도시 B_4로 보낸 공급량 50은 실제로 보내지 않고, 공장 A_2에서 공급 능력을 보유하는 뜻으로 비용은 0으로 둔다. 그러므로 공급량이 수요량을 초과하는 경우는 어떤 공급원의 공급 능력을 많게 하는지를 선택하는 문제이다.

표 6-4 ▸▸▸ 수요량 초과의 경우

공장 \ 도시	B_1		B_2		B_3		공급량
A_1	6	100	8		10	50	150
A_2	7		11		11	250	250
A_3	4	100	5	100	12		200
가상공장 A_4	4		5		12	50	50
수요량	200		100		350		

수요량 초과의 경우에는 수요량을 초과하는 부분의 공급 능력, 즉 $\Sigma b - \Sigma a$의 공급량을 가진 가상공장을 설정하고, 인위적으로 균형 수송문제로 고쳐서 풀면 된다. 이 경우도, 가상의 공장에서 각 도시로 보내는 수송비용은 모두 0으로 한다.

<표 6-4>에서 가상공장 A_4에서 도시 B_3에 보낸 수량 50은 실제로는 보내지 않고, 도시 B_3는 수요를 만족하지 못하는 결과가 된다(50 부족).

3 복수 최적해

수송계획표에서 개선지수 D_{ij}가 0이 되는 칸이 1개 이상 있으면 새로운 실행가능기저해를 구해도 수송비용에는 변동이 없다는 뜻이 되므로, 여러 개의 최적해가 있음을 나타낸다.

4 수송경로의 차단

수송문제는 공급지에서 수요지로의 수송은 어느 곳이나 가능한 것으로 전제하고 있지만, 특정 공급지에서 특정 수요지로의 수송이 차단되는 경우가 발생할 수 있다. 예를 들면, 천재지변이나 도로공사 등으로 수송로가 차단될 수 있다. 이런 수송문제의 형태는 선형계획모형의 big-M법과 같이 차단된 수송로에 매우 큰 단위당 수송비용 M을 부여하여 해당 칸에 수송량이 할당되지 않도록 한다.

이러한 경우에는 심플렉스해법에서 사용한 big-M법을 수송문제에 적용한다. 이 방법은 수송 불능지의 단위당 수송비용을 무한히 큰 값인 M으로 하여, 해당 부분의 수송이 이루어지지 않도록 한다. 그리고 나머지는 수송문제의 일반적인 풀이방법을 적용시키면 된다.

연 습 문 제

6.1 수송문제의 최초 실행가능기저해를 구하는 방법들을 나열하고, 그 방법들의 차이점을 설명하라.

6.2 수송문제의 최적성 검사 방법들을 나열하고, 그 방법들의 차이점을 설명하라.

6.3 균형 수송문제와 불균형 수송문제의 차이점을 설명하라.

6.4 다음은 각 공장에서 수요지까지의 수송계획표이다. 최초 실행가능기저해는 북서코너법을 이용하고, 최적해의 결정은 수정배분법(MODI법)으로 전체 수송비용이 최소가 되도록 배정하라.

공장 \ 수요지	B_1	B_2	B_3	B_4	공급량
A_1	9	12	13	8	75
A_2	9	10	8	11	80
A_3	11	12	9	10	65
수요량	50	55	60	55	220

6.5 K사는 다음과 같이 수요와 공급이 불균형한 상황에 처해있다. 최소비용법과 수정배분법(MODI법)을 이용하여 수송비용을 최소화하는 방안을 결정하라.

공급지 \ 수요지	B_1	B_2	B_3	B_4	공급량
A_1	10	13	8	14	120
A_2	9	10	6	8	110
A_3	11	12	9	10	100
수요량	80	70	100	90	

6.6 K전력회사는 발전소가 A_1, A_2, A_3 3지역에 소재하고 있으며, 발전소로부터 전력을 공급받는 변전소가 B_1, B_2, B_3 3군데에 있다. 아래 표의 수치는 각 발전소에서 변전소에 전력 1단위를 송전하는데 필요한 송전 단가(단위 : 만원)이다. 발전소와 변전소간의 송전량을 전체 수송비용이 최소가 되도록 최소비용법을 이용하여 최초 실행가능기저해를 구하고, 디딤돌법으로 최적해를 결정하라.

발전소 \ 변전소	B_1	B_2	B_3	공급량
A_1	20	35	33	100
A_2	30	23	25	90
A_3	31	28	21	110
수요량	120	105	75	300

6.7 P사의 각 공장에서 수요지까지의 수송계획표는 다음과 같다. 전체 수송비용이 최소가 되도록 최초 실행가능기저해는 보겔법을 이용하고, 최적해를 수정배분법(MODI법)으로 결정하라.

공장 \ 수요지	B_1	B_2	B_3	B_4	공급량
A_1	9	6	13	10	100
A_2	10	5	6	8	90
A_3	11	12	7	10	110
수요량	60	70	80	90	

6.8 다음 수송계획표의 최초 실행가능기저해는 북서코너법을 이용하여 구하고, 그 결과를 이용하여 디딤돌법으로 최적해를 결정하라.

공급지 \ 수요지	I	II	III	IV	공급량
A	20	15	21	30	250
B	28	16	18	25	200
C	18	24	21	20	150
수요량	100	180	200	120	

6.9 P사는 4군데의 공장에서 자동차 엔진을 생산하는 업체이다. 이 회사로부터 엔진을 공급받는 수요지는 세 군데가 있다. 보겔법과 수정배분법(MODI법)을 이용하여 수송비용을 최소화하는 방안을 결정하라.

공장 \ 수요지	B_1	B_2	B_3	공급량
A_1	7	8	10	110
A_2	10	9	11	100
A_3	6	9	8	70
A_4	12	7	10	120
수요량	120	130	150	

6.10 S사는 다음과 같이 수요와 공급이 불균형한 상황에 처해있다. 보겔법과 수정배분법(MODI법)을 이용하여 수송비용을 최소화하는 방안을 결정하라.

공급지 \ 수요지	B_1	B_2	B_3	B_4	공급량
A_1	10	5	13	9	110
A_2	9	10	6	8	100
A_3	11	12	7	10	120
수요량	80	90	85	95	

제 7 장

할당문제

제1절 할당문제의 개념

1 할당문제의 의의

할당문제(assignment problem)는 선형계획문제의 특수형태인 동시에 수송계획문제의 특수형태로서, 주어진 과업들을 작업자들에게 적절하게 배정하는 방법으로 기업의 비용을 절감하고, 이익을 높이기 위한 과업배정기법이라 할 수 있다.

그러므로 할당문제는 기업이나 공공기관에서 직원들에게 특정한 활동이나 직무를 배정하는데 있어, n종류의 직무를 n명의 직원(또는 n대의 기계)에 배정하여, 이익을 최대하거나 또는 손실을 최소로 하는 문제이다. 즉, 할당문제를 수송계획문제와 비교하면, 각 공급지의 공급량이 1이고, 각 수요지의 수요량이 1이며, 수송계획문제의 단위당 수송비용은 한 직원(공급지)이 특정 작업(수요지)을 수행하는데 발생하는 비용으로 수송계획문제의 특수형태이다.

할당문제를 앞 장에서 설명한 수송계획문제와 같은 형식의 표로 나타내면, <표 7-1>과 같다.

이 표에서, 소요시간 c는 작업 i를 직원 j에 배정할 경우의 소요시간(즉, 비용)을 나타내며, 배정하는 경우는 '1', 배정하지 않으면 '0'의 값을 취한다. 그리고 각 행과 열의 합계는 각각 1이며, 1개의 작업이 1인에게 배정되는 것을 나타내므로 당연히 모두 1이 된다.

표 7-1 ▸▸▸ 할당문제의 비용행렬 표

(단위: 시간)

직원 \ 작업	Ⅰ	Ⅱ	Ⅲ	Ⅳ
A	6	8	7	6
B	5	6	5	8
C	7	9	8	5
D	8	10	7	4

2 할당문제의 적용

할당문제는 선형계획모형과 수송계획문제의 특수형태이므로 이것을 선형계획모형으로 나타낼 수 있다. 그리고 할당문제의 수리적 모형은 수송계획문제의 수리적 모형으로부터 다음과 같이 간단히 유도해 낼 수 있다.

$$\text{Min} : Z = \sum_{i=1}^{n}\sum_{j=1}^{n} c_{ij}x_{ij}$$

$$\text{s.t.} : \sum_{j=1}^{n} x_{ij} = 1 \quad (i = 1,\ 2,\ \cdots,\ n)$$

$$\sum_{i=1}^{n} x_{ij} = 1 \quad (j = 1,\ 2,\cdots,\ n)$$

$$x_{ij} = 0 \text{ 또는 } 1$$

제약조건식에서 $\sum_{j=1}^{n} x_{ij} = 1$은 한 직원에게 하나의 과업만이 주어진다는 의미이며, $\sum_{i=1}^{n} x_{ij} = 1$은 특정 작업은 한 명의 직원에게만 배정된다는 의미이다. 그리고 위의 모형에서 제약조건식의 수는 $2n$개이지만 기저변수의 수는 n개에 불과하므로 수송계획문제의 해법을 적용할 경우, (n-1)개의 기저변수가 0의 값을 갖는 퇴화현상이 발생하게 된다. 그러므로 수송계획문제의 해법을 할당문제의 풀이에 적용하는 것은 비효율적이다.

다음의 예제를 이용하여 할당문제를 선형계획모형으로 나타내어 보자.

예제 7-1

다음은 P사의 할당문제표를 나타낸 것으로 4명의 작업자에게 4개의 작업 가운데 1개씩 배정하는데 최소비용을 얻을 수 있는 배정방법을 찾고자 한다. 이 문제를 선형계획모형으로 나타내고, 개념도를 작성하라.

작업자 \ 작업	Ⅰ	Ⅱ	Ⅲ	Ⅳ
A	6	8	7	6
B	5	6	5	8
C	7	9	8	5
D	8	10	7	4

풀이

1) 할당문제표 작성

수송계획모형과 같이 작업자와 작업 사이의 수치는 특정 작업자가 그 작업을 맡음으로써 부과되는 비용을 나타낸다.

작업자 \ 작업	Ⅰ	Ⅱ	Ⅲ	Ⅳ	작업자수
A	6 x_{11}	8 x_{12}	7 x_{13}	6 x_{14}	1
B	5 x_{21}	6 x_{22}	5 x_{23}	8 x_{24}	1
C	7 x_{31}	9 x_{32}	8 x_{33}	5 x_{34}	1
D	8 x_{41}	10 x_{42}	7 x_{43}	4 x_{44}	1
작업수	1	1	1	1	4

2) 선형계획모형의 작성

위의 할당문제는 다음과 같이 선형계획모형으로 전개할 수 있다.

$$
\begin{aligned}
\text{Min} : Z = & 6x_{11} + 8x_{12} + 7x_{13} + 6x_{14} \\
& + 5x_{21} + 6x_{22} + 5x_{23} + 8x_{24} \\
& + 7x_{31} + 9x_{32} + 8x_{33} + 5x_{34} \\
& + 8x_{41} + 10x_{42} + 7x_{43} + 4x_{44}
\end{aligned}
$$

$$
\text{s.t.} : \left.\begin{aligned}
& x_{11} + x_{12} + x_{13} + x_{14} = 1 \\
& x_{21} + x_{22} + x_{23} + x_{24} = 1 \\
& x_{31} + x_{32} + x_{33} + x_{34} = 1 \\
& x_{41} + x_{42} + x_{43} + x_{44} = 1
\end{aligned}\right\} \text{ 작업자 수에 대한 제약}
$$

$$
\left.\begin{aligned}
& x_{11} + x_{21} + x_{31} + x_{41} = 1 \\
& x_{12} + x_{22} + x_{32} + x_{42} = 1 \\
& x_{13} + x_{23} + x_{33} + x_{43} = 1 \\
& x_{14} + x_{24} + x_{34} + x_{44} = 1
\end{aligned}\right\} \text{ 작업 수에 대한 제약}
$$

$$
x_{ij} = 0 \text{ 또는 } 1 \ (i = 1,\ 2,\ 3,\ 4, \quad j = 1,\ 2,\ 3,\ 4)
$$

3) 개념도 작성

위의 할당문제에 대한 개념도를 나타내면, 다음과 같다.

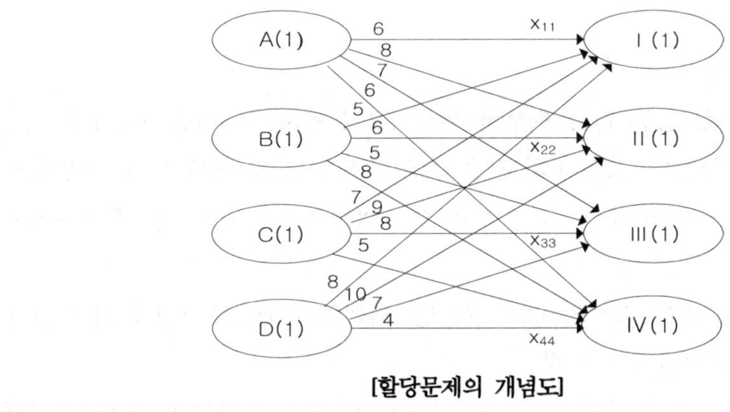

[할당문제의 개념도]

이와 같이 각 작업을 각 직원에 배정함으로써 발생하는 손실을 최소화하는 문제의 해법으로, 헝거리언법(Hungarian method)이 있다.

제2절 헝거리언법

헝거리언법(Hungarian method)은 할당문제의 특수해법으로, 기회비용의 개념을 이용하여 최적해를 구하는 방법이다. 즉, 기회비용이 0인 경우, 후회하지 않고 만족하기 때문이다. 그러므로 최소화문제의 기회비용은 각 행과 열에서 최소값을 찾아내어 그 열의 다른 값에서 이 최소값을 빼주면 구할 수 있다.

헝거리언법의 풀이과정을 간단하게 나타내면, 다음과 같다.

[단계 1] 할당문제표의 작성

[단계 2] 기회비용행렬표의 작성

- 각 行(또는 列)에서 그 行(또는 列)의 최소치을 뺀다. 그 결과는 어떤 작업을 최적의 직원에게 배정하지 못한 데 따른 부가적 비용(기회비용, opportunity cost)을 나타내며, 수송계획문제의 페날티코스트와 같은 개념에 의한 것이다. 즉, 어떤 사람이 최적의 작업을 맡지 못한 것에 대한 기회비용을 나타낸다.

[단계 3] 최적해의 탐색

① 0이 2개 이상 있는 行과 列부터 우선적으로 긋고, 그 다음 0이 1개 있는 行과 列을 긋는다. 모든 0의 값을 최소 수의 직선(수평선 또는 수직선)으로 지우고, 직선의 수가 n(= 행의 수 = 열의 수)과 동일하면, 최적해이므로 배정을 실시한다.

② 行이나 列의 수와 직선의 수가 같으면, 최적해가 되므로, [단계 5]로 간다.

[단계 4] 기회비용행렬표의 수정

- 行이나 列의 수와 직선의 수가 다르면, 다음의 과정을 통하여 기회비용행렬표를 수정한다.
  ① 직선이 통과하지 않은 값 가운데 최소값을 선택한다.
  ② 직선이 통과하지 않은 수값에서 최소값을 뺀다.
  ③ 직선이 겹치는 곳은 최소값을 더한다.
  ④ 나머지는 그대로 둔다.

[단계 5] 최적해의 도출

- 0이 1개 있는 行과 列에 우선적으로 배정한다.

이제, 다음의 예제를 이용하여 헝거리언법의 풀이과정을 살펴보도록 하자.

예제 7-2

K사의 영업부는 현재 영업 1과와 영업 2과의 2개 그룹이 있고, 각각 4명의 직원이 배치되어 있다. 지금 이 영업부에는 4가지 작업이 있고, 영업 부장 A는 영업 1과나 영업 2과 어느 한 곳에 작업을 의뢰하려고 한다. 각 작업은 어려움이 있고, 직원 각자의 능률에도 차이가 있다. 먼저 A부장은 영업 1과의 직원들에게 각각의 작업을 맡을 때, 소요되는 시간을 조사하여 아래와 같은 소요시간표를 얻게 되었다. 소요시간의 합계를 최소로 하는 방법으로, 어느 직원이 어떤 작업을 맡는 것이 좋은가를 결정하라. (단위 : 시간)

작업 \ 직원	A	B	C	D
1	3	11	5	3
2	5	8	6	5
3	4	7	10	2
4	6	3	9	5

풀이

1) 기회비용행렬표의 작성

헝거리언법은 표에서 나타낸 것처럼, 소요시간 c를 나타내는 행 또는 열에 대하여 임의의 정수가 있으며, 최적의 배정 방식도 변하지 않는다는 원리에 근거하고 있다.

각 작업의 소요시간은 손실의 개념이므로, 표의 행에서, 그 행의 최소값을 빼주어 기회비용을 계산하면, 다음 표와 같다. 이 숫자의 의미는 제1행을 예로 들어 설명하면, 작업 1은 직원 A 또는 직원 D가 맡는 것이 가장 좋지만, 만약 직원 B에게 부탁하면, 가장 좋은 경우(직원 A 또는 직원 B의 경우)에 비해서 8시간(= 11-3)의 부가적인 비용이 든다. 또, 마찬가지로 직원 C에게 배정하면, 2시간(= 5-3)의 부가적 비용이 든다. 물론, 직원 A나 직원 D가 하는 경우의 부가적 비용은 0(= 3-3)이다.

표 a ▸▸▸ 행의 계산

작업 \ 직원	A	B	C	D	u_i
1	0	8	2	0	3
2	0	3	1	0	5
3	2	5	8	0	2
4	3	0	6	2	3

다음에, 표의 각 열과 행에서 최소값을 빼면, 〈표 b〉와 같은 전체적인 기회비용의 표가 완성된다.

표 b ▸▸▸ 열의 계산

작업 \ 직원	A	B	C	D	u_i
1	0	8	1	0	3
2	0	3	0	0	5
3	2	5	7	0	2
4	3	0	5	2	3
v_j	0	0	1	0	2

여기서 1열, 2열, 4열의 최소치는 0이므로, 결과적으로는 0이 있어 이미 기회비용을 나타내고 있다. 3열은 최소값 1을 각 값에서 빼준다. 이렇게 하는 이유는, 직원 C에게 작업 2를 배정할 수 있는 것이 가장 좋지만, 작업 1이 배정되면, 부가적 비용은 1시간(= 2 - 1), 작업 3이 배정되면 부가적 비용은 7시간(= 8 - 1)이 들기 때문이다.

3) 최적해의 탐색

〈표 b〉의 모든 0의 값을 최소의 직선(수평선 또는 수직선)으로 지운다. 작업과 직원의 수가 4이기 때문에, 4개의 직선을 사용하면 반드시 모든 0을 지울 수 있지만, 한 번에 되도록 많은 0을 제거하는 직선을 찾아야 한다, 4개보다 적은 수(3개 이하)에서 모든 0을 지울 수 없으면, 표를 수정한다.

그리고 어떻게 직선을 긋는다고 해도 꼭 4개의 직선이 있으면, 배정을 할 수 있다. 즉, 직선의 수는 배정이 가능함을 나타내며, 직선의 수가 3개이면, 3개까지 배정이 가능하다는 것이다. 그러므로 이 예제에서는 4개의 직선이 필요하다.

배정 방법으로는 먼저, 각 행과 열에서 0이 1개밖에 없는 곳인 작업 4, 직원 B(이하 (4, B)로 기재)에 먼저 할당한다. 다음에 작업 2, 직원 C는 줄에 0이 1개 밖에 없는 곳이므로 우선적으로 직선을 긋는다. 이제, 작업 2는 직원 A와 직원 D에 할당될 수 없다.

(3, D)는 0이 1개 있는 곳이므로, 직선을 긋는다. 이 결과, 직원 D에게 작업 1을 배정할 수 없으므로, (1, D)의 0을 지운다. 그리고 마지막으로 (1, A)는 각 줄에 0이 있으므로, 이를 선택하면 전체가 배정되어 〈표 c〉와 같이 나타난다.

표 c ▸▸▸ 최적해의 탐색

작업 \ 직원	A	B	C	D	u_i
1	0	8	1	0	3
2	0	3	0	0	5
3	2	5	7	0	2
4	3	0	5	2	3
v_j	0	0	1	0	2

이와 같이 값이 0인 곳을 선택하면 부가적 비용이 0이 되므로, 최적해가 된다. 최적의 할당하는 방법은 〈표 c〉와 같이, 작업 1은 직원 A(3시간), 작업 2는 직원 C(6시간), 작업 3은 직원 D(2시간), 작업 4는 직원 B(3시간)에게 배정하여, 총 소요시간은 14시간(= 3+6+2+3)으로 최소가 된다.

예제 7-3

S버스회사는 A, B, C, D 4개의 도시에 종류가 다른 4대의 버스를 한 대씩을 배정하려고 한다. 도시의 지역적인 특성에 따른 버스 종류별 비용은 다음과 같다. 도시별 최적의 버스배정을 결정하라. (단위 : 만원)

도시 \ 버스	I	II	III	IV
A	15	11	13	12
B	14	13	15	10
C	12	12	11	13
D	13	9	16	14

풀이

1) 기회비용행렬표의 작성

① 버스의 비용최소값과의 차 : 각 行의 최소값을 u_i항에 기록하고, 나머지 수값에서 최소값을 뺀다.

도시 \ 버스	I	II	III	IV	u_i
A	4	0	2	1	11
B	4	3	5	0	10
C	1	1	0	2	11
D	4	0	7	5	9

② 도시의 기회비용과의 차 : 각 列의 최소값을 v_j항에 기록하고, 나머지 수값에서 최소값을 뺀다. 단, 0이 있는 곳은 그대로 둔다.

도시 \ 버스	I	II	III	IV	u_i
A	3	0	2	1	11
B	3	3	5	0	10
C	0	1	0	2	11
D	3	0	7	5	9
v_j	1	0	0	0	

2) 최적해의 탐색

직선의 수가 버스의 수와 일치할 때, 최적해가 된다. 그리고 직선을 긋는 방법은 다음과 같다.

① 0이 2개 있는 行과 列부터 우선적으로 긋는다.

② 0이 1개 있는 行과 列을 긋는다.

도시 \ 버스	I	II	III	IV
A	3	0	2	1
B	3	2	5	0
C	0	1	0	2
D	3	0	7	5

위의 직선의 수가 3개이므로 최적해라 할 수 없으므로, 기회비용행렬표를 다음의 방법을 이용하여 수정한다.

3) 기회비용행렬표의 수정

수정방법은 다음과 같다.

① 직선이 통과하지 않은 값 가운데 최소값을 선택한다.

② 직선이 통과하지 않은 수값에서 최소값을 뺀다.

③ 직선이 겹치는 곳은 최소값을 더한다.

④ 나머지는 그대로 둔다.

도시 \ 버스	I	II	III	IV
A	3 → 1	0	② → 0	1
B	3 → 1	2	5 → 3	0
C	0	1 → 3	0	2 → 4
D	3 → 1	0	7→5	5

4) 최적해의 결정

도시 \ 버스	I	II	III	IV
A	1	0	⓪	1
B	1	2	3	⓪
C	⓪	3	0	4
D	1	⓪	5	5

직선의 수가 버스의 수와 같은 4개이므로 최적해라고 할 수 있다. 그러므로 최적배정은 A-III, B-IV, C-I, D-II가 되며, 총비용은 44만원(=13+10+12+9)이 된다.

예제 7-4

[예제 7-2]의 A부장은 영업 2과의 직원들에 대해서도 영업 1과 직원과 같이 동일한 작업에 대한 각 작업의 소요시간을 측정하고, 다음과 같은 시간 값에 따라 작업의 배정을 실시하고자 한다. 결국, 영업 부장 A는 영업 1과와 영업 2과 가운데 어느 과에 작업을 배정하는 것이 적합한가? (단위 : 시간)

작업 \ 직원	A	B	C	D
1	8	7	5	8
2	4	2	5	4
3	7	6	8	6
4	4	1	3	3

풀이

1) 기회비용행렬표의 작성

할당문제표에 대해서, 헝거리언법를 적용하여 기회비용행렬표를 작성하면, 다음과 같다.

① 행의 요소 적용

작업 \ 직원	A	B	C	D	u_i
1	3	2	0	3	5
2	2	0	3	2	2
3	1	0	2	0	6
4	3	0	2	2	1

② 열의 요소 적용

작업 \ 직원	A	B	C	D	u_i
1	2	2	0	3	5
2	1	0	3	2	2
3	0	0	2	0	6
4	2	0	2	2	1
v_j	1	0	0	0	

2) 최적해의 탐색

여기서 모든 0을 최소의 직선으로 그으면, 이번에는 직선의 수가 3개로 끝난다. 이와 같이 작업(직원)의 수보다 직선의 수가 적은 경우에는 [단계 4]에 따라 기회비용행렬표를 수정한다.

작업 \ 직원	A	B	C	D	u_i
1	2	2	0	3	5
2	1	0	3	2	2
3	0	0	2	0	6
4	2	0	2	2	1
v_j	1	0	2	2	

3) 기회비용행렬표의 수정

다음의 수정방법을 이용하여 기회비용행렬표를 수정한다.

① 직선이 통과하지 않은 값 가운데 최소값을 선택한다.

② 직선이 통과하지 않은 수값에서 최소값을 뺀다.

③ 직선이 겹치는 곳은 최소값을 더한다.

④ 나머지는 그대로 둔다.

위의 표에서 직선이 그어져 있지 않은 값에서 최소치는 1이기 때문에, 1을 각 값에서 빼고, 직선이 교차하는 곳은 최소값 1을 더하면, 다음 표를 얻을 수 있다.

작업 \ 직원	A	B	C	D	u_i
1	2	3	0	3	5
2	0	0	2	1	2
3	0	1	2	0	6
4	1	0	1	1	1
v_j	1	0	2	2	ǂ

4) 최적해의 도출

이번에는 4개의 직선이 나타나므로, 배정을 실시한다. 그 결과는 다음과 같다.

작업 \ 직원	A	B	C	D
1	2	3	⓪	3
2	⓪	0	2	1
3	0	1	2	⓪
4	1	⓪	1	1

작업 1은 직원 C(5시간), 작업 2는 직원 A(4시간), 작업 3은 직원 D(6시간), 작업 4는 직원 B(1시간)에게 배정하는 것이 최적의 대안이며, 이때의 총소요시간은 16시간(= 5 + 4 + 6 + 1)이 된다.

이상의 결과로부터, 일의 총소요시간을 비교하면, 영업 1과에 의뢰한 경우는 14시간, 영업 2과에 의뢰한 경우는 16시간이 소요되므로, 영업 부장 A는 영업1과에 작업을 의뢰하는 것이 좋다.

제3절 최대화문제

헝거리언법은 손실을 최소화하는 직무를 할당하는 문제에 적용되는 기법이다. 그러나 특정과업을 특정인에게 배정함으로써, 기업 전체의 이익을 최대로 하는 문제를 다룰 수 있으며, 이때 이 문제를 최대화문제라고 한다. 즉, 기업의 총이익을 최대로 하고 싶은 경우에는 이득표를 손실표로 변환하면, 헝거리언법의 적용이 가능하다.

이득표를 손실표로 변환하려면, 각 행과 열의 최대치에서 그 줄의 각 값을 빼면 된다. 이 조작은 최대 이득에서 차를 계산하며, 그 차이의 합이 최소화가 되도록 배정을 하는 것이다. 그러므로 할당문제표에서 각 행과 열의 수값 가운데 최대값(큰 이익)에서 나머지 수 값들을 차감하여 기회비용행렬표를 작성한다.

헝거리언법의 최대화문제 풀이과정을 간단하게 나타내면 다음과 같다.

[단계 1] 할당문제표의 작성

[단계 2] 손실표의 작성

- 각 행(또는 열)의 최대값에서 나머지 수 값을 뺀다.

[단계 3] 기회비용행렬표의 작성

- 각 열(또는 행)의 수 값에서 최소값을 뺀다.

[단계 4] 최적해의 탐색

① 0이 2개 이상 있는 행과 열부터 우선적으로 직선을 긋고, 그 다음 0이 1개 있는 행과 열의 직선을 긋는다. 모든 0의 값을 최소 수의 직선(수평선 또는 수직선)으로 지우고, 직선의 수가 n(= 행의 수 = 열의 수)과 동일하면, 최적해이므로 [단계 6]으로 가서 배정을 실시한다.

② 행이나 열의 수와 직선의 수가 다르면, 최적해가 아니므로, [단계 5]로 간다.

[단계 5] 기회비용행렬표의 수정

- 행이나 열의 수와 직선의 수가 다르면, 다음의 과정을 통하여 기회비용행렬표를 수정한다.
  ① 직선이 통과하지 않은 값 가운데 최소값을 선택한다.
  ② 직선이 통과하지 않은 수값에서 최소값을 뺀다.
  ③ 직선이 겹치는 곳은 최소값을 더한다.
  ④ 나머지는 그대로 둔다.

[단계 6] 최적해의 도출

- 0이 1개 있는 행과 열에 우선적으로 배정한다.

다음의 예제를 이용하여 최대화문제의 풀이과정을 살펴보도록 하자.

예제 7-5

P사는 지점장들의 인사 이동을 계획하고, 지점장 후보 5명을 선발하여 5개의 지점에 배치하려고 한다. 각 후보의 경험과 지명도에 의한 각 지점에서의 예상 매출액(단위 : 억원)은 다음과 같다. 총 매출액을 최대로 하기 위한 지점장 인력배치 계획을 세워라.

후보 \ 지점	1	2	3	4	5
A	1	2	3	2	5
B	1	3	2	3	4
C	2	2	4	1	2
D	2	4	1	3	3
E	3	1	5	3	3

풀이

1) 손실표의 작성

각 행(또는 열)의 최대값에서 나머지 수 값을 뺀다. 이 예제에서 각 열의 최대치는 위 이득표의 가장 아래에 표시한다. 이들 열의 최대치에서, 각 열의 값을 빼고, 손실표를 작성한다.

후보 \ 지점	1	2	3	4	5
A	2	2	2	1	0
B	2	1	3	0	1
C	1	2	1	2	3
D	1	0	4	0	2
E	0	3	0	0	2
최대값	3	4	5	3	5

2) 기회비용행렬표의 작성

후보 \ 지점	1	2	3	4	5	u_i
A	2	2	2	1	0	0
B	2	1	3	0	1	0
C	0	1	0	1	2	1
D	1	0	4	0	2	0
E	0	3	0	0	2	0
최대값	3	4	5	3	5	

3) 최적해의 탐색

최적해가 되기 위해서는 후보의 수와 같은 5개의 직선이 필요하며, 직선의 수가 5개 이므로 최적의 배정을 할 수 있다.

후보 \ 지점	1	2	3	4	5
A	2	2	2	1	0
B	2	1	3	0	1
C	0	1	0	1	2
D	1	0	4	0	2
E	0	3	0	0	2

4) 최적해의 결정

(A, 5), (B, 4), (D, 2)는 바로 배정한다. 그러나 이 예제와 같이 후보 C와 E, 지점 1과 3의 조합이 난해한 경우도 발생한다. 즉, 부가적 비용 0이 되는 경우에는 최적해가 여러 개 있는 경우이다. 그러므로 최적 배치는 다음과 같이 2개이며, 이때의 총 매출액은 모두 19억원이 된다.

A → 5, B → 4, c → 3, D → 2, E → 1

A → 5, B → 4, c → 1, D → 2, E → 3

예제 7-6

다음은 S사의 4명 작업자에게 4개의 과업이 배정될 때 발생하는 이익을 나타낸 것이다. 기업의 이익을 최대한으로 높이기 위해서는 각각의 작업자에게 과업을 배정하라.

작업자 \ 과업	가	나	다	라
A	22	13	18	6
B	7	8	14	13
C	5	10	9	8
D	15	6	13	11

풀이

1) 손실표의 작성

① 판매원에 대한 이익 최대값과의 차 : 최소화문제와는 반대로 行이나 列의 최대값에서 나

머지 수 값을 뺀다.

작업자 \ 과업	가	나	다	라	최대값
A	0	9	4	16	22
B	7	6	0	1	14
C	5	0	1	2	10
D	0	9	2	4	15

2) 기회비용행렬표의 작성

列의 최소값을 기준으로 나머지 수 값을 뺀다.

작업자 \ 과업	가	나	다	라	최대값
A	0	9	4	15	22
B	7	6	0	0	14
C	5	0	1	1	10
D	0	9	2	3	15
v_j	0	0	0	1	

3) 최적해의 탐색

직선의 수와 작업자의 수가 일치할 때, 최적해가 된다. 최소화문제와 마찬가지로 직선을 긋는 방법은 다음과 같다.

① 0이 2개 있는 行과 列부터 우선적으로 긋는다.

② 0이 1개 있는 行과 列을 긋는다.

작업자 \ 과업	가	나	다	라
A	0	9	4	15
B	7	6	0	0
C	5	0	1	1
D	0	9	②	3

4) 기회비용행렬표의 수정

수정방법도 최소화문제와 동일하다.

① 직선이 통과하지 않은 값 가운데 최소값을 선택한다.

② 직선이 통과하지 않은 값에서 최소값을 뺀다.

③ 직선이 겹치는 곳은 최소값을 더한다.

④ 나머지는 그대로 둔다.

작업자 \ 과업	가	나	다	라
A	0	7	2	13
B	9	6	0	0
C	7	0	1	1
D	0	7	0	1

5) 최적해의 도출

작업자 \ 과업	가	나	다	라
A	⓪	7	2	13
B	9	6	0	⓪
C	7	⓪	1	1
D	0	7	⓪	1

직선의 수가 4개이므로 여기서 구한 이익이 최대가 된다. 그러므로 과업의 배정은 A-가, B-라, C-나, D-다 가 되며, 이때 총이익은 58(=22+13+10+13)이 된다.

제4절 할당문제의 보완

1 불균형 할당문제

앞에서 다룬 예제들은 작업자와 작업의 수가 일치하고($m=n$), 1대 1의 대응이 유지되는 비용의 최소화문제(또는 이익의 최대화문제)였으나, 실제 상황에 있어서는 이와 같은 균형 할당문제가 발생하지 않는다. 그러므로 작업자 수와 작업수가 불균형을 이룰 경우 할당문제의 기본가정($m=n$)에 어긋난다.

이때에는 수송계획문제의 경우와 같이 가상적인 작업자 혹은 가상적인 작업을 설정하여 $m=n$으로 만든다. 즉, 작업자의 수가 작업의 수를 초과할 때에는 부족한 만큼의 가상작업을 설정하고, 그 작업비용은 0으로 한다. 반대로, 작업의 수가 작업자의 수를 초과할 때에는 부족한 만큼의 가상작업자를 설정하고, 그 작업비용을 최대로 하여 이곳으로의 할당을 금지시킨다.

헝거리언법의 불균형 할당문제의 풀이과정을 간단하게 나타내면 다음과 같다.

[단계 1] 할당문제표의 작성

[단계 2] 가상활동의 추가

• 부족한 행이나 열에 가상적인 활동(dummy activity)을 추가한다.

[단계 3] 기회비용행렬표의 작성

① 각 행의 최대값에서 나머지 수 값을 뺀다(단, 최대화 문제의 경우).

② 각 열의 수 값에서 최소값을 뺀다.

[단계 4] 최적해의 탐색

① 0이 2개 있는 행과 열부터 우선적으로 긋고,그 다음 0이 1개 있는 행과 열을 긋는다.

② 행이나 열의 수와 직선의 수가 같으면, 최적해가 된다.

[단계 5] 기회비용행렬표의 수정

① 직선이 통과하지 않은 값 가운데 최소값을 선택한다.

② 직선이 통과하지 않은 값에서 최소값을 뺀다.

③ 직선이 겹치는 곳은 최소값을 더한다.

④ 나머지는 그대로 둔다.

[단계 6] 최적해의 도출

• 0이 1개 있는 행과 열에 우선적으로 배정한다.

다음 예제를 통하여 불균형 할당문제의 풀이과정을 살펴보도록 하자.

예제 7-7

S사의 공정은 3가지로 구성되며, 4명의 작업자 가운데 3명에게 이 일을 맡기려고 한다. 각 작업자가 특정 공정을 맡을 때, 발생하는 비용은 다음과 같다. 기업의 최소비용이 이루어질 수 있도록 작업자를 각 공정에 배치하라. (단위 : 백만원)

공정 / 작업자	A	B	C
I	4	3	9
II	7	1	8
III	2	6	4
IV	9	5	5

풀이

1) 가상공정의 추가

작업자의 수보다 공정의 수가 작으므로 부족한 만큼의 가상작업을 설정하고, 그 작업비용은 0으로 한다. 그러므로 가상공정 dummy D를 공정으로 삽입하여 할당문제표를 다시 작성한다.

작업자 \ 공정	A	B	C	dummy D
Ⅰ	4	3	9	0
Ⅱ	7	1	8	0
Ⅲ	2	6	4	0
Ⅳ	9	5	5	0

2) 기회비용행렬표의 작성

작업자 \ 공정	A	B	C	dummy D	u_i
Ⅰ	2	2	5	0	0
Ⅱ	5	0	4	0	0
Ⅲ	0	5	0	0	0
Ⅳ	7	4	1	0	0
v_j	2	1	4	0	

3) 최적해의 탐색

작업자 \ 공정	A	B	C	dummy D
Ⅰ	2	2	5	0
Ⅱ	5	0	4	0
Ⅲ	0	5	0	0
Ⅳ	7	4	1	0

4) 기회비용행렬표의 수정

작업자 \ 공정	A	B	C	dummy D
Ⅰ	2	2	5	0
Ⅱ	5	0	4	0
Ⅲ	0	5	0	0
Ⅳ	7	4	①	0

5) 최적해의 재탐색

작업자 \ 공정	A	B	C	dummy D
Ⅰ	1	2	4	0
Ⅱ	4	0	3	0
Ⅲ	0	6	0	1
Ⅳ	6	4	0	0

6) 최적해의 결정

작업자 \ 공정	A	B	C	dummy D
Ⅰ	1	2	4	⓪
Ⅱ	4	⓪	3	0
Ⅲ	⓪	6	0	1
Ⅳ	6	4	⓪	0

따라서 II-B, III-A, IV-C 그리고 dummy D에 배정된 작업자 1에게는 공정을 배정하지 않는다. 이때, 총비용으로 8백만 원(= 1 + 2 + 5)이 소요된다.

2 복수최적해

특정 작업자를 여러 작업장에 중복하여 할당해야 하는 문제도 실무에서는 흔히 발생한다. 이러한 문제는 할당문제의 기본 가정인 1대 1 대응에 어긋나므로 수송계획문제로 정식화하고 수송계획문제의 해법을 적용하여야 한다.

이와 같이 어떠한 예외적인 할당문제일지라도 적절한 보완을 거치면 표준형인 할당문제로 변환시킬 수 있으므로 실제 기업에 광범위하게 적용할 수 있다.

예제 7-8

S버스회사는 A, B, C, D 4개의 도시에 버스 한 대씩을 배정하려고 한다. 도시의 지역적인 특성에 따른 버스 종류별 비용은 다음과 같다. 도시별 최적의 버스배정을 결정하라. (단위 : 천만원)

도시 \ 차량	Ⅰ	Ⅱ	Ⅲ	Ⅳ
A	15	11	13	12
B	14	13	15	11
C	12	12	11	13
D	13	11	12	14

풀이

1) 기회비용행렬표의 작성

① 행의 요소

도시 \ 차량	Ⅰ	Ⅱ	Ⅲ	Ⅳ	u_i
A	4	0	2	1	11
B	3	2	4	0	11
C	1	1	0	2	11
D	2	0	1	3	11

② 열의 요소

도시 \ 차량	Ⅰ	Ⅱ	Ⅲ	Ⅳ	u_i
A	3	0	2	1	11
B	2	2	4	0	11
C	0	1	0	2	11
D	1	0	1	3	11
v_j	1	0	0	0	

2) 최적해의 탐색

도시 \ 차량	Ⅰ	Ⅱ	Ⅲ	Ⅳ
A	3	0	2	1
B	2	2	4	0
C	0	1	0	2
D	1	0	1	3

직선의 수와 차량의 수가 일치하지 않으므로 최적해라고 할 수 없다. 따라서 기회비용행렬표를 수정한다.

3) 기회비용행렬표의 수정

차량 / 도시	I	II	III	IV
A	3	0	2	1
B	2	2	4	0
C	0	1	0	2
D	①	0	①	3

차량 / 도시	I	II	III	IV
A	2	0	1	1
B	1	2	2	0
C	0	2	0	3
D	0	0	0	3

4) 최적해의 재탐색

차량 / 도시	I	II	III	IV
A	2	0	1	1
B	1	2	3	0
C	0	2	0	3
D	0	0	0	3

직선의 수가 차량의 수와 같은 4개이므로 최적해라고 할 수 있다.

5) 최적해의 결정

차량 / 도시	I	II	III	IV
A	2	⓪	1	1
B	1	2	3	⓪
C	⓪	2	0	3
D	0	0	⓪	3

그러므로 최적배정은 A-II, B-IV, C-I, D-III이 되며, 이때의 총비용은 4억 6천만 원(= 11 + 11 + 12 + 12)이 소요된다. 그리고 차량 I과 III은 도시 C와 D 가운데 어느 곳에 배정하여도 무관하며, 총비용은 같다. 이러한 경우를 복수 최적해라고 한다.

3 할당이 금지된 경우

어떤 작업자에게 특정설비가 배정되지 못하게 하는 경우가 있다. 그것은 설비의 결함 또는 설비보수에 따른 작업자 할당이 불가능한 경우, 파업 또는 기타 조건으로 어떤 특정설비에 배정받지 못하는 경우이다. 이러한 경우에 최소화문제는 불가능한 할당의 칸에 큰 비용 +M을 부여하고, 최대화문제는 대단히 작은 이익 -M을 부여하여 최적해를 도출한다. 이것은 수송계획문제에서 수송로가 차단되어 있는 경우와 같으며, 나머지 풀이과정은 동일하게 적용된다.

연 습 문 제

7.1 균형 할당문제와 불균형 할당문제의 차이점을 설명하라.

7.2 할당문제와 수송계획문제의 차이점을 설명하라.

7.3 헝가리언법을 적용할 때, 할당이 금지된 구간의 문제를 해결하는 방법을 설명하라.

7.4 4명의 작업자 A, B, C, D를 4가지 작업 Ⅰ, Ⅱ, Ⅲ, Ⅳ에 할당할 때의 비용행렬이 다음과 같다. (단위 : 만원)

작업자 \ 작업	Ⅰ	Ⅱ	Ⅲ	Ⅳ
A	12	38	19	41
B	32	25	31	22
C	23	36	33	18
D	29	26	42	38

1) 선형계획모형으로 나타내어라.
2) 비용이 최소화되도록 작업자를 배정하라.

7.5 A, B, C, D 네 명의 판매원을 지역 Ⅰ, Ⅱ, Ⅲ, Ⅳ에 할당할 때의 수익행렬이 다음과 같다. (단위 : 만원)

판매원 \ 지역	Ⅰ	Ⅱ	Ⅲ	Ⅳ
A	30	40	50	60
B	50	39	47	49
C	35	55	60	38
D	45	43	54	29

1) 선형계획모형으로 나타내어라.
2) 이익이 최대화되도록 판매원을 배정하라.

7.6 다음 할당문제는 특정 강사가 특정 교과목을 맡을 때의 비용행렬을 나타낸 것이다. 4명의 강사에게 교과목을 가장 적절하게 배정하는 방법을 결정하라.

교과목 / 강사	국사	세계사	사회	지리
갑	4	8	7	6
을	6	4	8	8
병	5	6	10	6
정	6	8	10	8

7.7 4명의 졸업생들에게 기업을 알선해 주려고 한다. 기업 배정방법은 졸업생들이 느끼는 기업의 호감도에 의하여 결정된다고 하며, 각 졸업생들이 기업에 느끼는 호감도는 다음과 같다. 졸업생들에게 가장 만족스러운 배정이 이루어지도록 하는 방법을 결정하라.

졸업생 / 기업	갑	을	병	정
A	14	18	17	26
B	13	22	18	15
C	15	19	10	16
D	16	21	14	25

1) 선형계획모형으로 나타내어라.
2) 호감도가 최대화되도록 졸업생들을 배정하라.

7.8 A, B, C, D 네 명의 작업자를 작업 Ⅰ, Ⅱ, Ⅲ, Ⅳ에 할당할 때의 비용행렬이 다음과 같다. 비용을 최소화하는 할당방법을 구하여라.

작업 / 작업자	Ⅰ	Ⅱ	Ⅲ	Ⅳ
A	10	13	8	9
B	5	20	11	14
C	7	12	16	15
D	9	4	10	20

7.9 판매원 A, B, C, D가 판매지역 Ⅰ, Ⅱ, Ⅲ, Ⅳ에서 올리는 수익행렬이 다음과 같을 때, 최대 수익을 올리기 위한 할당방법을 구하여라.

판매원 \ 판매지역	I	II	III	IV
A	20	30	15	8
B	10	17	9	13
C	12	16	7	10
D	5	11	20	14

7.10 S사의 공정은 3가지로 구성되며, 4명의 작업자 가운데 3명에게 이 일을 맡기려고 한다. 각 작업자가 특정 공정을 맡을 때, 발생하는 이익은 다음과 같다.

작업자 \ 공정	I	II	III
A	6	10	11
B	8	12	7
C	5	9	8
D	14	6	13

1) 선형계획모형으로 나타내어라.
2) 기업의 최대이익을 얻도록 작업자를 배정하라.

7.11 S사의 공정은 3가지로 구성되며, 4명의 작업자 가운데 3명에게 이 일을 맡기려고 한다. 각 작업자가 특정 공정을 맡을 때, 발생하는 비용은 다음과 같다. 기업 비용이 최소가 되도록 배정하라.

작업자 \ 공정	I	II	III
A	10	12	13
B	8	11	14
C	9	10	8
D	7	9	6

7.12 S초등학교는 스쿨버스를 운영하는데, 이때 각 지역마다 특정 버스를 운영하는데 소모되는 비용은 다음 표와 같다.

지역 \ 버스	I	II	III	IV
A	14	8	13	6
B	11	6	10	7
C	5	15	9	12

1) 선형계획모형으로 나타내어라.

2) S초등학교의 비용을 최소화되도록 버스를 배정하라.

7.13 컴퓨터를 생산하기 위해서 3가지 공정이 필요하며, 4개 부문의 작업자 가운데 3명에게 이 일을 맡기려고 한다. 각 작업자가 공정을 맡을 때, 발생하는 이익은 다음과 같다. 이 기업에 최대의 이익이 되도록 작업자를 배정하는 방법을 결정하라.

작업자 / 공정	I	II	III	IV
A	11	8	4	8
B	9	5	6	10
C	6	7	12	9

7.14 K사의 작업자 4명 중 신제품 F의 생산에 3명의 작업자를 선발하여 I, II, III 세 공정에 투입하여 신제품을 생산하고자 한다. 다음 주어진 비용이 최소화되도록 작업자를 배치하라.

공 정 / 작업자	I	II	III
A	5	6	5
B	6	1	6
C	2	3	4
D	7	5	7

7.15 P사는 새로운 화장품을 방문 판매하기 위하여 판매원 4명 중에 3명을 선발하여 판매활동을 하고자 한다. P사의 이익을 최대화할 수 있도록 판매원을 배치하라.

판매지역 / 판매원	I	II	III
A	17	21	23
B	22	15	17
C	14	20	25
D	23	16	21

제 8 장

네트워크모형과 동적계획법

제1절 네트워크모형

1 개념

도로 교통망이나 전화 회선망 등과 같은 그물모형을 네트워크(network)라고 부른다, 즉, 네트워크란 노드(node)와 각 노드 사이를 연결하는 가지(arc)의 집합체이다.

이를 다시 설명하면, 네트워크 G는 노드(node)의 집합 N과 가지(arc)의 집합 A로 구성되어 $G=(N, A)$로 표시한다. 2개 노드가 연결된 가지 i와 j는 정점 i에서 정점 j로 가는 경로 (i, j)를 나타내며, 이 때, 정점 i를 시작점, 정점 j를 종료점이라 부른다.

<그림 8-1>은 단순한 네트워크를 나타낸 것으로, 원으로 표시된 부분이 노드이며, 노드와 노드를 연결한 선이 가지(활동)이다. 여기서 노드 ①과 노드 ②를 연결하는 가지를 ①−②로 나타내며, 이때 노드 ①에서 흐름이 시작하여 노드 ②에 도착하게 된다.

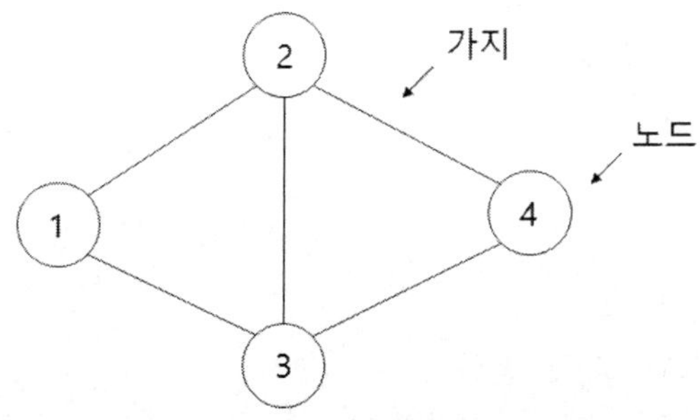

그림 8-1 ▸▸▸ 네트워크의 예

따라서 네트워크모형(network model)이란 전기, 전화, 물류, 도로, 상하수도 관리, 자원관리 등과 같이 복잡한 문제들에 대한 각 활동계획들을 최적화하고 통제하는데 효율적으로 사용할 수 있는 모형으로, 기업 문제에도 효과적으로 대처할 수 있다.

네트워크모형은 크게 다음과 같이 나누어 볼 수 있다.

① 최단경로문제(shortest path problem) : 네트워크상의 시작에서 종료까지 가장 짧은 거리를 찾는다.
② 최소걸침나무문제(minimal spanning tree problem) : 네트워크상의 모든 노드를 연결하면서 가장 짧은 경로를 찾는다.
③ 최대흐름문제(maximal flow problem) : 네트워크상의 시작에서 종료까지 사이의 흐름에 대한 최대용량을 찾는다.

2 최단경로문제

최단경로문제(shortest path problem)는 네트워크상에서 복수의 두 지점 사이에서 가장 짧은 경로를 찾는 문제로서, 어느 특정한 두 지점 사이에서의 최단경로 혹은 시작점에서부터 종료점까지의 최단경로를 찾는 방법이다.

최단경로문제를 풀이하는 방법에는 다음과 같은 3가지 기법들이 있다.

① tree labelling algorithm
② 의사결정수모형(decision tree model)
③ 후방귀납법(backward induction)

그러나 본 교재에서는 가장 쉽게 최단경로문제를 풀이할 수 있는 후방귀납법을 이용하는 풀이방법을 설명하기로 한다.

후방귀납법(backward induction)을 이용한 네트워크모형의 풀이과정을 정리하면, 다음과 같다.

[단계 1] 네트워크모형의 작성
[단계 2] 최종 도착지부터의 연산
　① 네트워크모형의 뒤에서부터 시작한다.

② 도착지의 노드에서 바로 앞에 연결된 노드까지의 거리를 계산하여, 최소값을 앞의 노드 위에 기록한다. 그리고 최소값이 아닌 나머지 노드와의 연결 가지를 자른다.

[단계 3] 반복연산

• 최초 출발지에 도착할 때까지 단계 2를 반복한다.

[단계 4] 최적해의 도출

• 네트워크모형에서 온전한 가지만을 연결하며, 최초 출발지의 노드 위에 기록된 거리가 최단거리가 된다.

예제 8-1

다음 네트워크모형에 대하여 후방귀납법을 이용하여 최단경로를 결정하라.

출발	도착	거리(㎞)
지점 1	지점 2	3
	지점 3	5
지점 2	지점 4	4
지점 3	지점 4	7
	지점 5	6
지점 4	지점 5	2
	지점 6	6
지점 5	지점 6	3

풀이

1) 네트워크모형의 작성

노드의 순서에 따라 네트워크를 배열하고, 거리를 기입한다.

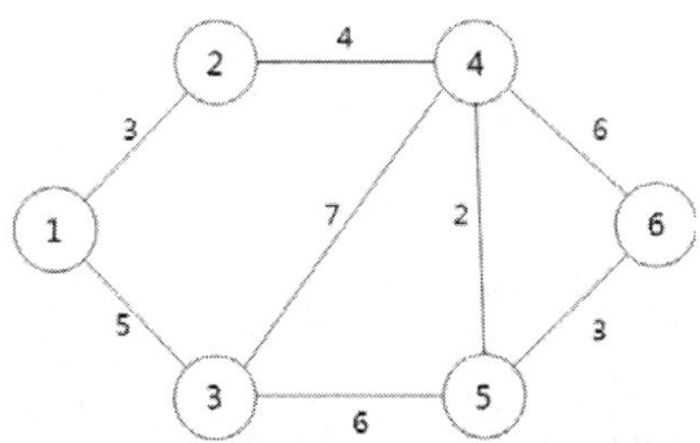

2) 최종 도착지부터의 연산

도착지의 노드에서 바로 앞에 연결된 노드까지의 거리를 계산하여, 최소값을 앞의 노드 위에 기록한다. 그리고 최소값이 아닌 나머지 노드와의 연결 가지를 자른다.

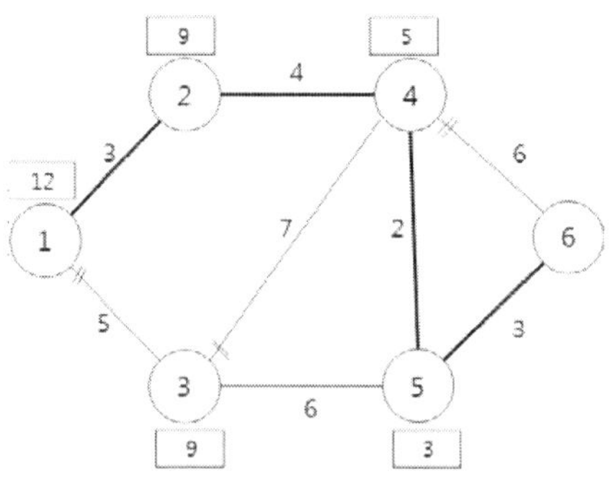

3) 최적해의 도출

따라서 온전한 가지들을 연결한 최단경로는 ①⇒②⇒④⇒⑤⇒⑥의 경로를 이루며, 이때 거리는 12km가 된다.

예제 8-2

다음 네트워크모형의 최단경로를 후방귀납법을 이용하여 결정하라.

출발	도착	거리(㎞)
도 시 1	2	35
	3	45
	4	60
도 시 2	5	50
	6	25
	7	50
도 시 3	5	65
	6	40
	7	25
도 시 4	5	28
	6	13
	7	33
도 시 5	8	90
도 시 6	8	60
도 시 7	8	85

풀이

1) 네트워크모형의 작성

노드의 순서에 따라 네트워크를 배열하고, 거리를 기입한다.

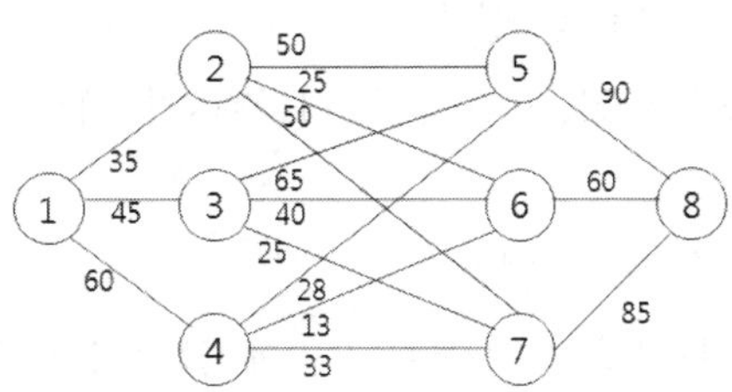

2) 최종 도착지에서부터의 연산

최종도착지인 도시 8에서 시작하여 바로 앞의 도시까지의 거리를 노드 위에 기록한다. 각 도시에 연결된 경로 중에서 작은 값을 취하고 나머지 경로를 자른다. 그리고 가장 작은 값을 각 노드 위에 기록한다. 출발지에 이르면, 온전한 경로만을 연결한다.

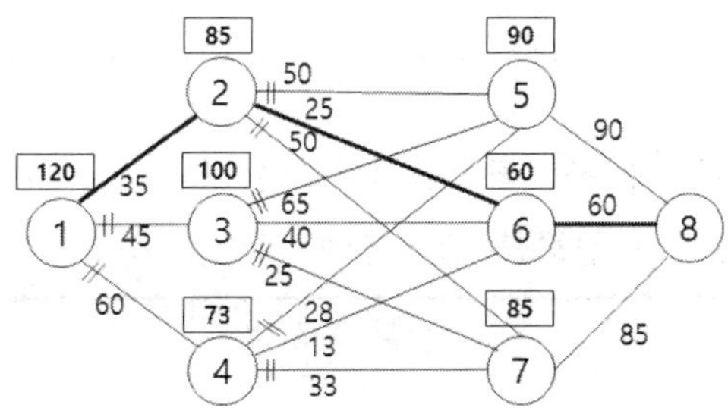

3) 최적해의 도출

따라서 최단경로는 ① → ② → ⑥ → ⑧의 경로를 이루며, 이때의 전체 거리는 120km가 된다.

3 최소걸침나무문제

최소걸침나무문제(minimal spanning tree problem)는 네트워크모형의 모든 노드를 연결시키면서 동시에 전체적으로 가장 짧은 경로를 찾는 문제이다. 그러므로 최소걸침나무문제는 네트워크상의 시작과 종료가 의미를 가지지 못하며, 네트워크상의 모든 노드 사이의 거리를 최소로 연결해주는 경로를 구하는 문제이다. 최소걸침나무문제는 전기나 상하수도의 연결, 수송시스템이나 컴퓨터 네트워크의 설계 등에 주로 이용된다.

최소걸침나무문제의 풀이과정을 정리하면, 다음과 같다.

[단계 1] 네트워크모형으로 작성

[단계 2] 임의의 노드 선택 및 연결

- 임의의 노드를 선택하고, 이 노드에서 거리가 가장 짧은 노드를 선택하여 연결한다.

[단계 3] 연결되지 않은 노드 연결

- [단계 2]의 연결된 경로와 가까운 거리에 있는 연결되지 않은 노드를 연결한다.

[단계 4] 반복연결

- 모든 노드가 연결될 때까지 [단계 2]의 과정을 반복한다.

[단계 5] 최적해의 도출

예제 8-3

다음 네트워크모형에 대하여 최소걸침나무문제를 이용하여 모든 노드 사이의 거리를 최소로 연결해주는 경로를 결정하라.

출 발	도 착	거리(km)
도시 1	2	3
	3	5
도시 2	3	4
	4	4
	5	5
도시 3	4	7
	5	6
도시 4	5	2
	6	6
도시 5	6	3

풀이

1) 네트워크모형으로 작성

위의 표를 네트워크로 나타내면, 다음과 같다.

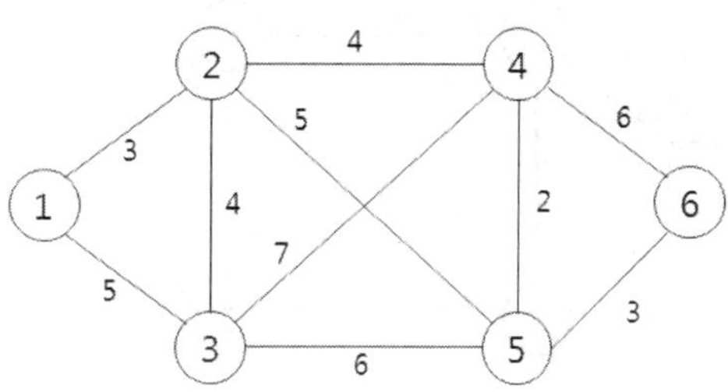

2) 임의의 노드 선택 및 연결

임의의 노드를 선택하고, 이 노드에서 거리가 가장 짧은 노드를 선택하여 연결한다. 이 문제에서는 임의의 노드 ③을 선택하고, 연결되는 노드 가운데 거리가 짧은 노드 ②를 선택하여 연결한다.

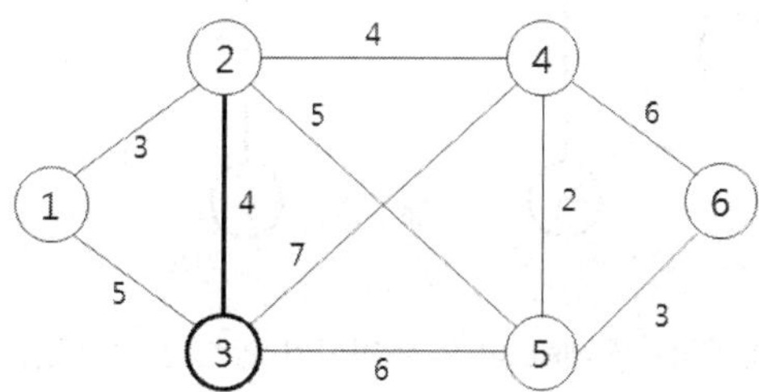

3) 연결되지 않은 노드 연결

연결된 가지와 가까운 거리에 있는 연결되지 않은 노드를 연결한다. 연결된 경로 ③-②에서 거리가 가장 가까운 노드 ①을 선택하여 연결한다.

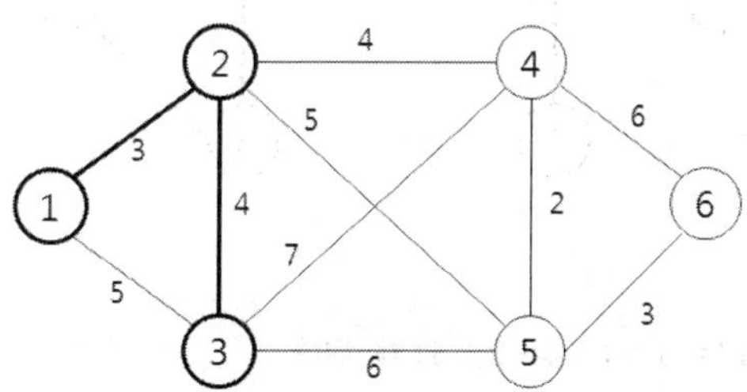

4) 반복연결

a. 모든 노드가 연결될 때까지 [단계 3]을 되풀이한다. 연결된 경로 ①-②-③에서 거리가 가장 가까운 노드 ④를 선택하여 연결한다.

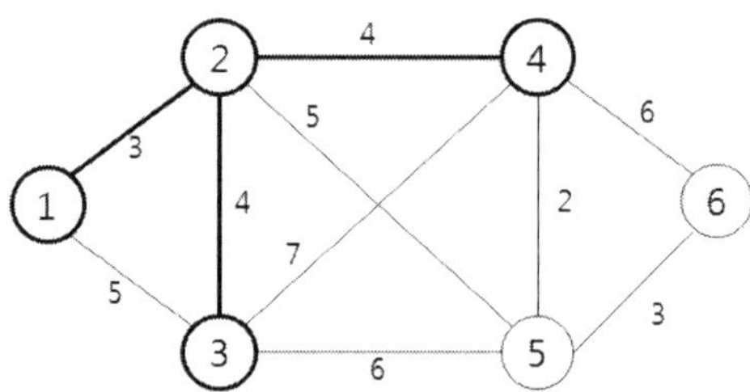

b. 연결된 경로 ①-②-③, ②-④에서 아직 연결되지 않은 노드 가운데 거리가 가장 가까운 노드 ⑤를 선택하여 연결한다.

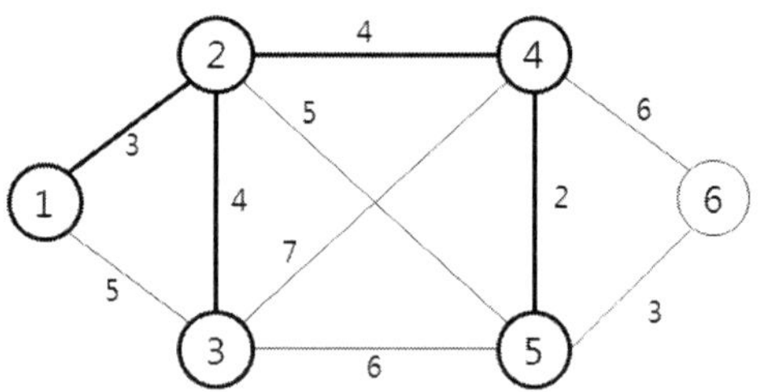

c. 연결된 경로 ①-②-③, ②-④-⑤에서 아직 연결되지 않은 노드 ⑥을 연결한다. 이때, ④와 ⑤ 가운데 거리가 짧은 ⑤에서 연결시킨다.

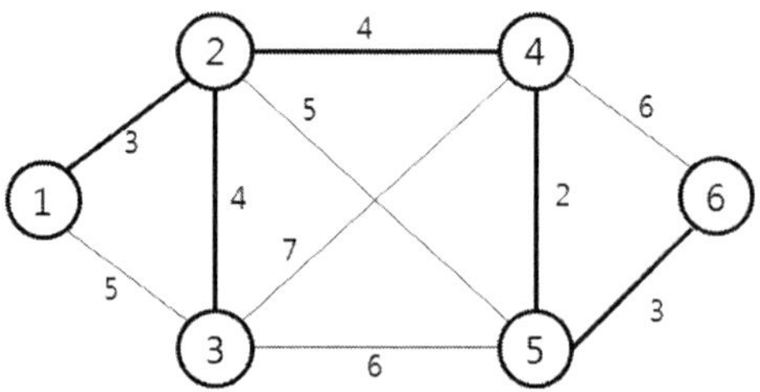

5) 최적해의 도출

따라서 전체거리는 16km(=3+4+4+2+3)가 된다.

예제 8-4

전국 주요 도시에 그 지역의 모든 기업들이 한 곳에서 업무를 할 수 있는 50층 규모의 대규모 빌딩이 세워진다. 이에 K항공은 비지니스맨들이 빠른 시간 내에 전국 주요 도시를 경유하는 항공 서비스를 준비 중이다. 모든 경로를 연결하는 최단경로를 결정하라.

출발	도착	거리 (km)
도시(1)	(2)	35
	(3)	45
	(4)	50
도시(2)	(3)	25
	(5)	50
	(6)	25
도시(3)	(6)	40
	(7)	25
도시(4)	(7)	30
도시(5)	(8)	65
도시(6)	(7)	35
	(8)	60
도시(7)	(8)	50

풀이

1) 네트워크모형으로 작성

위의 표를 네트워크로 나타내면, 다음과 같다.

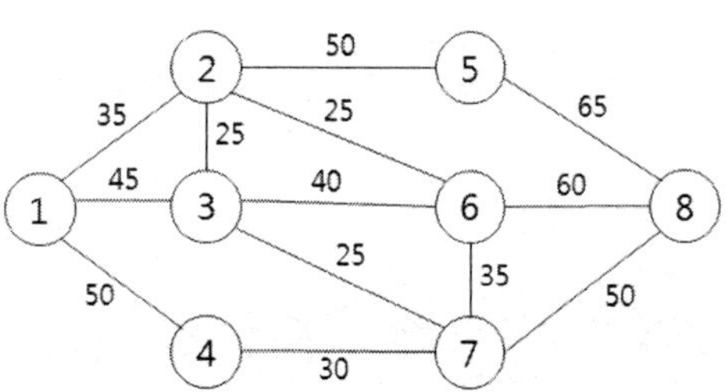

2) 임의의 노드 선택 및 연결

임의의 노드 ③을 선택한 다음, 노드 ③과 거리가 짧은 노드 ②, 그리고 ⑦을 서로 연결한다.

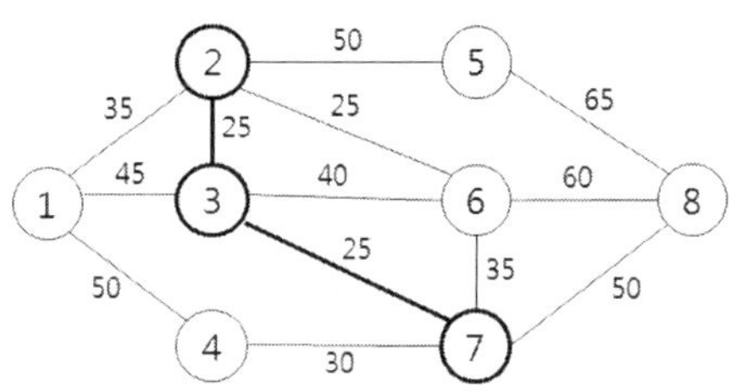

3) 연결되지 않은 노드 연결

연결된 노드 ②-③-⑦과 가장 가까운 거리의 노드 ②-⑥을 연결한다.

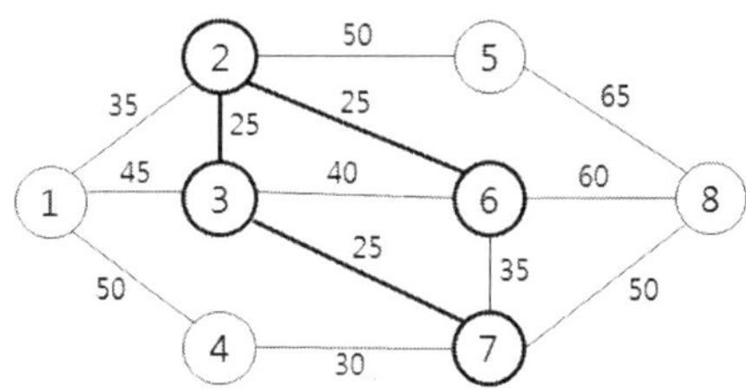

4) 반복연결

연결된 노드 ⑥-②-③-⑦과 가장 가까운 거리의 노드 ④-⑦을 연결한다.

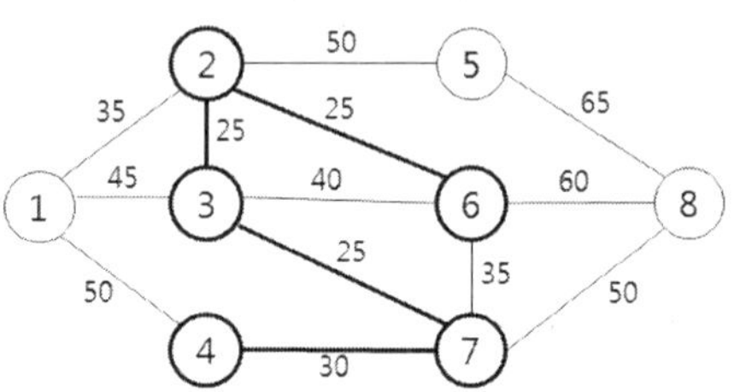

연결된 노드 ⑥-②-③-⑦-④와 가장 가까운 거리의 노드 ②-①을 연결한다.

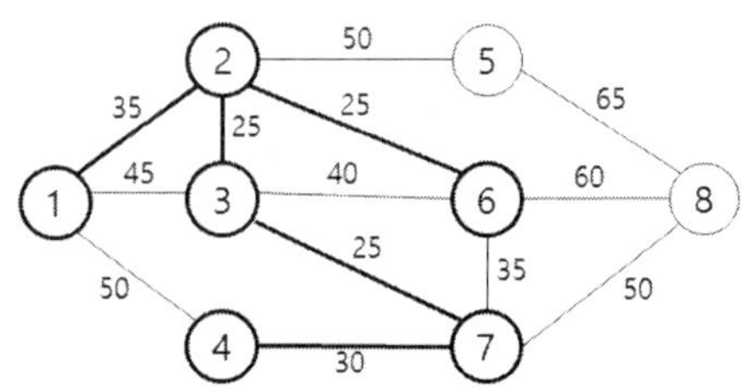

연결된 노드 ⑥-②-③-⑦-④, 노드 ②-①과 아직 연결되지 않은 가까운 거리의 노드 ②-⑤, ⑦-⑧을 연결한다.

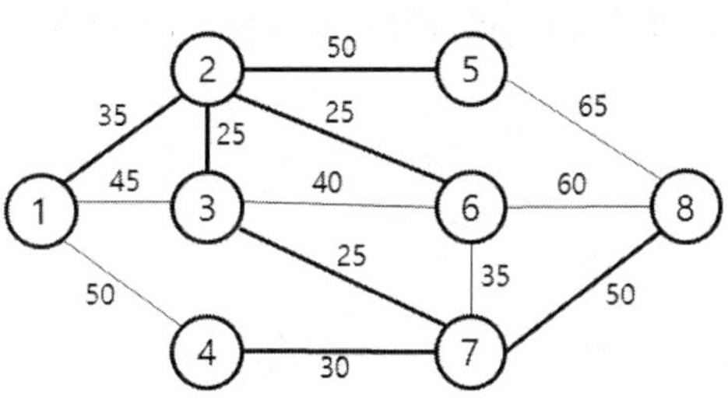

5) 최적해의 도출

따라서 전체 거리는 240km(=35+25+25+25+30+50+50)가 된다.

4 최대흐름문제

최대흐름문제(maximal flow problem)는 각 가지에 통과할 수 있는 흐름의 용량이 제한되어 있을 때, 네트워크상의 시작에서 종료까지 이동하는 흐름의 양을 최대로 하는 문제이다. 여기서 흐름의 내용물은 원유, 식수, 가스 등과 같은 유동체나 교통량, 정보량, 통신량 등이 있으며, 최대흐름문제는 교통흐름 분석문제, 송유관 설계문제 등에 이용된다.

최대흐름문제에 의한 네트워크모형의 풀이과정을 설명하면, 다음과 같다.

[단계 1] 네트워크모형으로 작성

[단계 2] 특정 경로의 최대흐름용량 계산

① 네트워크상의 시작에서 종료까지 임의의 경로를 선택하여, 그 경로의 최대흐름용량 값을 구한다.

② 구간 경로의 최대흐름용량 값만큼 경로 내 각 가지(진입 활동)의 용량을 시작점에서 감소시키고, 종료점에는 감소시킨 양만큼 증가시킨다.

[단계 3] 반복연산

- 가지의 시작점을 구성하는 활동들이 더 이상의 진입이 불가능할 때까지 [단계 2]의 과정을 반복한다.

[단계 4] 최적해의 도출

예제 8-5

다음 네트워크모형에 대하여 최대흐름문제를 이용하여 시작점에서 종료점까지 이동하는 차량 흐름의 양을 최대로 하는 경로를 결정하라.

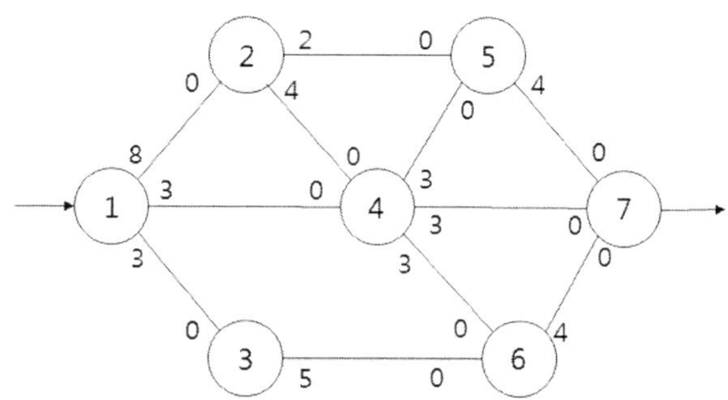

풀이

1) 특정 경로의 최대흐름용량 계산

경로 ① → ② → ⑤ → ⑦의 진입가능용량이 ② → ⑤의 2이므로, 이 경로에 2를 통과시킨다. 통과경로상의 가지 ① → ②, ② → ⑤, ⑤ → ⑦의 시작점에서 흐름용량 2를 빼고, 종료점에 2를 더한다.

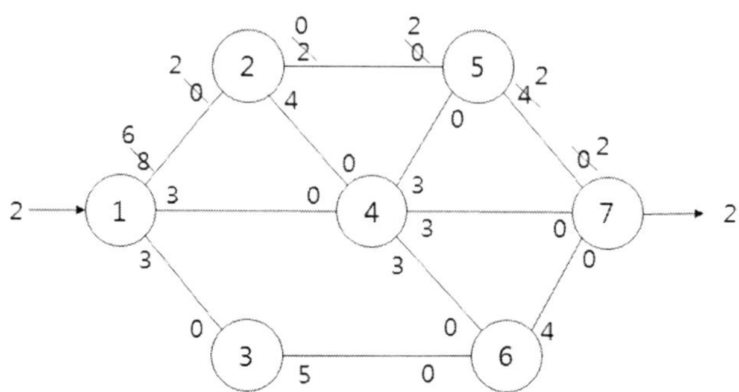

2) 반복연산

a. 다시 경로 ① → ④ → ⑦의 진입가능용량이 3이므로, 이 경로에 3을 통과시킨다. 통과경로상의 가지 ① → ④, ④ → ⑦의 값은 시작점에서 3을 빼고, 종료점에 3을 더한다.

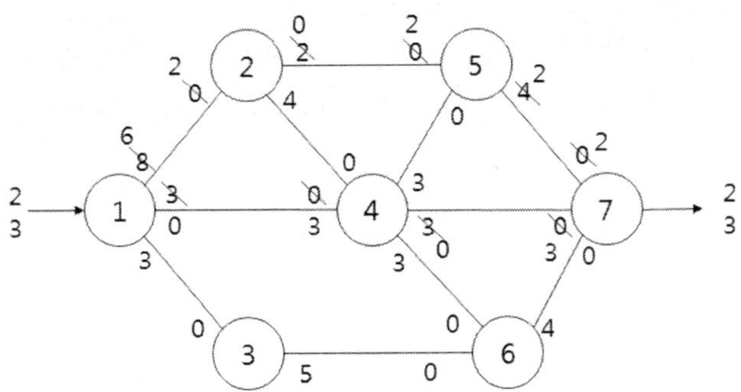

b. 경로 ① → ③ → ⑥ → ⑦의 진입가능용량이 3이므로, 이 경로에 3을 통과시킨다. 통과경로상의 가지 ① → ③, ③ → ⑥, ⑥ → ⑦의 값은 시작점에서 3을 빼고, 종료점에 3을 더한다.

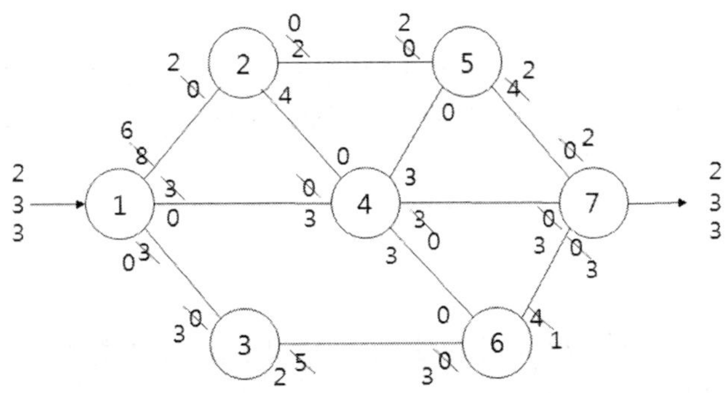

c. 경로 ① → ③, ① → ④의 진입가능용량이 0이므로 ① → ②의 경로를 탐색한다. 경로 ① → ② → ④ → ⑤ → ⑦의 진입가능용량이 2이므로, 이 경로에 2를 통과시킨다. 통과경로상의 가지 ① → ②, ② → ④, ④ → ⑤, ⑤ → ⑦의 값은 시작점에서 2를 빼고, 종료점에 2를 더한다.

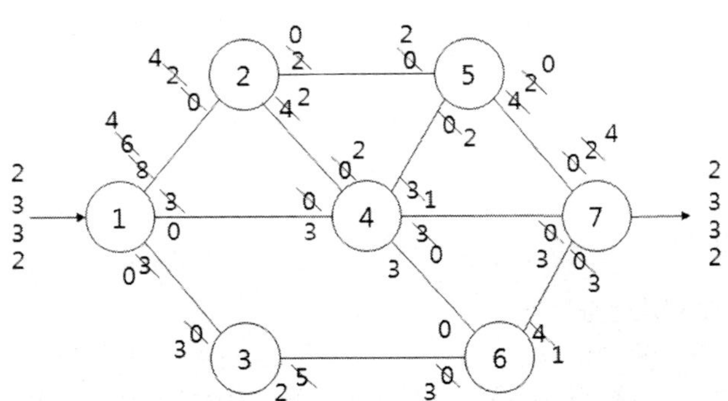

d. 진입가능용량이 남아 있는 경로를 탐색하면, 경로 ① → ② → ④ → ⑥ → ⑦의 진입가능용량이 1이므로, 이 경로에 1을 통과시킨다. 통과경로상의 가지 ① → ②, ② → ④, ④ → ⑥, ⑥ → ⑦의 값은 시작점에서 1을 빼고, 종료점에 1을 더한다.

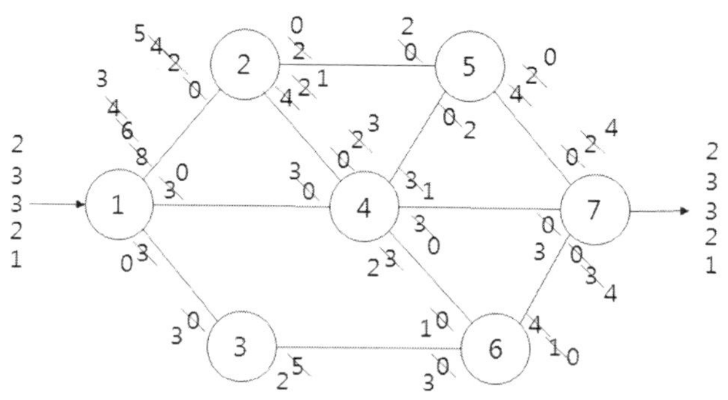

3) 최적해의 도출

경로 ① → ③, ① → ④, ② → ⑤, ④ → ⑦, ⑤ → ⑦, ⑥ → ⑦의 진입가능용량이 모두 0이므로 더 이상의 개선방법이 없다. 따라서 최대용량은 11대(= 2 + 3 + 3 + 2 + 1)가 된다.

예제 8-6

고속도로 네트워크 시스템이 다음과 같이 주어졌을 때 차량의 시간당 최대흐름을 결정하라. (단위 : 100대)

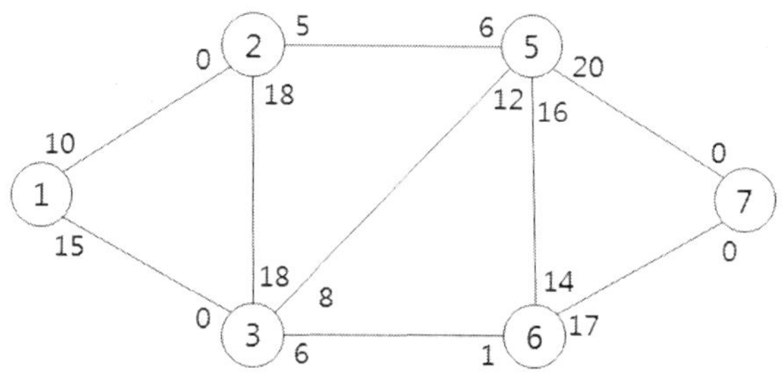

풀이

1) 특정 경로의 최대흐름용량 계산

경로 ① → ②를 통하여 경로 ① → ② → ⑤ → ⑦로 5단위의 차량이 이동할 수 있다. 통과경로상의 가지 ① → ②, ② → ⑤, ⑤ → ⑦의 값은 시작점에서 5를 빼고, 종료점에 5를 더한다.

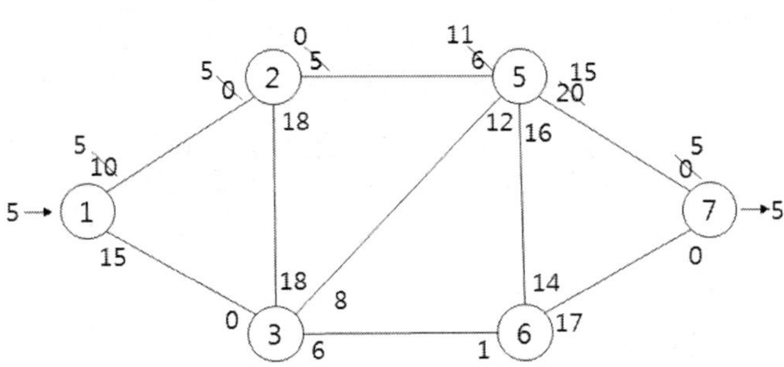

2) 반복연산

a. 경로 ① → ②를 통하여 경로 ① → ② → ③ → ⑤ → ⑦로 5단위의 차량이 이동할 수 있다. 통과경로상의 가지 ① → ②, ② → ③, ③ → ⑤, ⑤ → ⑦의 값은 시작점에서 5를 빼고, 종료점에 5를 더한다.

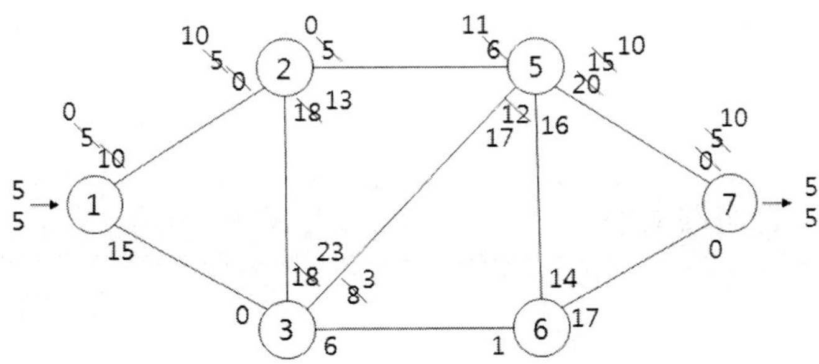

b. 경로 ① → ③을 통하여 경로 ① → ③ → ⑤ → ⑦로 3단위의 차량이 이동할 수 있다. 통과경로상의 가지 ① → ③, ③ → ⑤, ⑤ → ⑦의 값은 시작점에서 3을 빼고, 종료점에 3을 더한다.

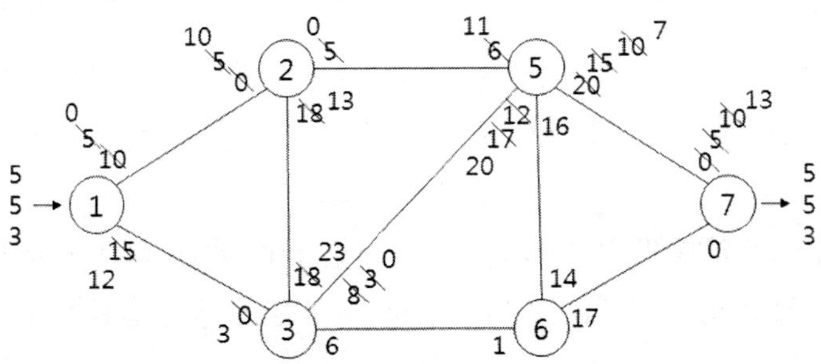

c. 경로 ① → ③을 통하여 경로 ① → ③ → ⑥ → ⑦로 6단위의 차량이 이동할 수 있다. 그러므로 통과경로상의 가지 ① → ③, ③ → ⑥, ⑥ → ⑦의 값은 시작점에서 6을 빼고, 종료점에 6을 더한다.

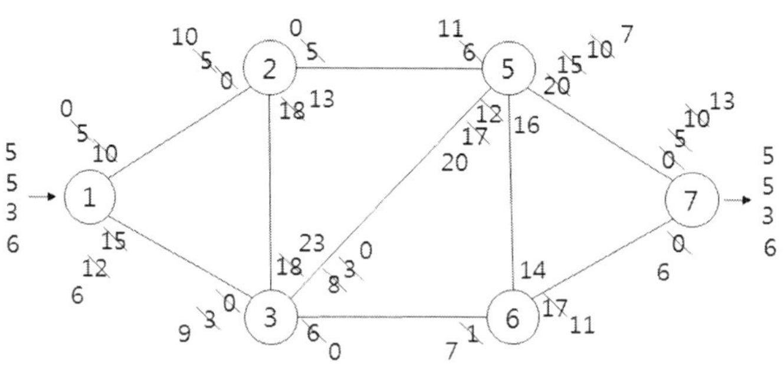

3) 최적해의 도출

경로 ① → ②, ② → ⑤, ③ → ⑤, ③ → ⑥의 진입가능용량이 모두 0이므로 더 이상의 개선방법이 없다. 따라서 시간당 차량의 최대흐름용량은 1,900대(=500+500+300+600)이다.

제2절 동적계획법

1 의의

동적계획법(Dynamic Programming; DP)은 1950년대 벨만(R. Bellman)에 의하여 개발되었으며, 복잡한 다단계 최적화문제에서 일반적인 해법이 개발되지 않은 경우에 적용하는 기법이다. 즉, 매우 복잡한 수리적 문제를 풀기 쉽게 여러 개의 작은 부분문제로 분해하여 이들 부분문제를 차례로 풀어나감으로서 결국 큰 문제에 대한 최적해를 구하는 접근방법이다. 이때, 작은 부분문제를 단계(stage)라고 한다.

그러므로 동적계획법의 기본요소는 단계(stage)와 상태(state)이며, 단계는 작은 부분문제로 의사결정의 기본단위이고, 상태는 각 단계의 연결관계를 표현하기 위해 필요하다.

그러나 동적계획문제도 선형계획모형처럼 목적함수와 제약조건을 가지고 있지만, 이들 함수의 형태는 문제에 따라 일정하지 않으므로 최적해를 구하는 방법이나 절차도 일정하지 않다는 것이 단점이다.

동적계획법은 생산계획문제, 마케팅문제, 자본예산문제, 재고관리, 설비관리, 최단경로문제 등 여러 분야의 다단계 의사결정문제에 널리 적용되고 있다.

2 동적계획법의 장단점

1) 동적계획법의 장점

① 다양한 문제에 대해서 적용이 가능하다.

② 최적성 원리(principle of optimality)가 만족되는 문제라면 모두 동적계획법(DP)을 이용하여 해를 구할 수 있으므로, 최적해를 찾기 위한 문제의 일반적인 해법으로 활용될 수 있다.

2) 동적계획법의 단점

① 일반적인 모형화 기법이 없고, 함수의 형태도 문제에 따라 일정하지 않으므로 최적해를 구하는 방법이나 절차도 일정하지 않다.

② 단계와 상태 수의 증가에 따라 최적해를 찾기 위한 시간도 크게 증가한다.

3 풀이방법

각 의사결정단계는 시스템의 현 상태에 대한 정보의 흐름이 좌측에서 우측으로 연결되어 있다. 이와 같이 의사결정의 방향이 좌측으로 우측으로 흐르는 방법을 전방접근법(forward approach)이라고 하며, 반대로 의사결정의 방향이 우측에서 좌측으로 흐르는 방법을 후방접근법(backward approach)이라고 한다.

① **열거법** : 모든 가능한 대안들과 그에 따른 총보상(total return)을 열거하여, 그 중에서 최적의 대안을 선택하는 방법이다.

② **후방접근법** : 의사결정의 방향이 우측에서 좌측으로 흐르는 방법으로, 동적계획법에서 일반적으로 많이 사용된다.

③ **전방접근법** : 의사결정의 방향이 좌측에서 우측으로 흐르는 방법이다.

이 방법들 가운데 어떤 방법을 사용하든 결과는 동일하며, 여기서는 후방접근법을 중심으로 다루도록 하자.

후방접근법의 풀이방법은 우측(최종 단계)에서부터 시작하여 좌측(최초 단계)으로 후진하면서 여러 개의 작은 단계로 분해하고, 각 단계의 문제에 대한 최적 결정을 차례로 구함으로써, 결국 원래의 복잡한 문제에 대한 최적해를 구하는 방법이다. 이 경우, 특정 단계에서의 의사결정은 다음 단계의 의사결정에 영향을 미치므로 각 단계의 상호연관성, 즉 상태가 항상 고려되어야 한다. 단계별로 설명하면 다음과 같다.

[단계 1] 단계로 구분

- 주어진 문제를 몇 개의 단계(부분문제)로 나눈다.

[단계 2] 최적방침에 의한 해의 결정

- 해를 구하는 절차는 맨 우측의 단계부터 최적방침을 찾는다.

[단계 3] 단계의 이동

- [단계 2]의 최적방침이 결정되면, 좌측으로 한 단계씩 옮겨간다. 현 상태의 정보는 이전 행동에 관한 모든 자료를 제공해주므로, 최적성을 만족하면서 각 단계에 대한 최적 결정을 한다.

본 장에서는 동적계획법이 최단경로문제에서 어떻게 응용되는지 후방접근법을 이용하여 살펴보도록 하자.

예제 8-7

K씨는 도시 A에서 도시 H로 가고자 한다. 다음 그림에 각 도시에서 다른 도시로의 이동 경로와 그에 따른 비용이 나타나 있다. K씨가 최소비용으로 도시 A에서 도시 J로 가는 경로를 결정하라.

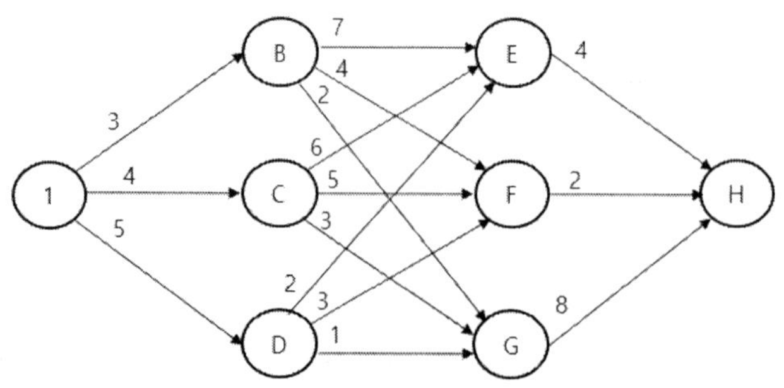

풀이

1) 단계로 구분

이 예제는 3단계의 부분문제로 분해할 수 있다. [단계 1]은 마디 Ⓔ, Ⓕ, Ⓖ에서 시작하여 마디 Ⓗ에서 끝난다. 즉, [단계 1]의 입력마디는 Ⓔ, Ⓕ, Ⓖ이며, 출력마디는 Ⓗ이다.

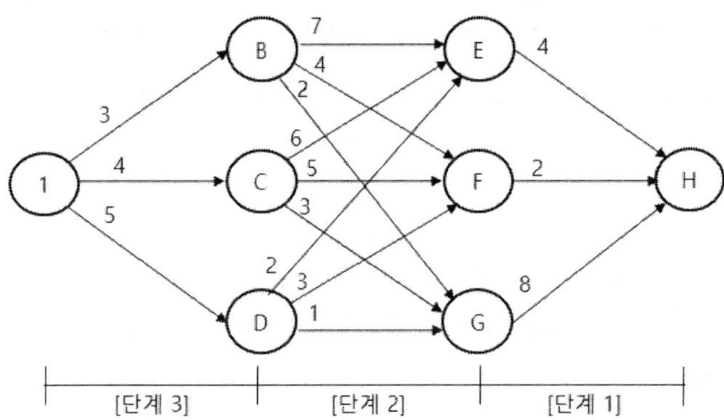

2) 최적방침에 의한 해의 결정

[단계 1] Ⓔ, Ⓕ, Ⓖ이며, 출력마디는 Ⓗ이다.

상태	경로	Ⓗ까지의		최적대안
		거리	총거리	
Ⓔ	Ⓔ → Ⓗ	4	4	Ⓔ → Ⓗ
Ⓕ	Ⓕ → Ⓗ	2	2	Ⓕ → Ⓗ
Ⓖ	Ⓖ → Ⓗ	8	8	Ⓖ → Ⓗ

[단계 2]

상태	경로	단계 1까지 거리	단계 1에서 Ⓗ까지 거리	Ⓗ까지의 총거리	최적대안
Ⓑ	Ⓑ → Ⓔ	7	4	11	
	Ⓑ → Ⓕ	4	2	6	*
	Ⓑ → Ⓖ	2	8	10	
Ⓒ	Ⓒ → Ⓔ	6	4	10	
	Ⓒ → Ⓕ	5	2	7	*
	Ⓒ → Ⓖ	3	8	11	
Ⓓ	Ⓓ → Ⓔ	2	4	6	
	Ⓓ → Ⓕ	3	2	5	*
	Ⓓ → Ⓖ	1	8	9	

[단계 3]

상태	경로	단계 2까지 거리	단계 2에서 Ⓗ까지 거리	Ⓗ까지의 총거리	최적대안
Ⓐ	Ⓐ → Ⓑ	3	6	9	*
	Ⓐ → Ⓒ	4	7	11	
	Ⓐ → Ⓓ	5	5	10	

동적계획법에 의한 최단경로는 Ⓐ → Ⓓ → Ⓗ → Ⓙ이며, 이때의 총거리는 9가 된다.

예제 8-8

판원 S는 지점 ①에서 지점 ⑩까지의 최단경로를 모색하고 있다. 동적계획법을 이용하여 최단경로문제를 풀이하라.

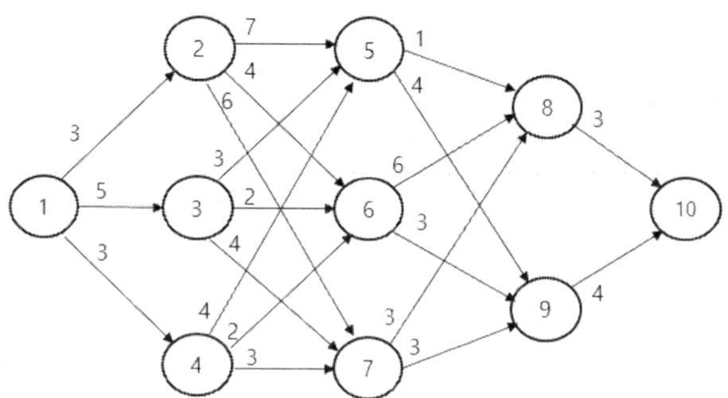

풀이

이 예제는 4단계의 부분문제로 분해할 수 있다. [단계 1]은 마디 ⑧과 ⑨에서 시작하여 마디 ⑩에서 끝난다. 즉, [단계 1]의 입력마디는 ⑧과 ⑨이며, 출력마디는 ⑩이다.

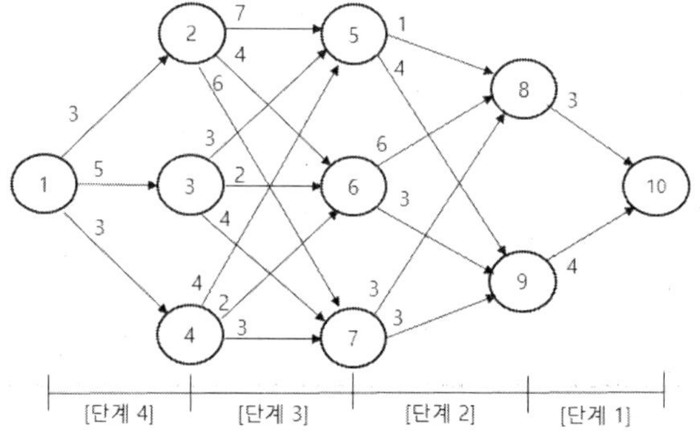

[단계 1]

상태	경로	⑩까지의		최적대안
		거리	총거리	
⑧	⑧ → ⑩	3	3	⑧ → ⑩
⑨	⑨ → ⑩	4	4	⑨ → ⑩

[단계 2]

상태	경로	단계 1까지 거리	단계 1에서 ⑩까지 거리	⑩까지의 총거리	최적대안
⑤	⑤ → ⑧	1	3	4	*
	⑤ → ⑨	4	4	8	
⑥	⑥ → ⑧	6	3	9	
	⑥ → ⑨	3	4	7	*
⑦	⑦ → ⑧	3	3	6	*
	⑦ → ⑨	3	4	7	

[단계 3]

상태	경로	단계 2까지 거리	단계 2에서 ⑩까지 거리	⑩까지의 총거리	최적대안
②	② → ⑤	7	4	11	*
	② → ⑥	5	7	12	
	② → ⑦	6	6	12	
③	③ → ⑤	3	4	7	*
	③ → ⑥	2	7	9	
	③ → ⑦	4	6	10	
④	④ → ⑤	4	4	8	*
	④ → ⑥	2	7	9	
	④ → ⑦	5	6	11	

[단계 4]

상태	경로	단계 3까지 거리	단계 3에서 ⑩까지 거리	⑩까지의 총거리	최적대안
①	① → ②	2	11	13	
	① → ③	5	7	12	
	① → ④	3	8	11	*

동적계획법에 의한 최단경로는 ① → ④ → ⑤ → ⑧ → ⑩이며, 이때의 총거리는 11이 된다.

연습문제

8.1 네트워크모형의 주요 형태를 열거하고, 간단히 예를 들어 설명하라.

8.2 동적계획법의 의의를 설명하라.

8.3 동적계획법의 장점과 단점을 설명하라.

8.4 다음 네트워크모형에 대하여 후방귀납법을 이용하여 최단경로를 결정하라.

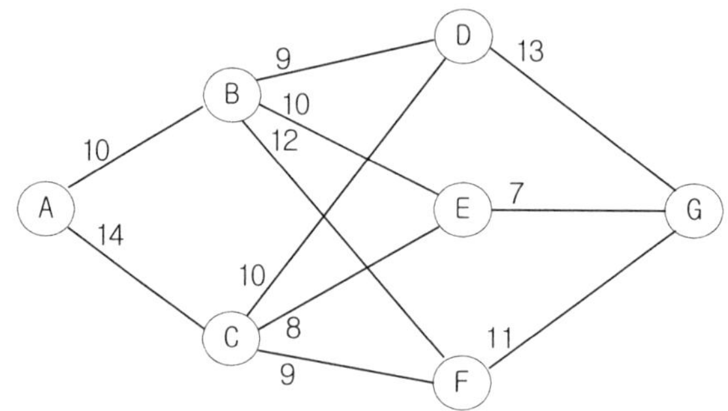

8.5 P사는 이동시간을 최소화하기 위해 가장 짧은 경로를 통하여 물건을 운반하고자 한다. 다음은 주요 지점간의 거리를 표시한 것이다. 후방귀납법을 이용하여 최단경로를 결정하라.

출발	도착	거리(㎞)
지점 1	지점 2	40
	지점 3	45
지점 2	지점 4	50
	지점 5	60
지점 3	지점 4	40
	지점 5	35
지점 4	지점 6	45
	지점 7	55
지점 5	지점 6	35
	지점 7	50
지점 6	지점 8	65
지점 7	지점 8	60

8.6 다음 네트워크모형의 최단경로를 후방귀납법을 이용하여 결정하라.

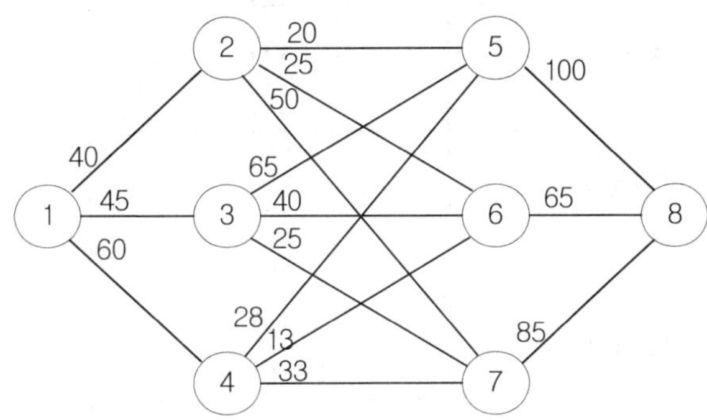

8.7 다음 네트워크모형에 대하여 최소걸침나무문제를 이용하여 모든 노드 사이의 거리를 최소로 연결해주는 경로를 찾아라.

출 발	도 착	거리(km)
도시 1	2	40
	3	50
	4	95
도시 2	3	74
	5	86
도시 3	4	100
	5	20
	6	35
도시 4	6	55
도시 5	6	80
	7	75
도시 6	7	90

8.8 전국 10대 도시에는 그 지역의 모든 기업들이 한 곳에서 업무거래를 할 수 있는 대규모 오피스 빌딩이 50층 규모로 세워진다. 이에 발맞춰 M항공은 비지니스맨들이 빠른 시간 내에 전국 10대 도시를 모두 경유하여 업무의 신속성과 효율성을 도모할 수 있는 항공 서비스를 준비 중이다. 모든 경로를 연결하는 최단경로를 결정하라.

출발	도착	거리 (km)
도시(1)	(2)	50
	(3)	60
	(4)	73
도시(2)	(3)	25
	(5)	48
도시(3)	(4)	40
	(5)	58
	(6)	56
	(7)	43
도시(4)	(7)	54
도시(5)	(6)	44
	(8)	43
도시(6)	(7)	42
	(8)	51
	(9)	45
도시(7)	(9)	38
도시(8)	(9)	30
	(10)	49
도시(9)	(10)	43

8.9 다음 네트워크모형에 대하여 최대흐름문제를 이용하여 네트워크상의 시작점에서 종료점까지 이동하는 흐름의 양을 최대로 하는 경로를 찾아라.

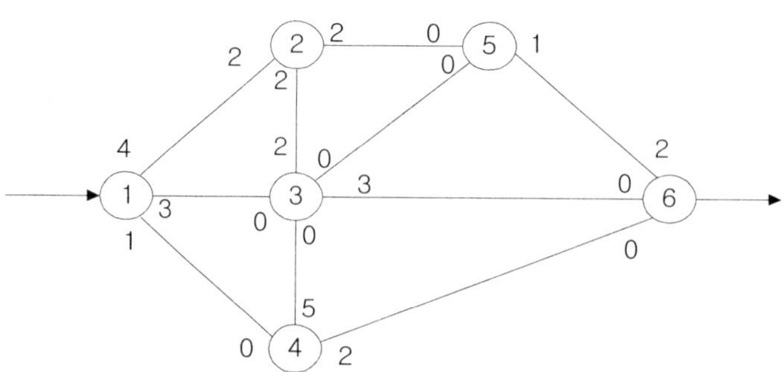

8.10 고속도로 네트워크 시스템이 다음과 같이 주어졌을 때 차량의 시간당 최대흐름을 결정하라. (단위 : 100대)

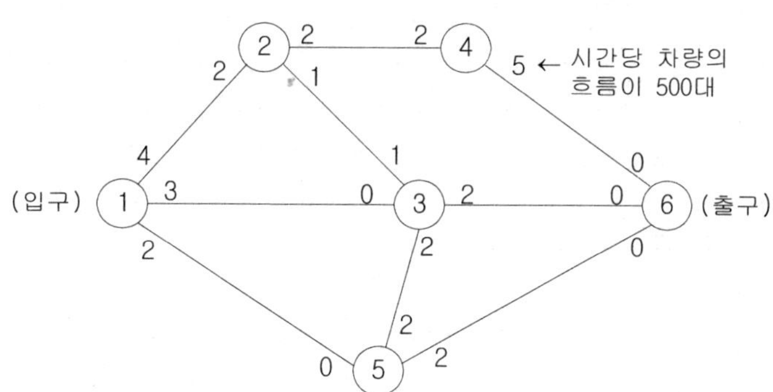

8.11 K사는 물품의 신선도를 유지하여 도착지까지 운반하기 위한 최단거리를 찾고 있다. 최단경로를 결정하라.

출발	도착	거리(㎞)
도시 1	2	20
	3	35
	4	47
도시 2	5	53
	6	62
도시 3	5	80
	6	54
도시 4	5	87
	6	76
도시 5	7	80
도시 6	7	49

8.12 다음은 각 도시마다의 거리를 표시한 도표이다. 최소걸침나무문제를 이용하여 최단경로를 찾아라.

출발	도착	거리(㎞)
도시 1	2	10
	3	20
	4	30
도시 2	3	40
	5	30

출발	도착	거리(㎞)
도시 3	4	20
	5	50
	6	30
도시 4	6	40
도시 5	6	60
	7	40
도시 6	7	30

8.13 K사는 물품의 신선도를 유지하여 도착지까지 운반하기 위해 최단거리를 찾고 있다. 최단경로를 결정하라.

출발	도착	거리(㎞)
도시 1	2	30
	3	45
	4	47
도시 2	5	53
	6	42
도시 3	5	60
	6	54
도시 4	5	81
	6	76
도시 5	7	60
도시 6	7	49

8.14 김기자는 서울에서 방콕까지 여행을 하고자 한다. 방콕에 갈 수 있는 여러 경로 가운데 동적계획법을 이용하여 최단비행경로를 결정하라.

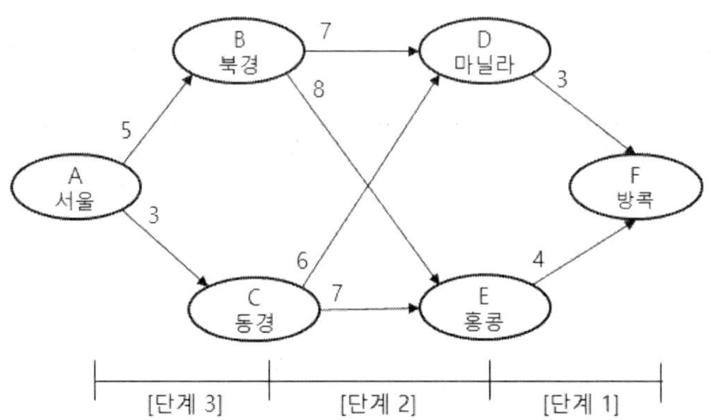

8.15 K씨는 지점 1에서 지점 10까지 이동하려고 한다. 동적계획법을 이용하여 최단경로를 결정하라.

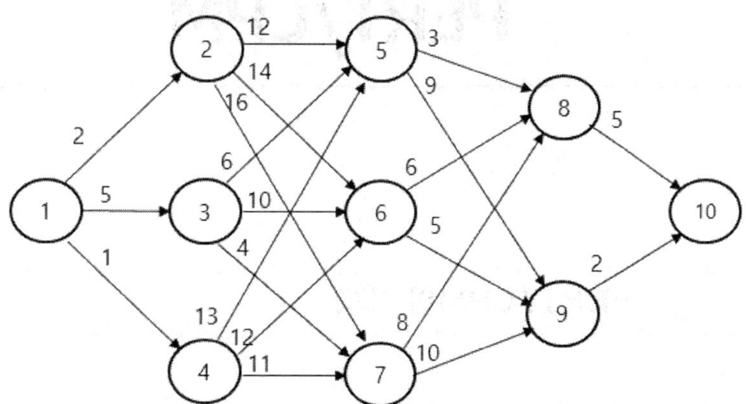

제 9 장 PERT/CPM

제1절 PERT/CPM의 개념

1 의의

간트차트(Gantt chart)는 단순한 프로젝트의 계획수립 및 통제에는 유용하게 이용되었으나, 대규모 프로젝트에 적용하기에는 많은 문제점과 한계들을 지니고 있다. 특히, 건설사업과 같은 대규모 프로젝트들은 대부분 상호관련된 수많은 작업들로 구성되어 있으며, 그 구성이 복잡하여 올바른 작업 진행방법을 파악하는 것조차 어렵다.

PERT(Program Evaluation & Review Technique)는 미해군의 폴라리스 무기시스템의 종합계획관리를 목적으로 미해군과 록히드 항공사가 공동으로 개발하였다. 이 기법은 프로젝트 내의 각 활동들의 시간추정에는 확률적인 모형을 사용하고 있으며, 사건(event)중심의 시스템을 채택하여 주로 최단시간의 목표달성을 목적으로 하는 것으로, 1958년 9월 발사된 폴라리스 유도탄개발에 적용시킨 결과, 그 가치를 인정받게 되었다.

CPM(Critical Path Method)은 1957년 미국 Dupont회사의 워커(M. R. Walker)와 랜드 유니백 사업부(the UNIVAC division of Remington Rand)의 켈리(J. E. Kelly)가 중심이 되어 공장건설 및 설비보전에 소요되는 자원의 효율을 향상하는데 주안점을 두고 개발한 기법이다. 그러므로 CPM은 과거의 충분한 실전자료나 경험을 가진 프로젝트에 사용되었다. 따라서 시간추정에 있어 확정적인 모형을 사용하고 있으며, 활동(activity)중심의 시스템으로 목표기일의 단축과 비용의 최소화라는 두 가지 목적을 위하여 이용한다.

이 두 기법은 처음에는 각기 다른 목적으로 개발되었으나 이들의 구분이 의미가 없어지고, PERT/CPM 또는 PERT라고 부른다.

미국의 경우, 정부에서 발주하는 거의 모든 건설공사의 입찰시에 PERT에 의한 분석결과의 제시를 요구하기 때문에 건설업계에서는 PERT/CPM기법이 필수적인 관리기법으로 활용되고 있다.

우리나라에서는 1966년부터 최초로 PERT/CPM기법이 소개되었으며, 광주비행장 활주로공사, 조선호텔 건설공사 및 경부고속도로 건설사업 등에 적용되었다. 최근에는 우리나라에서도 거의 모든 대형공사에는 PERT/CPM의 분석을 적용하고 있다.

따라서 어떤 프로젝트에서나 시간과 비용 그리고 자원의 세 가지 주요 요소를 고려해야 하며, 이 세 가지 요소를 결합적으로 다루기 위하여 개발된 것이 바로 PERT/CPM기법이다. PERT/CPM이 적용되는 프로젝트는 다음의 특징을 내포하고 있다.

① 프로젝트 종결이 명확히 규정된 작업이 있어야 한다.
② 작업은 주어진 순서에 따라 개별적으로 시작, 진행 그리고 종결될 수 있도록 독립적이어야 한다.
③ 모든 작업은 각기 주어진 순서에 따라 진행되어야 한다.
④ 작업이 시작된 후에는 완성까지 중단이 없어야 한다.

2 기본용어

<그림 9-1>은 단순 PERT/CPM모형을 나타낸 것으로, PERT/CPM은 사건(○)과 활동, 즉 활동(→) 및 가상활동(⋯→)을 이용하여 프로젝트를 구성하는 각 작업의 순서관계를 네트워크로 표시한다.

그리고 공사기간을 이용하여 여유시간을 계산하며, 이를 효율적으로 배분·계획하여 기업경영상 가장 이상적인 공사기간을 찾아 종합적인 공사관리를 할 수 있는 입체적인 일정계획기법이다. 그러므로 PERT/CPM에는 다음의 용어들이 사용된다.

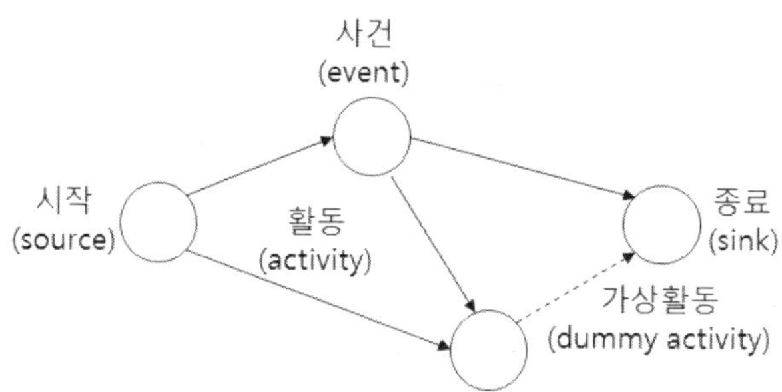

그림 9-1 ▸▸▸ 단순 PERT/CPM 모형

① 사건(event, node) : 한 활동이 끝남과 동시에 후속 활동의 착수를 나타낸다.

② 활동(activity) : 프로젝트에 필요한 요소 작업들을 의미한다.

③ 네트워크(network) : 활동과 단계를 이용하여 프로젝트를 구성하는 활동 간의 선후 및 병행관계를 그림으로 표현한 것을 말한다.

④ 주공정로(critical path) : 여유시간(slack time)이 없는 활동들을 연결한 선을 말한다.

⑤ 여유활동(slack activity) : 네트워크상에서 주공정로가 아닌 활동은 모두 여유활동이 되며, 이 활동은 여유시간의 범위 내에서는 일정이 지연되어도 전체 프로젝트의 일정에는 영향을 주지 않는다.

⑥ 가상활동(dummy activity) : 시간과 자원은 소비되지 않으나 분석상의 편의를 도모하기 위하여 도입한 활동이다.

⑦ 단계여유시간(event slack time) : 사업의 최종 완료에는 영향을 미치지 않고 단계를 지연시킬 수 있는 시간, 즉 각 활동별 여유시간을 말한다.

3 도해적 개념

PERT/CPM의 개념을 설명하기 위하여 다음의 일반적인 3가지 유형, 즉 선행활동과 후행활동, 가상활동의 개념을 이해하여야 한다.

그림 (a)는 활동 A, 활동 B, 활동 C 간의 선후관계를 보여준다. 단계 ②는 활동 A의 완료단계이며, 또한 활동 B의 시작단계이므로 활동 B를 시작하기 전에 활동 A를 반드시 마쳐야 한다는 것을 의미한다. 즉, 활동 A를 완료하기 전에는 활동 B를 시작할 수 없다. 이때, 활동 A를 활동 B의 선행활동이라 하고, 활동 B는 활동

A의 후행활동이라고 한다.

그러나 PERT/CPM에서는 활동 A가 활동 B의 선행활동이고, 활동 B는 활동 C의 선행활동이라고 하지만 활동 A는 활동 C의 선행활동이라고 하지 않는다.

그림 (b)는 간단한 형태이지만 완전한 네트워크를 나타낸 것으로, 단계 ①은 활동 A의 시작단계이며, 동시에 활동 B의 시작단계이므로 활동 A와 B는 같은 시점에 병행하여 작업할 수 있음을 의미한다. 단계 ②는 활동 A의 완료단계이고, 활동의 후행활동이 복수로 존재할 수 있음을 나타낸다. 그리고 단계 ③은 활동 E의 시작단계이므로 활동 B와 C 모두 활동 E의 선행활동으로, 특정활동의 선행활동이 복수로 존재할 수도 있다.

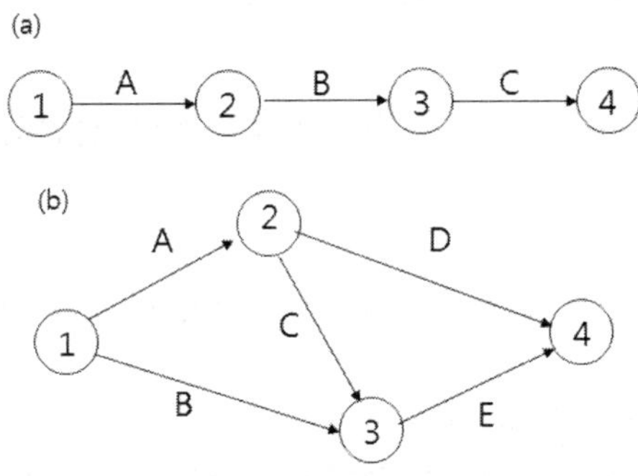

그림 9-2 ▸▸▸ 도해적 개념

가상활동(dummy activity)이란 동일한 2개 이상의 후행활동에 연결되면서 서로 다른 시간을 갖는 활동을 말한다. <그림 9-3>의 (a)는 연결원칙에 어긋나므로, (b)와 같이 시간이 많은 곳에서 적은 곳으로 가상활동을 삽입하여 문제점을 해결한다. 즉, 가상활동은 실제로 활동이 없는 곳($T=0$)을 말한다.

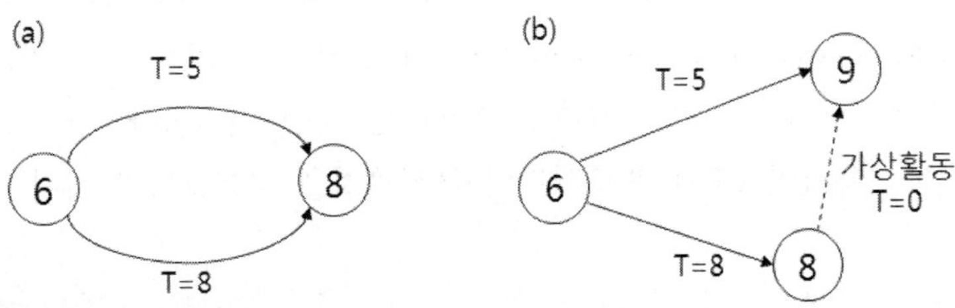

그림 9-3 ▸▸▸ 가상활동의 의미

제2절 CPM

CPM의 각 활동시간은 기대시간과 동등한 것으로 간주한다. 그리고 CPM의 주공정로도 PERT와 같이 여유시간이 0인 활동들을 연결한 것이다. 여유시간을 계산하기 위해서는 각 활동마다 4가지 시간치의 계산이 필요하다.

① 빠른 시작시간(early start time : ES) : 활동이 시작할 수 있는 가능한 가장 빠른 시간
② 빠른 완료시간(early finish time : EF) : 빠른 시작시간 + 활동완성 소요시간
③ 늦은 시작시간(late start time : LS) : 프로젝트의 지연없이 활동을 시작할 수 있는 가장 늦은 시간
④ 늦은 완료시간(late finish time : LF) : 프로젝트의 지연없이 활동을 끝마칠 수 있는 가장 늦은 시간

CPM을 이용한 프로젝트 분석과정을 정리하면, 다음과 같다.

[단계 1] CPM 네트워크모형 작성
- 작업활동(activity) 순으로 나열한 다음, 필요없는 단계와 활동들을 없애고 편리하게끔 앞에서부터 번호를 붙인다.

[단계 2] 여유시간 계산
- 각 단계별로 ES(early start time)와 LS(late start time) 또는 EF(early finish time)와 LF(late finish time)의 차이를 이용하여, 여유시간을 계산한다.

[단계 3] 주공정로의 결정
- 여유시간이 0인 활동만을 연결하여 주공정로(critical path)를 찾는다.

참고로, CPM의 ES(early start time)와 LS(late start time)는 PERT/CPM의 TE(earliest start time)와 TL(latest start time)과 같으므로, PERT/CPM에서의 여유시간 계산방법인 '$TL - TE$'를 그대로 적용하는 것이 편리하다.

다음 예제를 이용하여 CPM 프로젝트의 분석과정을 살펴보도록 하자.

예제 9-1

K기업의 재고관리는 다음과 같은 작업활동 절차에 의하여 이루어진다. CPM 프로젝트를 이용하여 전체 일정을 분석하라.

활 동	선행활동	소요시간(일)
A	–	3
B	-	3
C	-	5
D	A	3
E	B	4
F	B	7
G	C	8
H	D, E	8
I	F, G, H	6

풀이

1) CPM 네트워크모형 작성

a. 작업활동순으로 나열한다.

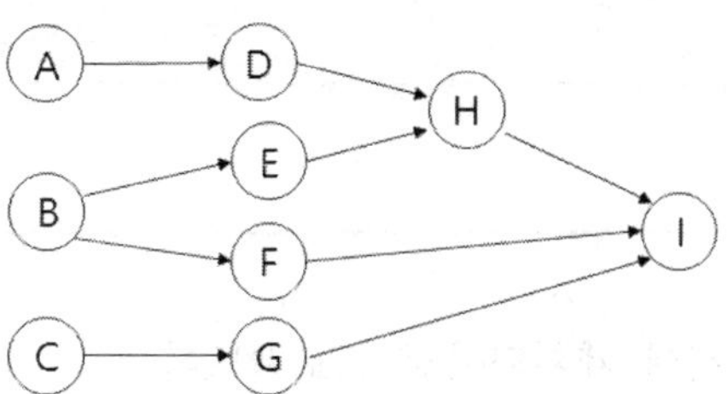

b. source와 sink를 만들고 연결한다. 그리고 각 단계의 영문자를 앞의 활동으로 이동시킨다.
c. 불필요한 단계와 활동들을 없애고, 편리하게끔 앞에서부터 번호를 붙인다.
d. 영문자와 실제 작업기간을 기록한다.

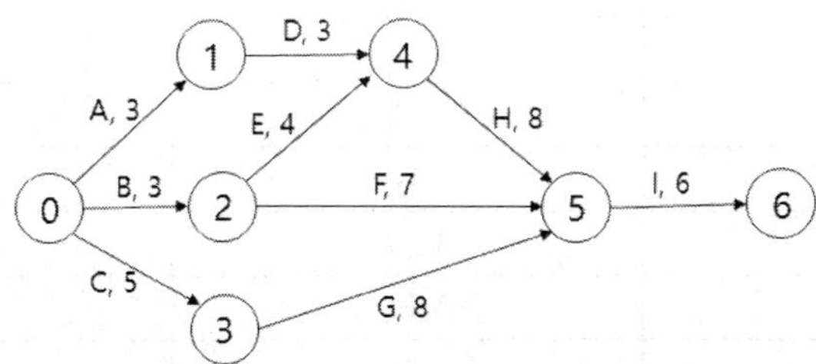

2) 여유시간 계산

주공정로를 찾기 위하여 TE, TL, ST를 계산한다. 그리고 ST = 0인 활동들을 연결한다.

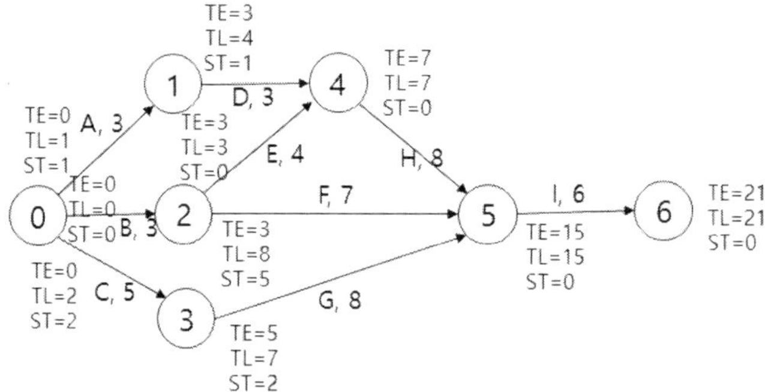

3) 주공정로의 결정

따라서 주공정로는 ⓪ → ② → ④ → ⑤ → ⑥이 되며, 21일이 소요된다.

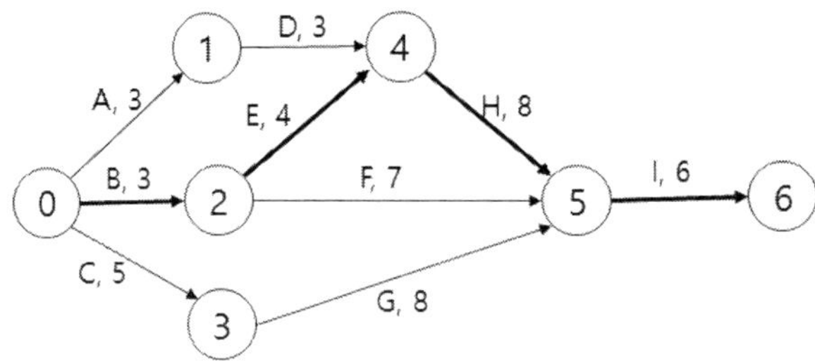

예제 9-2

다음은 CPM을 이용하여 계획되어진 프로젝트이다.

활 동	선행활동	소요시간(주)
A	–	5
B	–	4
C	A	10
D	C	9
E	C	6
F	B	6
G	F, D	14
H	E	6
I	D	12

1) 네트워크를 작성하라.
2) 주공정로를 찾아라.
3) 이 프로젝트를 완성시키기 위하여 몇 주가 소요되는가?

풀이

1) CPM 네트워크모형 작성

a. 작업활동순으로 나열한다.

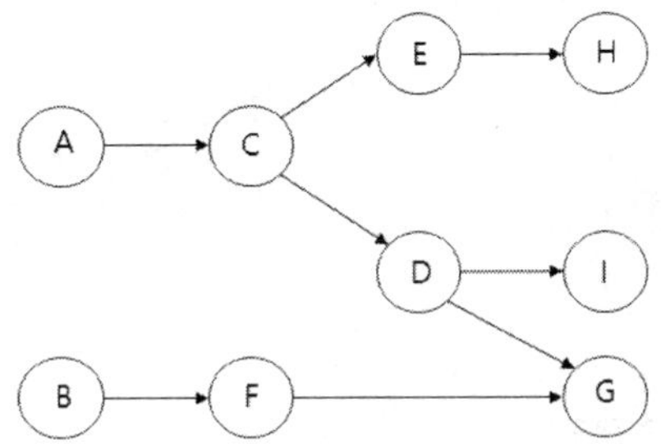

b. 시작점(source)과 종료점(sink)을 만들고, 시작점과 종료점을 네트워크와 연결한 다음, 각 사건(event)의 영문자를 앞의 활동으로 이동시킨다.

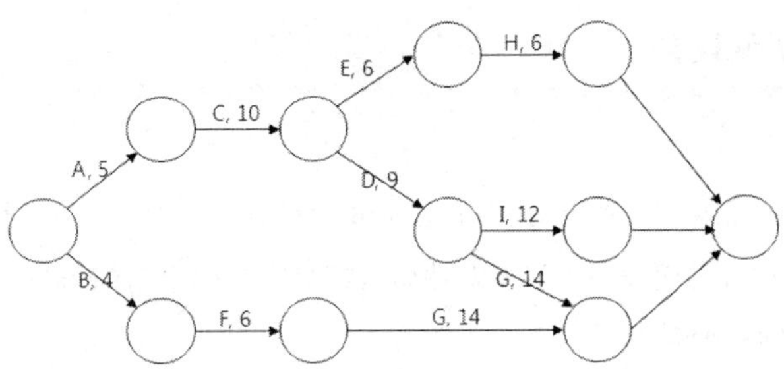

c. 불필요한 사건과 활동들을 없애고, 편리하게끔 왼쪽에서부터 번호를 붙인다.
d. 영문자와 실제 작업기간을 기록한다.

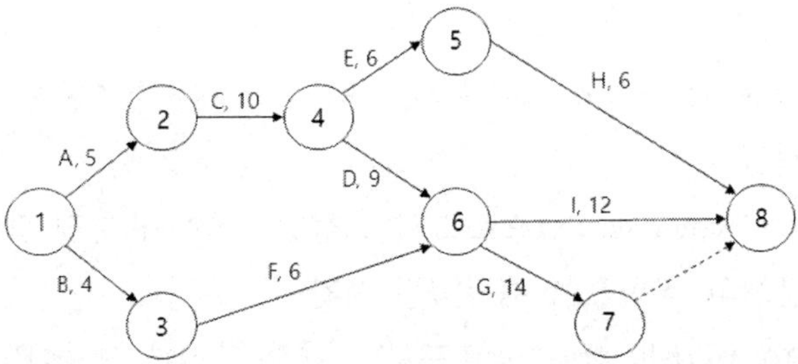

2) 여유시간 계산 및 주공정로의 결정

a. 주공정로를 찾기 위하여 TE, TL, ST를 계산한다. 그리고 ST = 0인 활동들을 연결한다.

b. 주공정로는 여유시간이 0($ST=0$)인 ① → ② → ④ → ⑥ → ⑦ → ⑧이 된다.

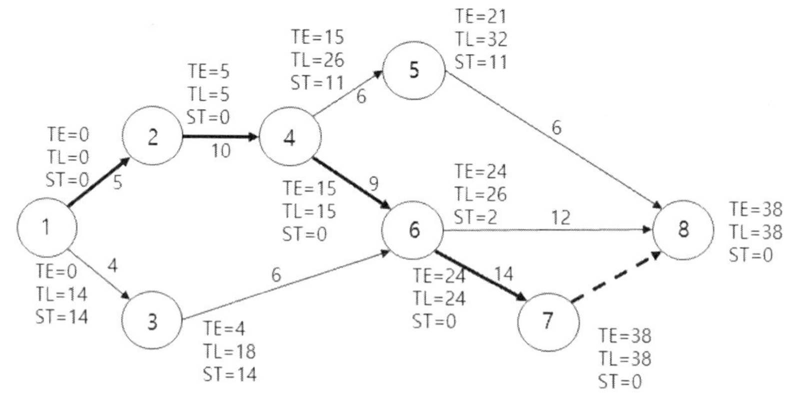

3) 전체 일정은 38주가 소요된다.

제3절 PERT

CPM에서는 각 활동에 대하여 점추정치를 부여하는 반면, PERT에서는 구간추정에 의존한다. 왜냐하면 프로젝트에 대한 과거의 실행경험이 없는 경우 활동시간이 불확실하기 때문이다.

PERT의 소요시간 확률분포가 β분포에 가까우므로, β분포로 가정하고 각 단계별로 활동 평균시간을 계산하여 PERT 프로젝트에 적용시킨다. 그러므로 다음의 3가지 값이 사용된다.

① 낙관적 시간(optimistic time : a로 표시) : 모든 상황이 순조롭게 진행될 때 소요되는 최단시간

② 최빈시간(most likely time : m으로 표시) : 정상조건에서 가장 많이 나타날 활동시간으로 분포의 최빈값에 해당하는 시간

③ 비관적 시간(pessimistic time : b로 표시) : 가장 불리한 상황이 전개될 때 소요

되는 최장시간

그리고 β분포의 평균 μ는 아래 그림과 같이 최빈값(m)과 중앙값($\frac{a+b}{2}$)의 $\frac{1}{3}$ 되는 지점에 나타난다.

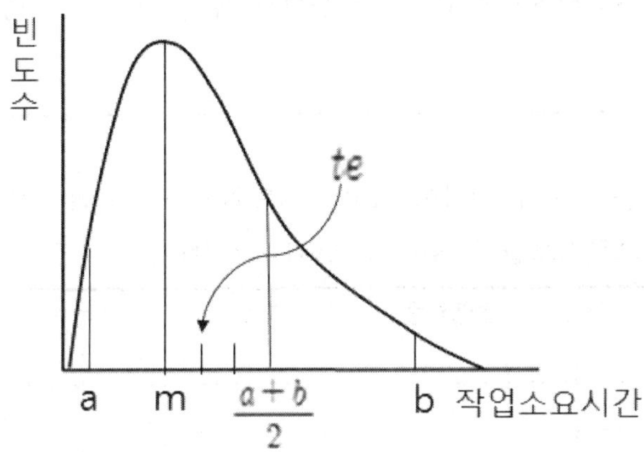

그림 9-4 ▸▸▸ β분포의 평균값

그러므로 다음과 같이 계산하여, 평균값과 분산을 계산한다.

$$\mu = m + \frac{1}{3}\left(\frac{a+b}{2} - m\right) = \frac{a+4m+b}{6}$$

$$\sigma^2 = \left(\frac{b-a}{6}\right)^2$$

따라서 각 활동소요시간의 평균과 분산에 위의 계산식을 그대로 적용한다. PERT기법을 이용한 프로젝트 분석과정을 정리하면, 다음과 같다.

[단계 1] 단계별 활동 평균시간 계산

- 각 단계별로 주어진 3가지의 활동시간 추정치(a, m, b)를 이용하여 평균시간과 분산을 계산한다.

[단계 2] PERT 네트워크모형 작성

① 작업활동(activity) 순으로 나열한다.

② 불필요한 단계와 활동들을 없애고 편리하게끔 앞에서부터 번호를 붙인다.

[단계 3] 여유시간 계산

- 활동을 중심으로 여유시간을 계산한다.

[단계 4] 주공정로의 결정

- 여유시간이 0인 활동만을 연결하여 주공정로(critical path)를 찾는다.

다음 예를 이용하여 PERT 프로젝트의 분석과정을 살펴보도록 하자.

예제 9-3

M기업의 생산활동 흐름에 의하여 PERT 네트워크가 다음과 같이 주어졌다고 가정할 때, PERT 프로젝트를 분석하라. (단위 : 시간)

활 동	선행활동	a	m	b
A	–	2	3	4
B	-	3	3	3
C	-	4	4	10
D	A	2	2	8
E	B	3	4	5
F	B	5	7	9
G	C	6	8	10
H	D, E	6	7	14
I	F, G, H	5	6	7

풀이

1) 단계별 활동 평균시간 계산

먼저 각 단계별 평균시간과 분산을 계산한다. 각 단계별 추정시간은 추정된 시간 a, m, b를 $\frac{a+4m+b}{6}$에, 분산은 $\left(\frac{b-a}{6}\right)^2$에 적용시킨다.

활 동	a	m	b	추정시간	분산	주공정로
A	2	3	4	3	0.11	
B	3	3	3	3	0	*
C	4	4	10	5	1	
D	2	2	8	3	1	

활 동	a	m	b	추정시간	분산	주공정로
E	3	4	5	4	0.11	*
F	5	7	9	7	0.44	
G	6	8	10	8	0.44	
H	6	7	14	8	1.78	*
I	5	6	7	6	0.11	*

2) PERT 네트워크모형 작성

각 활동별 추정시간을 네트워크상에 나타낸다.

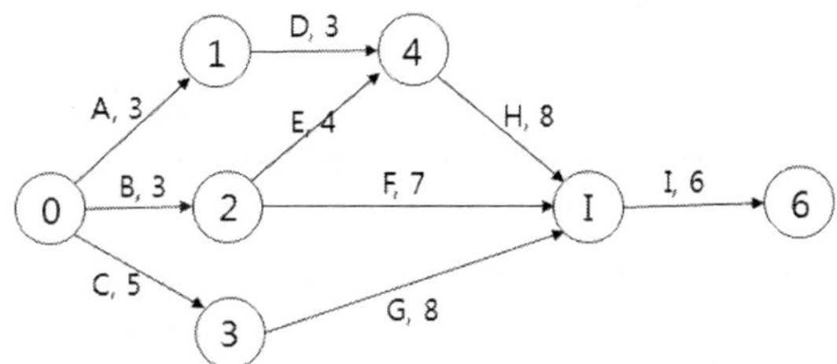

3) 여유시간 계산

추정된 시간을 이용하여 각 활동별로 여유시간을 계산한다.

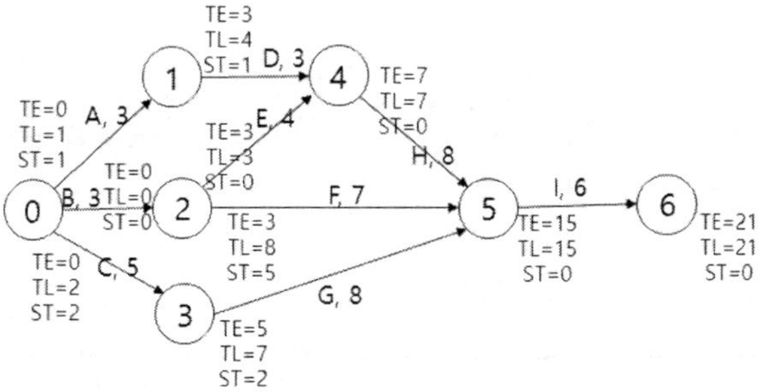

4) 주공정로의 결정

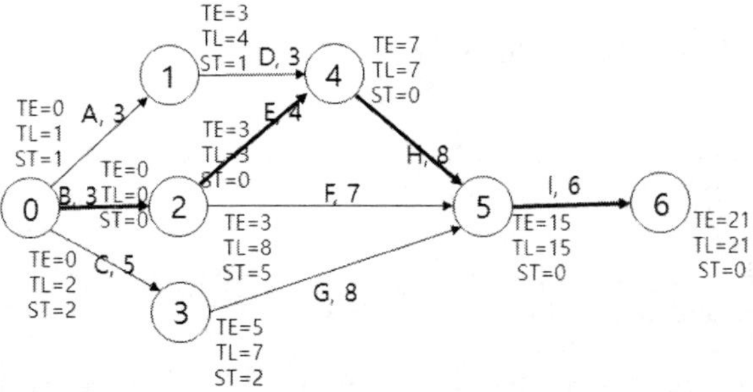

따라서 주공정로는 여유시간이 0인 경로 ⓪ → ② → ④ → ⑤ → ⑥이며, 이때 21시간이 소요된다.

이 예제에서 PERT 프로젝트의 표준편차를 계산해 보자. 먼저 주공정로 상의 분산을 모두 더한 다음, 표준편차를 구한다. 왜냐하면, 주공정로에 포함되지 않은 활동은 프로젝트의 전체 일정에 영향을 미치지 않기 때문이다.

$$\sqrt{\sum \sigma_{cp}^2} = \sqrt{0+0.11+1.78+0.11} = 1.41$$

따라서 M기업의 생산활동 흐름이 특정시간 이내에 완료할 확률을 계산하기 위해서는 주공정로 상의 일정과 표준편차를 이용하여 정규분포의 표준정규변수 Z값을 구한 다음, 추정할 수 있다.

예제 9-4

PERT 네트워크가 다음과 같이 주어졌다.

활 동	a	m	b
① → ②	3	5	7
① → ③	4	6	8
② → ④	3	4	5
③ → ④	7	8	9
③ → ⑤	3	3	3
④ → ⑤	5	9	19
④ → ⑥	5	7	9
⑤ → ⑦	4	5	6
⑥ → ⑦	2	2	2

1) 주공정로를 찾아라.

2) 주공정로의 표준편차는 얼마인가?

풀이

1) 주공정로의 결정

a. 단계별 활동 평균시간 계산

각 단계별 추정시간은 추정된 시간 a, m, b를 $\frac{a+4m+b}{6}$에 대입하여 구하며, 분산은 $\left(\frac{b-a}{6}\right)^2$에 적용시킨다.

활 동	a	m	b	추정시간	분산	주공정로
① → ②	3	5	7	5	0.44	
① → ③	4	6	8	6	0.44	*
② → ④	3	4	5	4	0.11	
③ → ④	7	8	9	8	0.11	*
③ → ⑤	3	3	3	3	0	
④ → ⑤	5	9	19	10	5.44	*
④ → ⑥	5	7	9	7	0.44	
⑤ → ⑦	4	5	6	5	0.11	*
⑥ → ⑦	2	2	2	2	0	

b. PERT 네트워크모형 작성

각 활동별 추정시간을 네트워크상에 나타낸다.

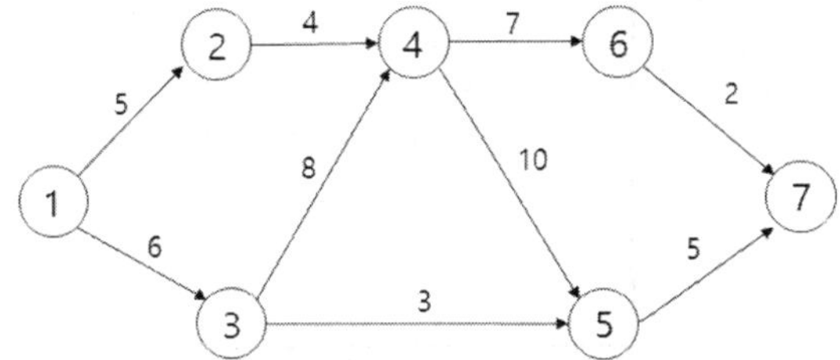

c. 여유시간 계산 및 주공정로의 결정

추정된 시간을 이용하여 각 활동별로 여유시간을 계산한다. 그리고 주공정로는 여유시간이 0인 경로 ① → ③ → ④ → ⑤ → ⑦이 되며, 29일이 소요된다.

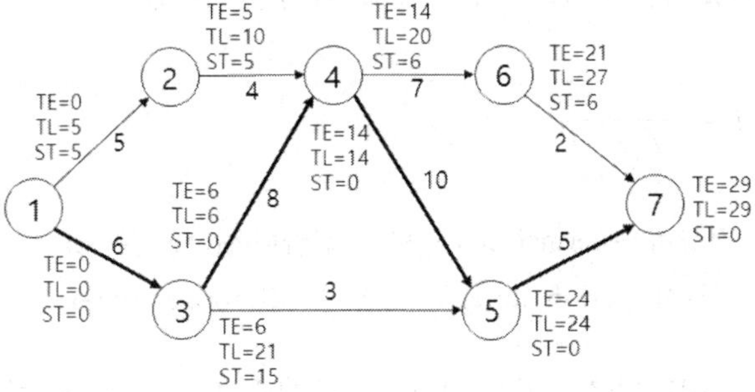

2) 주공정로의 표준편차

주공정로 상의 분산을 모두 더한 다음, 표준편차를 구한다.

$$\sqrt{\sum \sigma_{cp}^{2}} = \sqrt{0.44+0,11+5.44+0.11} = 2.47$$

제4절 프로젝트 완성기간의 단축

프로젝트 완성기간의 단축은 먼저 각 활동의 소요비용을 추정하고, 이 활동의 소요비용과 소요시간과의 관계를 파악하여야 한다. 그리고 파악된 보상관계는 최소의 비용으로 프로젝트 완성기간을 단축시키는데 이용된다.

비용기울기는 정상시간과 긴급시간의 차이에 대한 긴급상황의 비용과 정상상황의 비용 차이의 비율을 말한다. 이와 같은 관계는 다음 그림과 같이 나타낼 수 있으며, 시간과 비용은 반비례 관계에 있음을 알 수 있다.

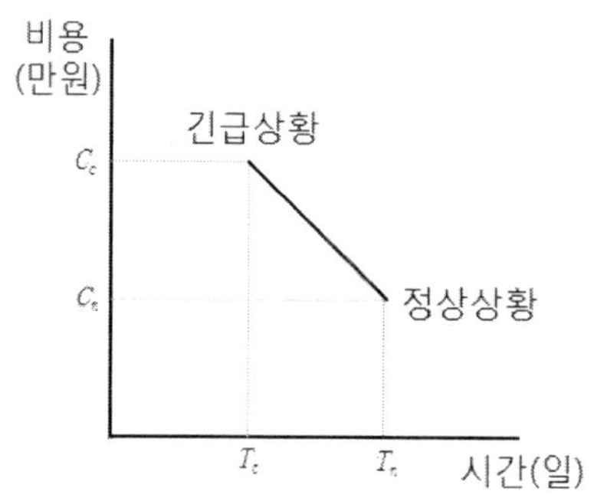

그림 9-5 ▸▸▸ 비용기울기의 개념

그러므로 비용기울기는 다음의 수식으로 나타낼 수 있다.

$$\text{비용기울기 } I_c = \frac{C_c - C_n}{T_n - T_c}$$

여기서, C_n : 정상비용(normal cost) C_c : 긴급비용(crash cost)
T_c : 긴급시간(crash time) T_n : 정상시간(normal time)

프로젝트 완성기간을 단축시키는 과정을 단계별로 설명하면, 다음과 같다.

[단계 1] : 네트워크의 작성

[단계 2] : 비용기울기 계산

- 각 활동별로 비용기울기를 계산한다.

[단계 3] : 여유시간 계산 및 주공정로의 결정

• 여유시간이 0인 활동만을 연결하여 주공정로(critical path)를 찾는다.

[단계 4] : 활동 기간 단축

① 주공정로 상에서 최소 비용기울기를 가진 활동의 기간을 단축시킨다.

② 주공정로 상의 단축 가능한 활동이 있으면, [단계 3]으로 되돌아간다.

[단계 5] : 최적해 도출

다음 예를 이용하여 PERT/CPM 프로젝트의 단축과정을 살펴보도록 하자.

예제 9-5

다음 표는 K프로젝트의 각 활동과 관련된 사항을 나타낸 것이다.

활동방향	정상시간(주)	긴급시간(주)	정상비용(억원)	긴급비용(억원)
① → ②	4	3	30	35
① → ③	5	4	24	30
② → ③	8	7	20	23
② → ④	7	6	20	24
② → ⑤	9	7	10	16
③ → ④	3	2	28	30
④ → ⑥	7	6	12	15
⑤ → ⑥	5	4	14	19

만약, 이 프로젝트를 정상시간에서 4주를 단축시키고자 한다면, 어떠한 활동이 단축되며 그에 따른 비용은 어떻게 달라지는가를 나타내어라.

풀이

1) 네트워크의 작성

각 활동을 연결하여 네트워크를 작성하고, 각 활동별 추정시간을 네트워크상에 나타낸다.

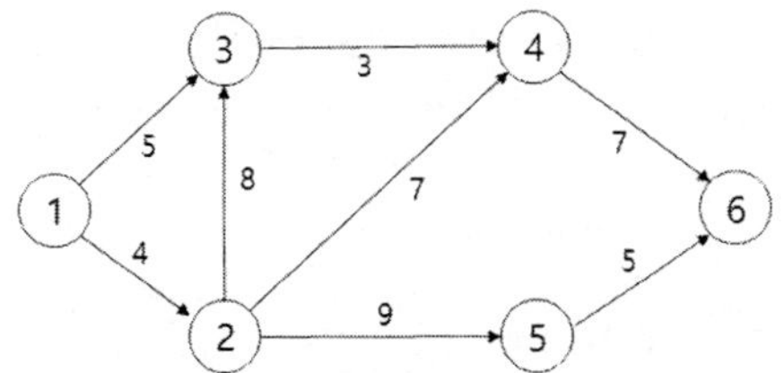

2) 비용기울기 계산

각 활동별로 비용기울기를 계산한다.

활동방향	정상시간	긴급시간	정상비용	긴급비용	비용기울기	주공정로
① → ②	4	3	30	35	5	*
① → ③	5	4	24	30	6	
② → ③	8	7	20	23	3	*
② → ④	7	6	20	24	4	
② → ⑤	9	7	10	16	3	
③ → ④	3	2	28	30	2	*
④ → ⑥	7	6	12	15	3	*
⑤ → ⑥	5	4	14	19	5	
합계			158	192		

3) 여유시간 계산 및 주공정로의 결정

여유시간이 0인 활동만을 연결하여 주공정로(critical path)를 찾는다.

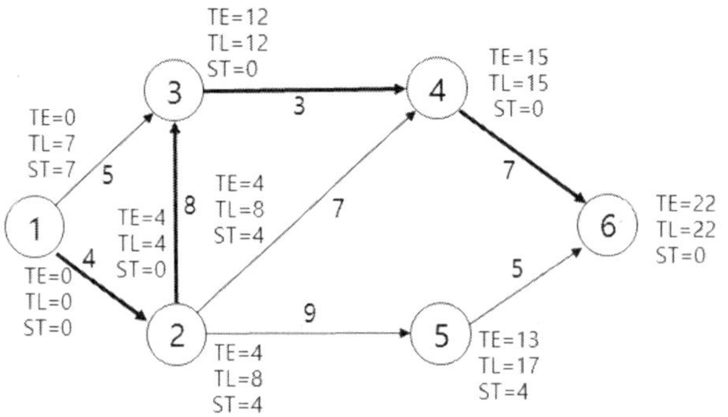

따라서 정상상황에서의 프로젝트 완성일은 22주가 걸리고, 비용은 158억원이 소요되며, 주공정로는 ① → ② → ③ → ④ → ⑥이 된다.

4) 활동 기간 단축

a. 1주 단축

주공정로 상의 활동에서 프로젝트 완성기간을 1일씩 단축시킨다. 그러므로 주공정로 상의 활동 가운데 비용기울기가 가장 적은 활동인 ③ → ④를 1주 단축시키고, 다시 주공정로를 찾는다.

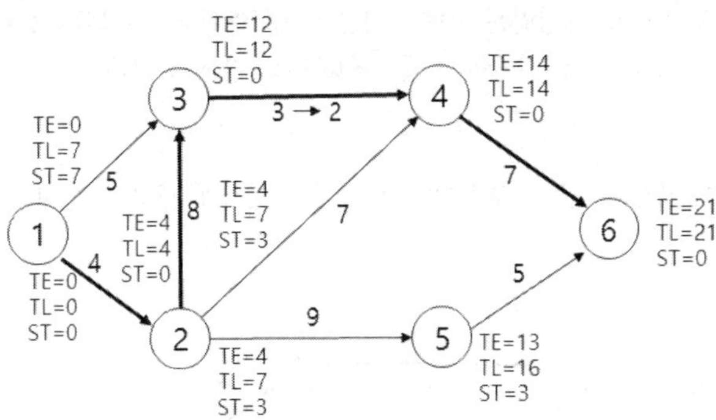

1주 단축으로, 프로젝트 완성일은 21주, 비용은 160억원(= 158억원+2억원)이 소요된다. 그리고 주공정로는 ① → ② → ③ → ④ → ⑥으로 변화가 없다.

b. 2주 단축

다시 프로젝트 완성일을 1주 단축시키기 위하여 ② → ③, ④ → ⑥의 비용기울기가 같으므로, 어느 공정을 단축시켜도 비용은 동일하다. 먼저 ② → ③ 공정을 단축시켜보자.

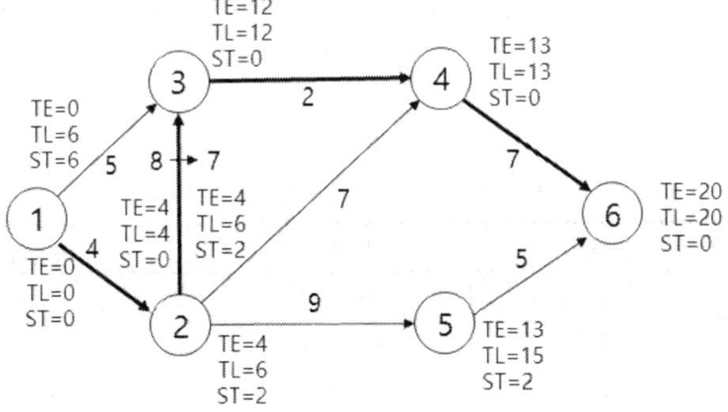

2주 단축으로, 프로젝트 완성일은 20주, 비용은 163억원(= 160억원+3억원)이 소요된다. 그리고 주공정로는 ① → ② → ③ → ④ → ⑥으로 변화가 없다.

c. 3주 단축

다시 프로젝트 완성일을 1주 단축시키기 위하여 ④ → ⑥의 공정을 단축시켜보자.

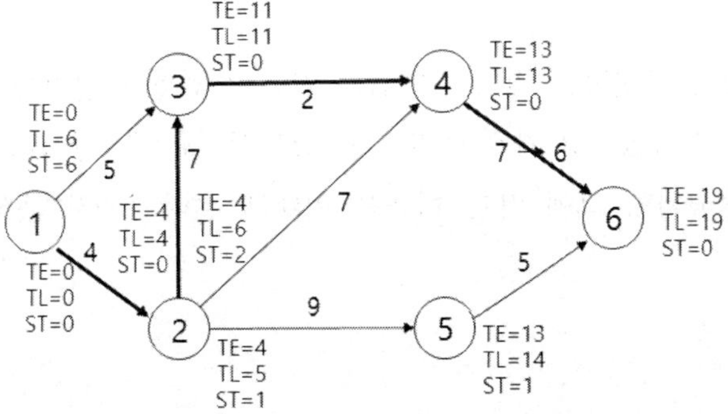

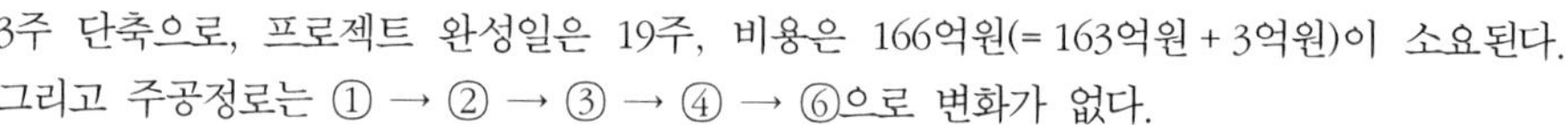

3주 단축으로, 프로젝트 완성일은 19주, 비용은 166억원(= 163억원 + 3억원)이 소요된다. 그리고 주공정로는 ① → ② → ③ → ④ → ⑥으로 변화가 없다.

d. 4주 단축

다시 프로젝트 완성일을 1주 단축시키기 위하여 유일하게 단축 가능한 ① → ②의 공정을 단축시켜보자.

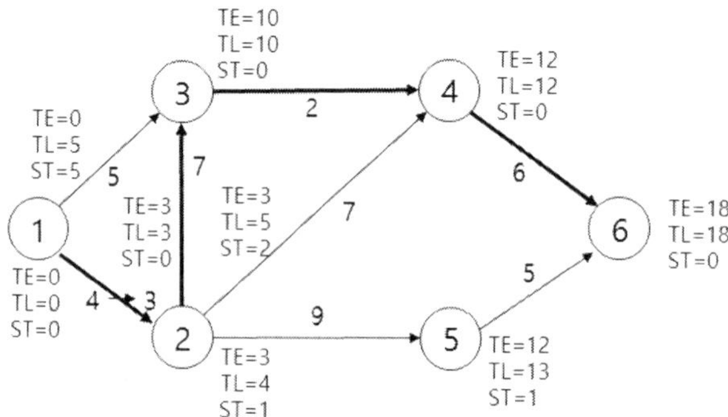

4주 단축으로, 프로젝트 완성일은 18주, 비용은 171억원(= 166억원 + 5억원)이 소요된다. 그리고 주공정로는 ① → ② → ③ → ④ → ⑥으로 변화가 없다.

5) 최적해 도출

프로젝트 완성일의 단축에 따른 비용과 주공정로의 변화를 나타내면, 다음과 같다.

단축일	완성일	비용	주공정로
	22주	158억원	① → ② → ③ → ④ → ⑥
1일 단축	21주	160억원	① → ② → ③ → ④ → ⑥
2일 단축	20주	163억원	① → ② → ③ → ④ → ⑥
3일 단축	19주	166억원	① → ② → ③ → ④ → ⑥
4일 단축	18주	171억원	① → ② → ③ → ④ → ⑥

예제 9-6

P기업의 신제품 홍보전략을 위하여 다음과 같은 작업활동 절차에 의하여 PERT/CPM 네트워크가 주어졌다고 가정할 때, 이 프로젝트를 4일 단축시키고자 한다면, 어떠한 활동이 단축되며 그에 따른 비용은 어떻게 달라지는지 분석하라.

활동	정상시간(일)	긴급시간(일)	정상비용(만원)	긴급비용(만원)
① → ②	5	4	700	800
① → ③	6	6	800	800
② → ④	4	2	900	1,000
③ → ④	6	5	300	480
③ → ⑤	6	5	200	400
④ → ⑤	8	6	400	700
④ → ⑥	7	3	500	800
⑤ → ⑦	5	4	500	600
⑥ → ⑦	4	2	400	650

풀이

1) 네트워크의 작성

각 활동을 연결하여 네트워크를 작성한다.

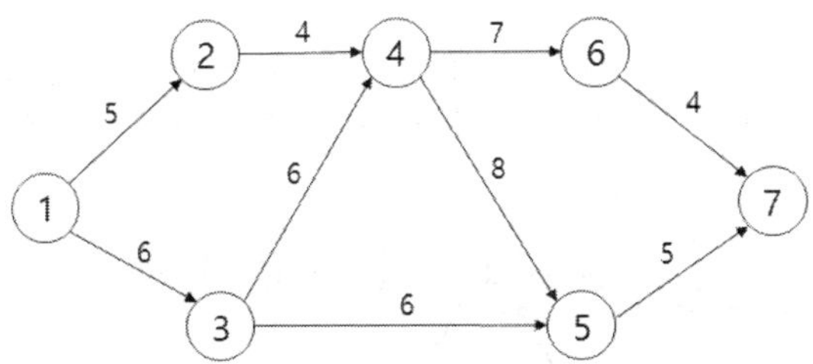

2) 비용기울기 계산

각 활동별로 비용기울기를 계산한다.

활동	정상시간(일)	긴급시간(일)	정상비용(만원)	긴급비용(만원)	비용기울기
① → ②	5	4	700	800	100
① → ③	6	6	800	800	∞
② → ④	4	2	900	1,000	50
③ → ④	6	5	300	480	180
③ → ⑤	6	5	200	400	200
④ → ⑤	8	6	400	700	150
④ → ⑥	7	3	500	800	75
⑤ → ⑦	5	4	500	600	100
⑥ → ⑦	4	2	400	650	125
합계			4,700	6,230	

3) 여유시간 계산 및 주공정로의 결정

여유시간이 0인 활동만을 연결하여 주공정로(critical path)를 찾는다.

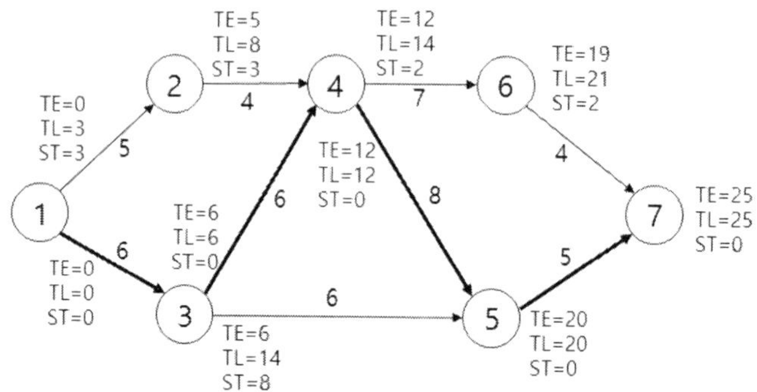

따라서 정상상황에서의 프로젝트 완성일은 25일이 소요되고 비용은 4,700만원이 된다. 그리고 주공정로는 ① → ③ → ④ → ⑤ → ⑦이 된다.

4) 활동 기간 단축

a. 1일 단축

주공정로의 경로인 ① → ③, ③ → ④, ④ → ⑤, ⑤ → ⑦ 가운데 ⑤ → ⑦의 비용기울기가 100으로 가장 적으므로, ⑤ → ⑦의 공정을 단축시키고, 다시 주공정로를 찾는다.

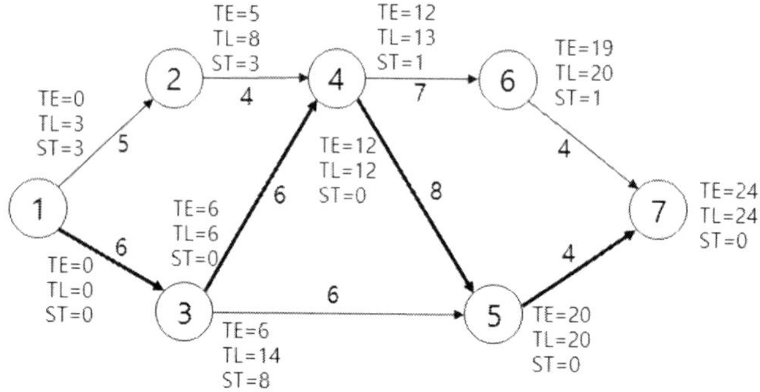

1일을 단축시켰으므로, 정상상황에서의 프로젝트 완성일은 24일, 비용은 4,800만원(= 4,700만원 + 100만원)이 소요되며, 주공정로는 변화가 없다. 그리고 활동 ⑤ → ⑦은 더 이상의 단축이 불가능하므로 고려대상에서 제외한다.

b. 2일 단축

다시 프로젝트 완성일을 1일 단축시키기 위하여 주공정로 상의 활동 가운데 비용기울기가 가장 적은 활동 ④ → ⑤를 단축시키고, 다시 주공정로를 찾는다.

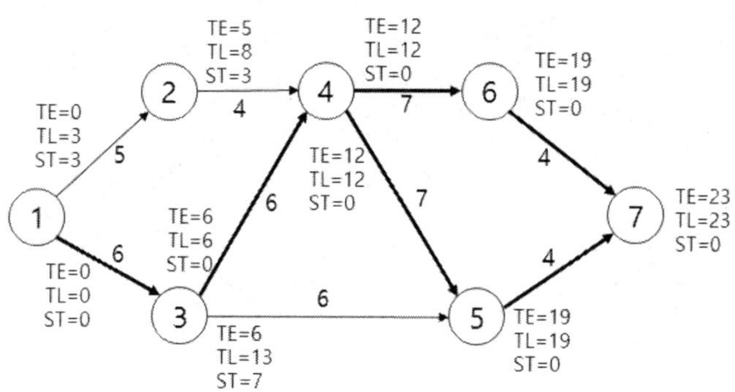

정상상황에서의 프로젝트 완성일은 23일, 비용은 4,950만원(= 4,800만원 + 150만원)이 소요되며, 주공정로는 ① → ③ → ④ → ⑤ → ⑦과 ① → ③ → ④ → ⑥ → ⑦로 2개가 된다.

c. 3일 단축

주공정로는 ① → ③ → ④ → ⑤ → ⑦과 ① → ③ → ④ → ⑥ → ⑦를 동시에 줄여야 전체 일정이 단축된다. 그런데 ④ → ⑤(비용기울기 150만원)와 ④ → ⑥(비용기울기 75만원)을 동시에 단축하기 위하여 225만원의 추가비용이 든다. 반면에 ③ → ④는 180만원이 소요되므로, ③ → ④를 먼저 단축시킨다.

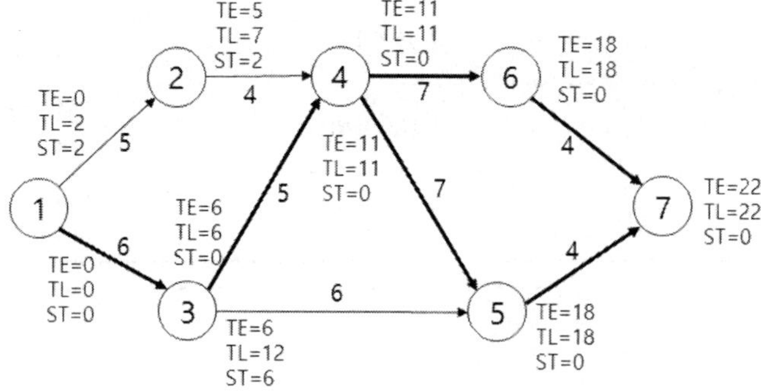

정상상황에서의 프로젝트 완성일은 22일, 비용은 5,130만원(= 4,950만원 + 180만원)이 소요되며, 주공정로는 ① → ③ → ④ → ⑤ → ⑦과 ① → ③ → ④ → ⑥ → ⑦로 2개가 된다.

d. 4일 단축

주공정로 ① → ③ → ④ → ⑤ → ⑦과 ① → ③ → ④ → ⑥ → ⑦에서 ④ → ⑤(비용기울기 150만원)와 ④ → ⑥(비용기울기 75만원)을 동시에 단축하기 위하여 225만원의 추가비용이 든다.

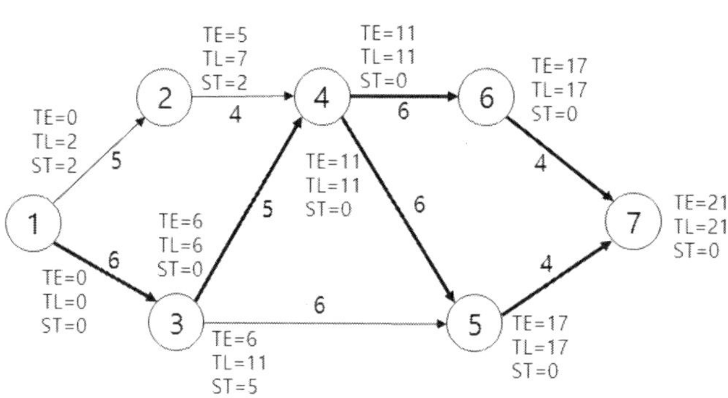

정상상황에서의 프로젝트 완성일은 21일, 비용은 5,355만원(=5,130만원 + 225만원)이 소요되며, 주공정로는 ① → ③ → ④ → ⑤ → ⑦과 ① → ③ → ④ → ⑥ → ⑦의 2개로 변화가 없다.

그리고 더 이상의 추가적인 단축은 긴급시간의 제약으로 불가능하다.

5) 최적해 도출

프로젝트 완성일의 단축에 따른 비용과 주공정로의 변화를 나타내면 다음과 같다.

단축일	완성일	비용	주공정로
	25일	4,700만원	① → ③ → ④ → ⑤ → ⑦
1일 단축	24일	4,800만원	① → ③ → ④ → ⑤ → ⑦
2일 단축	23일	4,950만원	① → ③ → ④ → ⑤ → ⑦ ① → ③ → ④ → ⑥ → ⑦
3일 단축	22일	5,130만원	① → ③ → ④ → ⑤ → ⑦ ① → ③ → ④ → ⑥ → ⑦
4일 단축	21일	5,355만원	① → ③ → ④ → ⑤ → ⑦ ① → ③ → ④ → ⑥ → ⑦

제5절 프로젝트 완료 확률

앞에서 살펴본 것과 같이 주공정로를 구함으로써 전체 프로젝트의 완료 예정시간을 알 수 있다. 그리고 이 완료 예정시간은 베타분포를 따르는 주공정상의 활동들의 소요시간의 합이므로, 이 시간 역시 확률변수가 된다. 그러므로 전체 프로젝트의 완료 예정시간의 평균과 분산을 계산할 수 있고, 정규분포를 따르므로 특정 기일 내에 프로젝트를 완료할 확률이나 공사지연에 따른 벌과금의 기대액도 계산할 수 있다.

따라서 PERT에서는 활동시간의 불확실성을 전제하여 이 불확실성이 프로젝트 완료시간에 미치는 영향을 살펴볼 수 있지만, 활동시간의 점추정치를 사용하는 CPM에는 적용되지 않는다.

프로젝트가 특정기간 내에 완료될 확률을 추정하는 과정을 단계별로 설명하면, 다음과 같다.

[단계 1] 단계별 활동 평균시간 계산

- 각 단계별로 주어진 3가지의 활동시간 추정치(a, m, b)를 이용하여 평균시간과 분산을 계산한다.

[단계 2] PERT 네트워크모형 작성

- 작업활동(activity) 순으로 나열한다.

[단계 3] 여유시간 계산

- 활동을 중심으로 여유시간을 계산한다.

[단계 4] 주공정로의 결정

- 여유시간이 0인 활동만을 연결하여 주공정로(critical path)를 찾는다.

[단계 5] 표준편차 및 표준정규변수 계산

[단계 6] 표준 정규분포표의 활용 및 최적해 도출

다음 예를 이용하여 프로젝트가 특정기간 내에 완료될 확률을 추정하는 과정을 살펴보도록 하자.

예제 9-7

다음 PERT 네트워크모형에 각 활동에 대한 3가지 추정치가 주 단위로 나타나 있다. 다음 물음에 답하라.

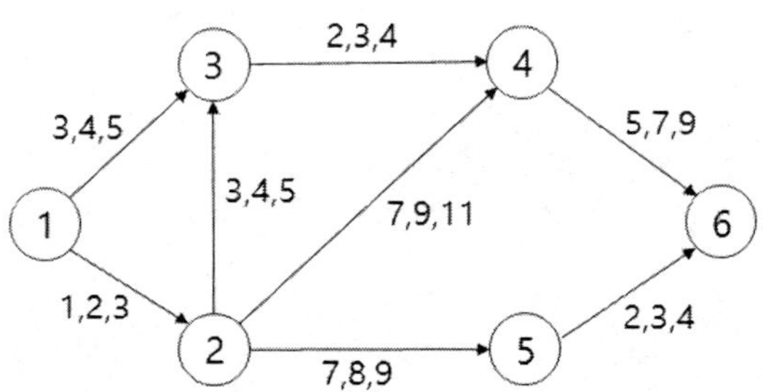

1) 이 프로젝트를 완료하는데 소요되는 시간은?

2) 주공정로는?

3) 주공정로의 표준편차는?

4) 이 프로젝트를 20주 이내에 완료할 확률은?

풀이

1) 프로젝트 완료시간

a. 단계별 활동 평균시간

각 단계별 추정시간은 추정된 시간 a, m, b를 $\frac{a+4m+b}{6}$에 대입하여 구하며, 분산은 $\left(\frac{b-a}{6}\right)^2$의 식에 적용시킨다.

활동방향	시간추정			추정시간	분 산
	a	m	b		
① → ②	1	2	3	2	0.11
① → ③	3	4	5	4	0.11
② → ③	3	4	5	4	0.11
② → ④	7	9	11	9	0.44
② → ⑤	7	8	9	8	0.11
③ → ④	2	3	4	3	0.11
④ → ⑥	5	7	9	7	0.44
⑤ → ⑥	2	3	4	3	0.11

b. 여유시간 계산

추정된 시간을 이용하여 각 활동별로 여유시간을 계산한다.

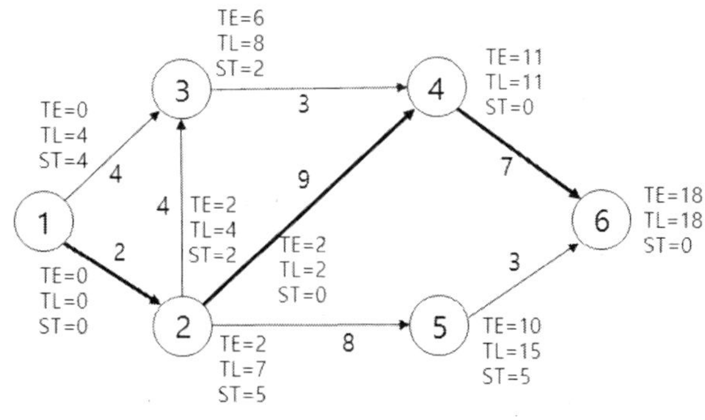

2) 주공정로의 결정

주공정로는 여유시간이 0인 활동으로 ① → ② → ④ → ⑥이 되며, 이 프로젝트를 완료하는데 18주가 소요된다.

3) 표준편차 및 표준정규변수 계산

주공정로 상의 활동들의 분산을 모두 더한 다음, 표준편차를 구한다.

$$\sqrt{\sum \sigma_{cp}^2} = \sqrt{0.11+0.44+0.44} = 0.995$$

그리고 표준정규변수는 다음과 같이 구한다.

$$Z = \frac{X-TE}{\sigma} = \frac{20-18}{0.995} = 2.010$$

4) 20주 이내에 완성할 확률

따라서 표준정규분포표를 이용하면, 이 프로젝트를 20주 이내에 완료할 확률은 97.78%(= 0.5 + 0.4778)가 된다.

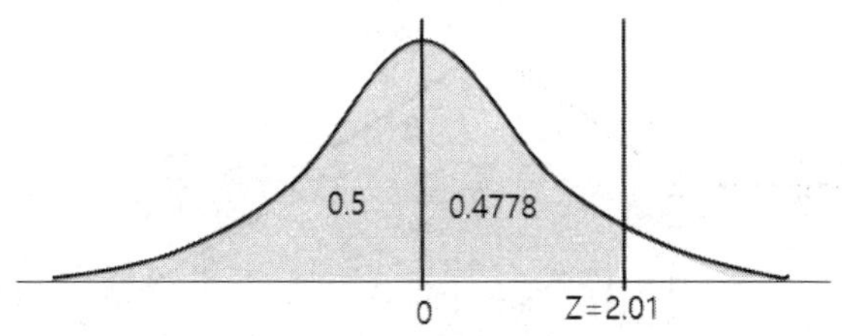

예제 9-8

S기업에 다음과 같은 작업활동 절차에 의한 PERT 네트워크가 주어졌다고 가정할 때, 이 프로젝트가 23주 이내에 완료할 확률을 구하라.

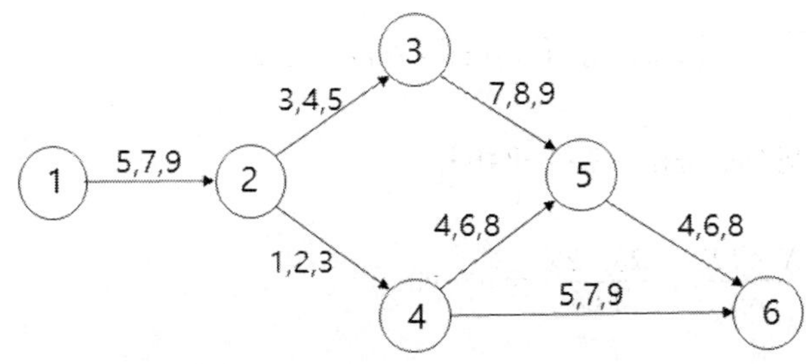

풀이

1) 단계별 활동 평균시간 계산

먼저 각 활동에 대한 시간추정치를 이용하여 기대시간과 분산을 계산한다.

활동방향	시간추정(단위:주)			기대시간 (단위:주)	분 산
	a	m	b		
① → ②	5	7	9	7	0.44
② → ③	3	4	5	4	0.11
② → ④	1	2	3	2	0.11
③ → ⑤	7	8	9	8	0.11
④ → ⑤	4	6	8	6	0.44
④ → ⑥	5	7	9	7	0.44
⑤ → ⑥	4	6	8	6	0.44

2) PERT 네트워크모형 작성 및 주공정로의 결정

계산된 기대시간과 분산을 이용하여 각 활동별 여유시간을 계산하고, 주공정로를 찾는다.

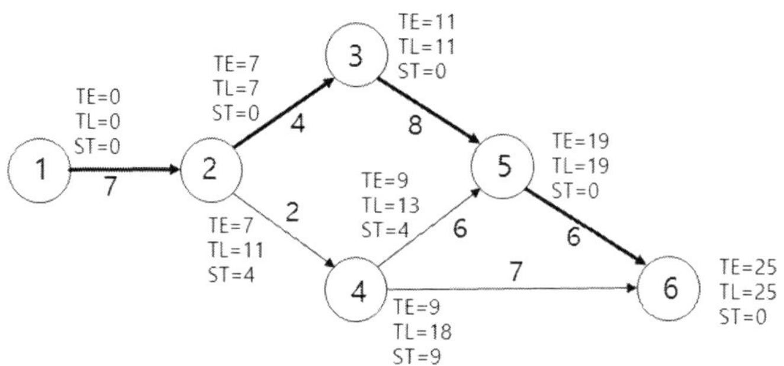

따라서 프로젝트를 완료하는데 25주가 소요되며, 주공정로는 ① → ② → ③ → ⑤ → ⑥이 된다.

3) 표준편차 및 표준정규변수 계산

주공정로 상의 활동들의 분산을 모두 더한 다음, 표준편차를 구한다.

$$\sqrt{\sum \sigma_{cp}^2} = \sqrt{0.44+0.11+0.11+0.44} = 1.05$$

그리고 표준정규변수는 다음과 같이 구한다.

$$Z = \frac{X - TE}{\sigma} = \frac{23-25}{1.05} = -1.90$$

4) 최적해 도출

위의 값을 표준정규분포표를 이용하면, 완료확률은 다음과 같이 계산한다.

프로젝트 완료확률 = 0.5 − 0.4713 = 0.0287

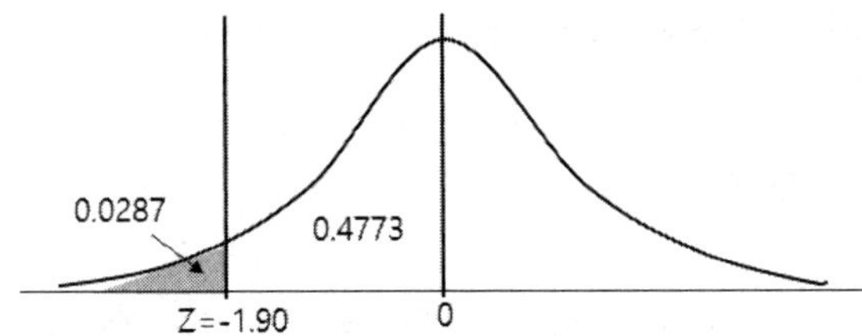

따라서 23주 이내에 완료할 확률은 2.87%가 된다.

연 습 문 제

9.1 PERT와 CPM의 차이점을 설명하라.

9.2 가상활동의 의미를 설명하라.

9.3 PERT의 시간추정치에 대한 평균값과 분산을 계산하는 원리를 설명하라.

9.4 프로젝트 완성기간을 단축시키는 방법을 설명하라.

9.5 K기업의 신제품 생산계획은 다음과 같은 작업활동 절차에 의하여 이루어진다. PERT/CPM 프로젝트의 주공정로를 찾아라.

작업활동	기 간(주)	내용	활동 순서
A	6	생산설계	A → C → D
B	4	광고분석	B → F → G
C	12	모의실험	C → E → H
D	9	견본생산	D → I
E	6	생산가동준비	D → G
F	10	판매운동계획	
G	15	판매운동	
H	6	생산	
I	12	포장설계	

9.6 K이벤트사는 신제품 홍보 행사를 위한 프로젝트를 구상하고 있다. 준비조사를 위한 사전활동으로 다음과 같은 주요활동들이 있다. PERT/CPM기법에 의하여 주공정로를 결정하라.

활 동	내 용	선행활동	소요시간(일)
A	조사범위 결정	–	6
B	조사방법 결정	A	3
C	설문지 작성	A	7
D	조사요원 선정	B	2
E	조사요원 교육	B	4

활 동	내 용	선행활동	소요시간(일)
F	조사요원 배치	C, D	3
G	준비조사 실시	E	7
H	결과 평가	F, G	7

9.7 S기업의 재고관리는 다음과 같은 작업활동 절차에 의하여 이루어진다. CPM 프로젝트를 이용하여 작업활동을 분석하라.

활 동	선행활동	소요시간(일)
A	–	4
B	A	5
C	A	7
D	B	6
E	B, C	3
F	B, C	4
G	D, E	5
H	F	6

9.8 다음은 CPM을 이용하여 계획되어진 프로젝트이다.

활 동	선행활동	소요시간(주)
A	–	6
B	–	4
C	A	5
D	C	7
E	B, C	8
F	D	6
G	E	9

1) 네트워크를 작성하라.
2) 주공정로를 찾아라.
3) 이 프로젝트를 완성시키기 위하여 몇 주가 소요되는가?
4) 활동 B의 여유시간은 얼마인가?

9.9 다음은 CPM을 이용하여 계획되어진 프로젝트이다.

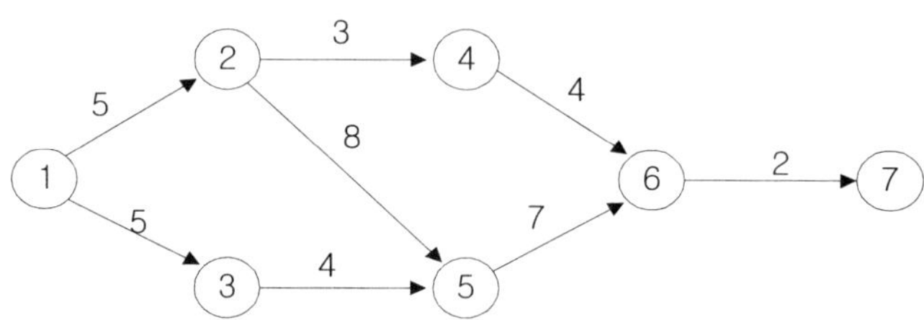

1) 주공정로를 찾아라.
2) 이 프로젝트를 완성시키기 위하여 몇 주가 소요되는가?

9.10 K기업의 신제품 판매전략을 위하여 다음과 같은 작업활동 절차에 의하여 PERT 네트워크가 다음과 같이 주어졌다고 가정할 때, PERT 프로젝트를 분석하라.

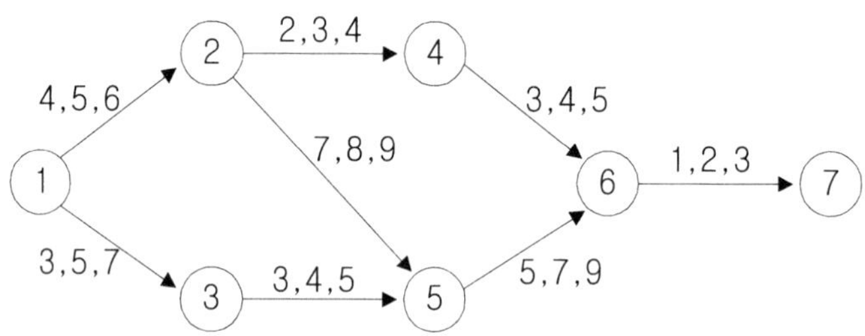

9.11 PERT 네트워크가 다음과 같이 주어졌다.

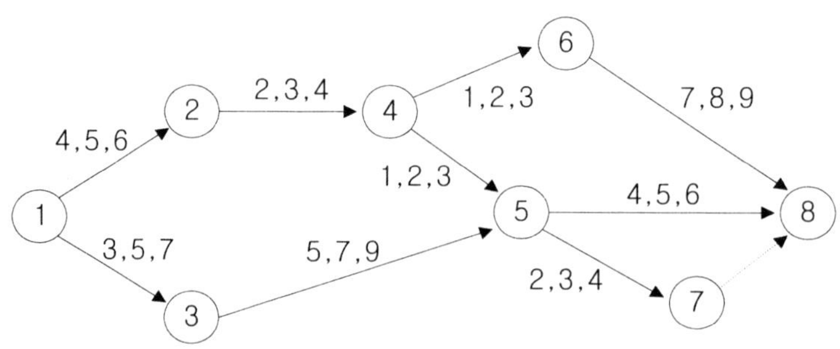

1) 주공정로를 찾아라?
2) 주공정로의 표준편차는 얼마인가?

9.12 P사는 신제품 홍보전략을 위하여 다음과 같은 작업활동 절차에 의하여 PERT/CPM 네트워크가 주어졌다고 가정할 때, 이 프로젝트를 4일 단축시키고자 한다면, 어떠한 활동이 단축되며 그에 따른 비용은 어떻게 달라지는지 나타내어라.

활동	정상시간(일)	긴급시간(일)	정상비용(만원)	긴급비용(만원)
① → ②	5	4	700	800
① → ③	7	6	500	700
② → ④	3	2	900	1,020
③ → ④	6	5	300	450
③ → ⑤	7	6	200	300
④ → ⑤	5	3	400	700
④ → ⑥	4	3	500	800
⑤ → ⑦	5	4	500	600
⑥ → ⑦	4	2	400	600

9.13 다음 표는 K 프로젝트의 각 활동과 관련된 사항을 나타낸 것이다. 만약, 이 프로젝트를 정상시간에서 3주를 단축시키고자 한다면, 어떠한 활동이 단축되며 그에 따른 비용은 어떻게 달라지는가를 나타내어라.

활동방향	정상시간(주)	긴급시간(주)	정상비용(억원)	긴급비용(억원)
① → ②	5	4	30	35
① → ③	5	3	24	30
② → ④	3	2	20	24
③ → ⑤	7	6	28	30
④ → ⑤	2	1	10	13
④ → ⑥	2	2	12	12
⑤ → ⑦	3	2	14	17
⑤ → ⑧	5	3	22	26
⑥ → ⑧	8	6	30	36

9.14 M사는 해외진출 프로젝트의 CPM 네트워크에 대한 각 활동과 관련된 사항을 다음과 같이 나타내었다.

활 동	정상시간(일)	긴급시간(일)	정상비용(만원)	긴급비용(만원)
① → ②	8	6	100	200
① → ③	4	2	150	350
② → ④	2	1	50	90

활 동	정상시간(일)	긴급시간(일)	정상비용(만원)	긴급비용(만원)
② → ⑤	10	5	100	400
③ → ④	5	1	100	200
④ → ⑤	3	1	80	100

이 프로젝트를 예정보다 2일 단축시키고자 한다면, 어떠한 활동이 단축되며, 그에 따른 비용의 변화를 나타내어라.

9.15 D기업의 생산활동을 위하여 다음과 같은 절차에 의한 PERT 네트워크가 주어졌다고 가정할 때, 이 프로젝트가 20주 이내에 완료할 확률을 추정하라.

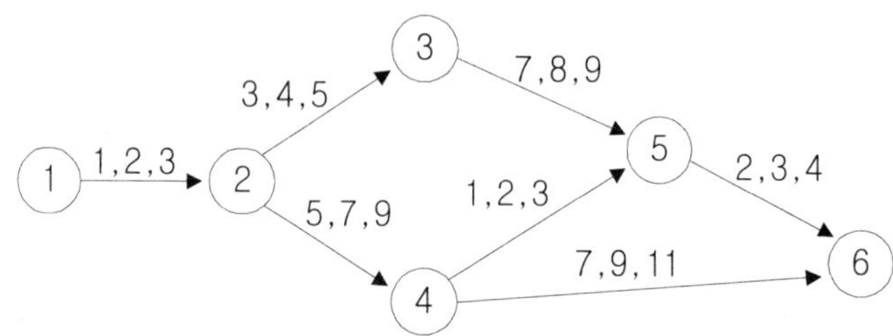

9.16 다음은 PERT 네트워크이다. 각 활동에 대한 3가지 추정치가 주 단위로 나타나 있다. 다음 물음에 답하라.

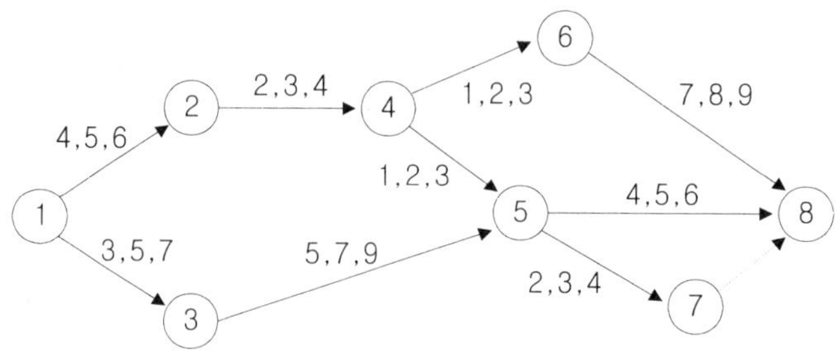

1) 이 프로젝트를 완료하는데 소요되는 시간은?
2) 주공정로는?
3) 주공정로의 표준편차는?
4) 이 프로젝트를 20주 이내에 완료할 확률은?

제3부 기타 수리계획법

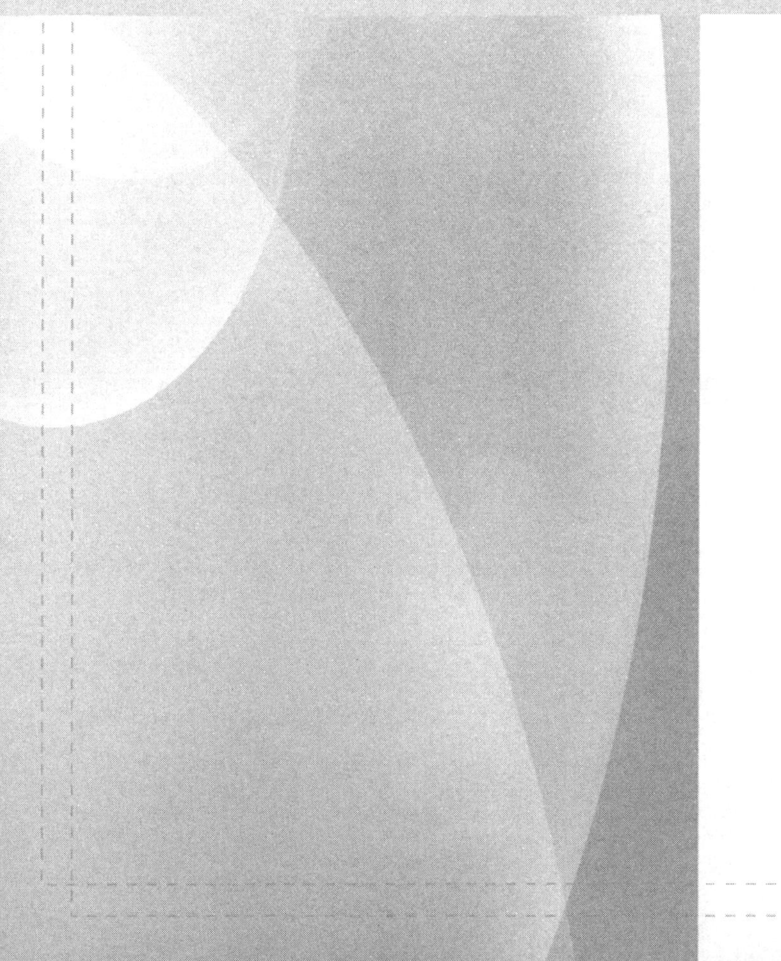

제10장

다기준 의사결정

제1절 다기준 의사결정의 이해

1 개념

선형계획법은 기업에 대한 이익의 최대화나 비용의 최소화라는 단일목적의 기준을 가지고 있다. 그러나 오늘날과 같이 복잡한 환경에서 실제의 문제는 다수 목표나 목적을 수반하고 있을 뿐만 아니라 그 목적들이 서로 상충되고 있어 의사결정이 더욱 어렵고 복잡하다. 예를 들면, 이익의 최대화는 물론 안정된 고용수준의 유지, 시장점유율의 증가, 노동자의 복지, 소비자의 욕구 만족 등 여러 가지 목적을 동시에 추구하게 된다.

2 해법

다수의 목적을 갖는 결정문제는 목적함수가 단일기준으로 표시되는 선형계획법으로 풀 수가 없다. 다기준 의사결정에 대한 연구는 역사가 짧지만, 그동안 여러 가지 해법이 소개되었다.

그 해법으로는 ① 목적계획법(goal programming; GP), ② 다목적 선형계획법(multi-objective LP), ③ 계층분석과정(analytic hierarchy process; AHP), ④ 점수모델(scoring model) 등이 있으며, 본 장에서는 목적계획법과 계층분석과정 그리고 점수모델을 다루도록 하자.

제2절 목적계획법

1 개요

1) 의의

목적계획법(goal programming; GP)은 차너스(A. Charnes)와 쿠퍼(W.W. Cooper)에 의하여 개발되었으며, 가장 강력하고 실용적인 기법으로, 각종 현실문제에서 유용성을 널리 인정받고 있다. 즉, 주어진 제약조건하에서 다수의 목표를 충족시키는 합리적인 해를 구하고자 하는 개념을 구현하는 방안이 바로 목적계획법이다.

그러므로 목적계획법은 선형계획법의 기본적 충족조건을 만족시키고, 하나 또는 그 이상의 목표를 갖는 의사결정문제를 모두 해결할 수 있는 경영기법이다.

2) 목적계획법의 모형화

목적계획법의 모형에는 목적함수, 제약조건, 편차변수, 결정변수의 비음조건으로 구성되며, 제약조건에는 목적제약조건식 외에도 비목적제약조건식을 포함하는 경우도 있다.

① **목적함수식** : 목적계획법에서 목적함수는 모든 목적으로부터의 편차를 그와 관련된 목적의 우선순위에 따라 차례로 최소화하는 것이다. 즉, 모든 목적으로부터의 편차를 순서대로 최소화한다.

② **목적제약조건식** : 목적제약조건식(goal constraint)은 어떤 목적 또는 목표에 목표수준을 설정한 제약조건식을 의미한다. 어떤 특정 목적은 미달성할 수도 있고 초과달성할 수도 있기 때문에, '$di^- - di^+$'를 제약조건에 포함한다.

③ **비목적제약조건식(시스템 제약조건식)** : 모든 목적계획모형은 목적제약조건식 외에도 비목적제약조건식(시스템 제약조건식, system constraint)을 가질 수 있다. 시스템 제약조건식은 결정환경에 의해서 부과되는 절대적 제약을 나타내는 것으로, 선형계획모형의 제약조건과 같다.

④ **편차변수** : 목적계획법과 선형계획법의 기본적 차이는 목적이 목적함수에 포함되지 않고 제약조건식으로 표현된다는 것이다. 목표로부터의 초과달성을 나타내는 편차변수는 di^+로 표현하고, 미달성을 나타내는 편차변수는 di^-로

표현한다. 그러므로 편차변수 di^-는 선형계획법에서 여유변수와 같은 의미이며, di^+는 잉여변수와 같은 의미이다. 또한, 어떤 목적은 미달성할 수도 있지만 초과달성할 수도 있기 때문에 di^-와 di^+를 제약조건식에 포함한다. 목적에 대한 제약조건의 형태가 '$\geq$'면 편차변수는 di^-, '$\leq$'면 편차변수는 di^+, '$=$'이면 편차변수는 di^-와 di^+가 된다. 그리고 최적해를 구했을 경우, 각 목적의 두 편차변수의 값 가운데 적어도 하나는 0이어야 한다.

3) 선형계획법과 목적계획법의 비교

선형계획법은 단일목적만을 갖는 문제에 대해 효과적인 의사결정기법으로, 이익의 최대화 또는 비용의 최소화를 지향하는 하나의 목적만을 달성하는 것이다.

그러나 목적계획법은 현실적으로 주어진 제약조건하에서 여러 가지 목적을 동시에 달성하고자 하는 경우와 다수의 목적들이 상충하는 경우에 효과적이며, 다수 목표가 목적으로 취급된다.

목적계획법은 선형계획법의 파생적 기법으로 개발되었으며, 목적함수와 제약조건식의 작성에 차이가 있다. 즉, 목적계획법에서의 목적은 목적함수가 아니고, 제약조건식으로 표현되어 목표의 바람직한 수준을 제시한다. 또한, 목적계획법에서 비목적제약조건식은 반드시 만족시켜야 하지만, 목적제약조건식의 목표값은 꼭 만족시키지 않아도 된다. 그리고 각 목적에 대하여 목표값(바람직한 수준)을 결정하면, 모든 목적에 대하여 우선순위를 서수로 부여하며, 목적함수는 선형계획법에서처럼 모든 항목을 합쳐 총가치가 같지는 않다.

그러므로 목적계획법에서 목적함수는 다수의 목적 편차를 그와 관련된 목적의 우선순위에 따라 최소화한다.

표 10-1 ▸▸▸ 선형계획법과 목적계획법의 비교

선형계획법	목적계획법
• 단일목적만을 갖는 문제에 대해 효과적인 의사결정기법	• 여러 가지 목적을 동시에 달성하고자 하는 경우와 다수의 목적들이 상충하는 경우에 효과적
• 이익의 최대화 또는 비용의 최소화를 지향하는 하나의 목적만을 달성하는 것	• 선형계획법의 파생적 기법으로 개발

2 목적계획법의 모형화

목적계획법의 모형을 구성하는 절차를 설명하면 다음과 같다.

[단계 1] 우선순위 결정

- 기업이 당면한 상황과 제약조적을 고려하여 달성하여야 할 목표들을 정하고, 각 목표들의 중요도에 따라 우선순위를 결정한다.

[단계 2] 결정변수 결정

- 목표나 제약들을 표현하기에 적합한 결정변수를 정한다.

[단계 3] 제약식의 구성

- 달성하려는 목표나 제약들을 결정변수를 사용하여 제약식으로 나타낸다.

[단계 4] 목적함수 구성

- 목표들의 우선순위에 입각하여 달성도를 나타내는 목적함수를 구성한다.

1) 단일목적계획문제

단일목표 또는 목적을 갖는 단일목적계획문제는 선형계획모형으로 작성할 수 있다. 그 과정을 다음 예제를 통하여 살펴보도록 하자.

예제 10-1

다음 S전자회사는 TV와 라디오를 생산하는 기업으로, 다음의 자체 선형계획모형을 이용하여 목적계획모형으로 나타내어라. 단, 이 기업의 목표이익은 1,000원으로 한다.

$$\text{Max} \; : \; Z = 10x_1 + 12x_2$$

$$\begin{aligned} \text{s.t.}: \quad & 2x_1 + 3x_2 \le 120 : \text{공정 1} \\ & 3x_1 + 4x_2 \le 100 : \text{공정 2} \\ & 2x_1 + 1x_2 \le 50 \; : \text{공정 3} \\ & x_1,\; x_2 \ge 0 \end{aligned}$$

풀이

1) 제약조건식

목적계획모형에는 2개의 제약조건인 시스템 제약조건과 목표제약조건이 있다.

a. 선형계획모형의 3개 제약조건식은 모두 시스템 제약조건이 된다.

b. 선형계획모형의 목적함수에 대한 목표제약조건식은 편차변수를 도입하여 제약조건식으로 작성한다.

$$10x_1 + 12x_2 + d_1^- - d_1^+ = 1{,}000$$

여기서, d_1^- : 목표이익 1,000원에 대한 미달성분

d_1^+ : 목표이익 1,000원에 대한 초과달성분

2) 목적함수식

목적계획모형의 단일목표는 목적함수의 최대화이며, d_1^-의 최소화를 통하여 달성될 수 있다. 즉, 목적함수에 d_1^-만 나타낸 것은 유일한 목적이 총이익을 1,000원 이상 달성하는 것을 말한다. 따라서 다음과 같이 정리할 수 있다.

$$\text{Min} : Z = d_1^-$$

$$\begin{aligned} \text{s.t.} : \ & 10x_1 + 12x_2 + d_1^- - d_1^+ = 1{,}000 \\ & 2x_1 + 3x_2 \le 120 \\ & 3x_1 + 4x_2 \le 100 \\ & 2x_1 + 1x_2 \le 50 \\ & \text{모든 변수} \ge 0 \end{aligned}$$

예제 10-2

S기업의 최고 이익수준을 20,000원으로 설정하고, 다음의 선형계획모형을 목적계획모형으로 나타내어라.

$$\text{Max} : Z = 30x_1 + 20x_2$$

$$\begin{aligned} \text{s.t.} : \ & x_1 + x_2 \le 50 \\ & 2x_1 \le 80 \\ & x_2 \le 30 \\ & x_1, x_2 \ge 0 \end{aligned}$$

풀이

1) 제약조건

목적계획모형에는 2개의 제약조건인 시스템 제약조건과 목표제약조건이 있다. 시스템 제약조건(system constraint)은 절대적 의사결정 환경으로서 생산 조업일이 7일 이라든지, 판매능력의 제한 등이 된다. 이 예제에서 선형계획모형의 3개 제약조건식은 모두 시스템 제약조건이 된다.

목표제약조건(goal constraint)은 설정된 목표들에 대한 희망수준을 나타내는 것으로 원하는 이익수준 등이 그 예이다. 그러므로 목적함수에 대한 목표제약조건은 다음과 같이 작성된다.

$$30x_1 + 20x_2 + d_1^- - d_1^+ = 20{,}000$$

여기서, d_1^- : 최대목표인 20,000원에 대한 미달성분

d_1^+ : 최대목표인 20,000원에 대한 초과달성분

d_1^-과 d_1^+는 편차변수로서 d_1^-는 목표 미달성분, d_1^+는 목표 초과달성분을 나타낸다. 편차함수에서 주지해야 하는 사실은 적어도 하나의 편차변수는 반드시 0의 값을 갖는다. 즉, $d_1^- \times d_1^+$의 값은 0이 된다.

2) 목적함수

목적계획모형의 단일목표는 목적함수의 최대화이며, d_1^-의 최소화를 통하여 달성될 수 있다.

$$\begin{aligned}
\text{Min} : Z &= d_1^- \\
\text{s.t.} : 30x_1 &+ 20x_2 + d_1^- - d_1^+ = 20{,}000 \\
x_1 &+ x_2 \le 50 \\
2x_1 &\le 80 \\
x_2 &\le 30 \\
x_1&, x_2 \ge 0
\end{aligned}$$

2) 다수목적계획문제

서로 상충되는 다수의 목표가 존재할 때는 우선순위를 정하는 것이 중요하다. 만약, 모든 목표들이 생산량이나 시장점유율과 같은 동일한 측정기준으로 전환될 수 있을 경우에는 다수목적계획문제가 단일목적계획문제로 단순화하여 해결할 수 있다.

예제 10-3

다음 S기업에 관한 선형계획모형을 목적계획모형으로 나타내어라. 단, 공정 2의 조업시간 120시간을 최대한 확보하면서, 목표이익은 500으로 설정하고 달성하는 것을 목표로 한다.

$$\text{Max} : Z = 10x_1 + 12x_2$$

$$\text{s.t.} : 2x_1 + 3x_2 \le 90 \quad : \text{공정 } 1$$

$$3x_1 + 4x_2 \le 120 : \text{공정 } 2$$

$$2x_1 + 1x_2 \le 50 \quad : \text{공정 } 3$$

$$x_1,\ x_2,\ x_3 \ge 0$$

풀이

1) 우선순위 결정

P_1 : 공정 2의 조업시간 120시간을 확보하여야 한다.

P_2 : 목표이익은 500원으로 한다.

2) 결정변수의 정의

x_1 : 제품 1의 생산대수

x_2 : 제품 2의 생산대수

공정 2의 조업시간 120시간의 확보가 목표이익보다 우선적으로 달성되어야 하므로 다음과 같이 편차변수를 정의한다.

d_1^- : 목표조업시간 미달성분

d_1^+ : 목표조업시간 초과달성분

d_2^- : 목표이익 500에 대한 미달성분

d_2^+ : 목표이익 500에 대한 초과달성분

3) 제약식의 구성

a. 선형계획모형의 2개 제약조건식은 모두 시스템 제약조건이 된다.

b. 목표제약조건식은 편차변수를 도입하여 작성한다.

$$3x_1 + 4x_2 + d_1^- - d_1^+ = 120$$

$$10x_1 + 12x_2 + d_1^- - d_1^+ = 500$$

4) 목적함수 구성

목적계획모형의 목표는 목적함수의 최대화이며, 이 예제에서는 d_1^-와 d_2^-의 최소화를 통하여 달성될 수 있다.

$$\text{Min} : Z = P_1 d_1^- + P_2 d_2^-$$

그러므로 위에서 구성한 목적계획모형을 정리하면 다음과 같다.

$$\begin{aligned} \text{Min} : \; & Z = P_1 d_1^- + P_2 d_2^- \\ \text{s.t.} : \; & 3x_1 + 4x_2 + d_1^- - d_1^+ = 120 \\ & 10x_1 + 12x_2 + d_2^- - d_2^+ = 500 \\ & 2x_1 + 3x_2 \le 90 \\ & 2x_1 + 1x_2 \le 50 \\ & \text{모든 변수} \ge 0 \end{aligned}$$

예제 10-4

S전자는 우수와 최우수 2종류의 텔레비전을 생산하고 있다. 우수 텔레비전을 생산하는데는 생산공정 1에서 8분, 생산공정 2에서 3분이 소요된다. 최우수제품은 생산공정 1과 2에서 각각 4분이 소요된다. 그리고 주당 정상가동시간은 생산공정 1이 60시간이고, 생산공정 2는 40시간이라고 한다.

S전자는 주당 500대의 우수제품을 공급하기로 계약하였는데, 시장조사에 의하면 최우수는 수요가 거의 무한대이며, 대당 기대이익은 우수가 100,000원, 최우수가 60,000원이 예상된다고 한다.

S전자는 다음과 같이 중요도의 순서에 따라 4개의 목표를 설정하였다.

① 최소한 500대의 우수제품을 생산한다.
② 판매이익 70,000,000원을 달성한다.
③ 두 생산공정에서의 정상가동시간 미달을 최소화한다.

풀이

1) 우선순위 결정

P_1 : 최소한 500대의 우수제품을 생산한다.

P_2 : 판매이익 70,000,000원을 달성한다.

P_3 : 두 생산공정에서의 정상가동시간의 미달을 최소화한다.

2) 결정변수 결정

x_1 : 주당 우수제품의 생산대수

x_2 : 주당 최우수제품의 생산대수

3) 제약식의 구성

① 1번째 목표 : 우수제품 생산량 달성목표

$$x_1 + d_1^- - d_1^+ = 500$$

여기서, d_1^- : 생산목표인 500에 대한 미달성분

d_1^+ : 생산목표인 500에 대한 초과달성분

만약, 우수제품이 500대 미만으로 생산되면, d_1^-은 양수의 값을 갖게 되며, d_1^+는 0이 된다. 즉, 우수제품의 목표생산량은 미달성분 $d1^-$을 최소화시킴으로써 달성할 수 있다.

② 2번째 목표 : 판매이익 목표

$$100{,}000x_1 + 60{,}000x_2 + d_2^- - d_2^+ = 70{,}000{,}000$$

여기서, d_2^- : 판매이익목표에 대한 미달성분

d_2^+ : 판매이익목표에 대한 초과달성분

③ 3번째 목표 : 생산공정의 정상가동시간 달성목표

$$8x_1 + 4x_2 + d_3^- - d_3^+ = 3{,}600(\text{생산공정 } 1)$$

$$3x_1 + 4x_2 + d_4^- - d_4^+ = 2{,}400(\text{생산공정 } 2)$$

여기서, d_3^- : 생산공정 1의 정상가동시간의 미달성분

d_3^+ : 생산공정 1의 정상가동시간의 초과달성분

d_4^- : 생산공정 2의 정상가동시간의 미달성분

d_4^+ : 생산공정 2의 정상가동시간의 초과달성분

4) 목적함수 구성

$$\text{Min} \ :Z = P_1 d_1^- + P_2 d_2^- + P_3 d_3^- + P_3 d_4^-$$

완성된 목적계획모형

$$\text{Min} \ :Z = P_1 d_1^- + P_2 d_2^- + P_3 d_3^- + P_3 d_4^-$$

$$\text{s.t.:} \quad x_1 + d_1^- - d_1^+ = 500$$

$$100{,}000x_1 + 60{,}000x_2 + d_1^- - d_1^+ = 70{,}000{,}000$$

$$8x_1 + 4x_2 + d_3^- - d_3^+ = 3{,}600(\text{생산공정 1})$$

$$3x_1 + 4x_2 + d_4^- - d_4^+ = 2{,}400(\text{생산공정 2})$$

$$x_j,\ d_i^-,\ d_i^+ \ \geq \ 0(i = 1,\ 2,\ 3,\ 4,\ j = 1,\ 2)$$

3 목적계획법의 해법

목적계획법의 해법에는 ① 도해적 해법(graphic mathod), ② 심플렉스법(simplex method), ③ 컴퓨터를 이용하는 방법 등이 있다. 여기서는 도해적 해법만을 소개하겠다.

예제 10-5

다음 S기업의 목적계획모형을 도해적 해법을 이용하여 풀어라.

$$\text{Min} \ : \ Z = d_1^-$$

$$\text{s.t.:} \quad 10x_1 + 9x_2 + d_1^- - d_1^+ = 90 \ (\text{직선 1})$$

$$2x_1 + 1x_2 \leq 8 \qquad (\text{직선 2})$$

$$\text{모든 변수} \geq 0$$

풀이

비목적제약조건식인 직선 2를 먼저 그리고, 그 다음 목적제약조건식인 직선 1을 그린 다음, 실행가능영역 OAB를 색칠한다. 실행가능영역 OAB가 목적제약조건식의 내부에 있으므로, 조건을 만족한다. d_1^-를 최소화하기 위하여 실행가능영역 OAB에서 직선 1에 가장 가까운 점 A(0,8)가 선택된다.

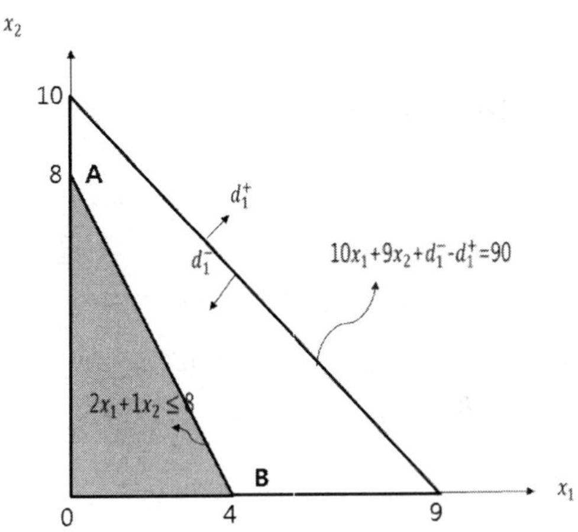

따라서 목적계획모형의 최적해는 $x_1 = 0$, $x_2 = 8$일 때이다. 그리고 $d_1^- = 18(90 - 10 \times 0 + 9 \times 8)$이 되어 목표를 달성하지 못하게 된다.

예제 10-6

다음 P기업의 목적계획모형을 도해적 해법을 이용하여 풀어라.

$$\text{Min} : Z = d_1^- + d_2^-$$

$$\text{s.t.}: 3x_1 + 4x_2 + d_1^- - d_1^+ = 180 \quad (\text{직선 } 1)$$

$$10x_1 + 12x_2 + d_2^- - d_2^+ = 500 \quad (\text{직선 } 2)$$

$$2x_1 + 3x_2 \le 90 \quad (\text{직선 } 3)$$

$$2x_1 + 1x_2 \le 50 \quad (\text{직선 } 4)$$

$$\text{모든 변수} \ge 0$$

풀이

먼저 비목적제약조건식인 직선 3과 4를 그리고, 목적제약조건식 가운데 1차 목표인 직선 1을 그린 다음, 2차 목표인 직선 2를 그린다. 그리고 실행가능영역 OABC를 색칠한다. 실행가능영역 OABC가 목적제약조건식의 내부에 있으므로, 조건을 만족한다. 그리고 d_1^-와 d_2^-를 최소화하기 위하여 실행가능영역 OABC에서 직선 2에 가장 가까운 점 A(15,20)이 선택된다.

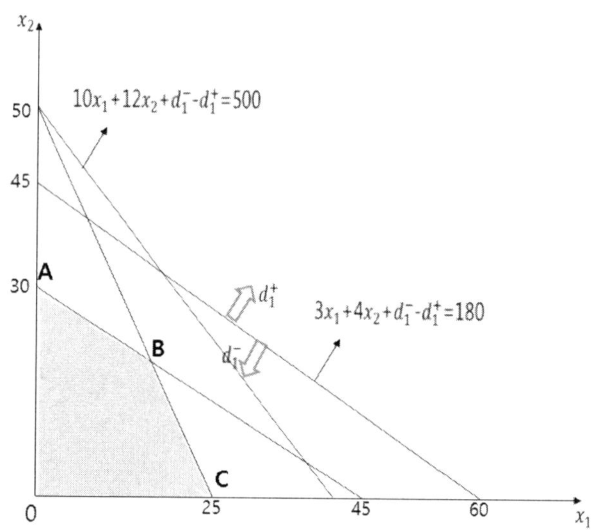

따라서 목적계획모형의 최적해는 $x_1 = 15$, $x_2 = 20$일 때이며, $d_1^- = 55$, $d_2^- = 110$이 되어 목표를 달성하지 못하게 된다.

예제 10-7

다음의 선형계획모형을 목적계획모형으로 나타내고, 도해적 해법을 이용하여 풀이하라.

$$\text{Min} \ : \ Z = 30x_1 + 20x_2$$

$$\text{s.t.}: \ x_1 + x_2 \ge 50$$

$$2x_1 \ge 80$$

$$x_2 \ge 30$$

$$x_1, x_2 \ge 0$$

풀이

1) 목적계획모형

$$\text{Min} \; : \; Z = d_1^{\;+}$$
$$\text{s.t.} : 30x_1 + 20x_2 + d1^- - d1^+ = 0$$
$$x_1 + x_2 \geq 50$$
$$2x_1 \geq 80$$
$$x_2 \geq 30$$
$$x_{1,} \; x_{2} \geq 0$$

2) 도해적 해법

선형계획법과 같이 목적계획모형도 도해적 해법으로 풀 수 있다. 목표제약조건의 기울기는 $-\frac{3}{2}$으로 선형계획법의 기울기와 동일하다. 그리고OABCD가 실행가능해의 영역이다.

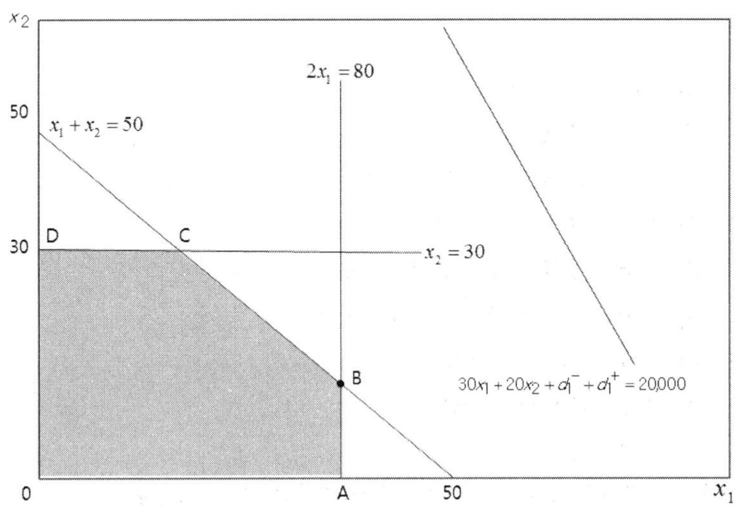

$x_1 = 40$, $x_2 = 10$, $d1^- = 18{,}600$이며, $Z = 1{,}400$ 이다.

예제 10-8

다음 문제를 목적계획모형으로 모형화하고, 도해적 해법에 의하여 결과를 도출하라.

최대화 $Z = 6x_1 + 5x_2$

제약조건 : $2x_1 + 5x_2 \le 50$ (목수일)

$2x_1 + 1x_2 \le 22$ (페인팅/광택)

$0.1x_1 + 0.1x_2 \le 1.3$ (검사)

$x_1, x_2 \ge 0$

그리고 회사는 다음과 같은 목적을 우선순위에 따라 결정하였다.

목적 1 : 목수일 공정에서 잔업시간을 최소화

목적 2 : 페인팅/광택 공정에서 잔업시간을 최소화

목적 3 : 총이익 90만원 이상 달성

풀이

1) 모형화

• 목적제약조건식

- 목적 1 : $2x_1 + 5x_2 + d_1^- - d_1^+ = 50$

d_1^- : 목수일 공정 50시간 미달성

d_1^+ : 목수일 공정 50시간 초과달성

- 목적 2 : $2x_1 + 1x_2 + d_2^- - d_2^+ = 22$

d_2^- : 페인팅/광택 공정 22시간 미달성

d_2^+ : 페인팅/광택 공정 22시간 초과달성

- 목적 3 : $6x_1 + 5x_2 + d_3^- - d_3^+ = 90$

d_3^- : 총이익 90만원 미달성

d_3^+ : 총이익 90만원 초과달성

- 목적으로부터의 가능한 편차를 나타내기 위해 편차변수를 도입한다.

• 비목적제약조건식

$$0.1x_1 + 0.1x_2 \le 1.3$$

- 비목적제약조건식은 반드시 지켜야 한다.

• 완전한 모형

- 최소화 $P_1 d_1^+,\ P_2 d_2^+,\ P_3 d_3^-$

- 제약조건 : $2x_1 + 5x_2 + d_1^- - d_1^+ = 50$

$$2x_1 + 1x_2 + d_2^- - d_2^+ = 22$$

$$6x_1 + 5x_2 + d_3^- - d_3^+ = 90$$

$$0.1x_1 + 0.1x_2 \le 1.3$$

$$x_1,\ x_2,\ d_1^-,\ d_1^+,\ d_2^-,\ d_2^+,\ d_3^-,\ d_3^+ \ge 0$$

2) 도해적 해법

하나의 그래프에 제약조건식의 영역을 표시하는 방법은, 비목적제약조건식과 우선순위에 따른 목적제약조건식을 먼저 그리고 가해영역을 색칠한다.

• 비목적제약조건식을 먼저 그린다.

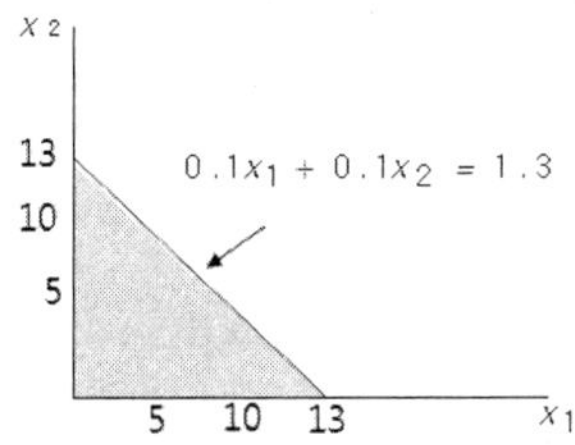

• 우선순위가 높은 목적제약조건식부터 먼저 그린다.

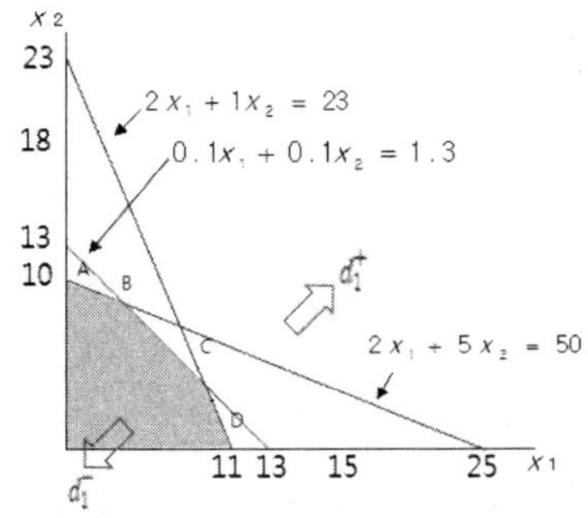

• 나머지 목적제약조건식을 그린다.

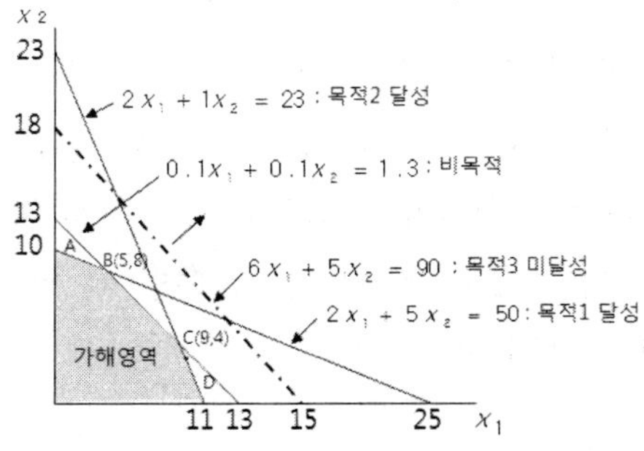

• 가해영역 설정

- 가해영역은 0ABCD로 축소된다.
- P_1과 P_2 목적을 만족시키는 가해영역은 P_3 목적은 만족시킬 수 없다. 즉, P_3 목적을 만족시키는 가해영역은 존재하지 않는다. 그러므로 P_3 목적은 미달성할 수밖에 없다.

• 최적해 도출

- P_3 목적과 관련 있는 목적제약조건식에 가장 가까운 점 C가 최적해가 되며, 좌표는 (9,4)이다
- P_3 목적과 관련 있는 목적제약조건식에 대입하면,

$$6x_1 + 5x_2 = 6(9) + 5(4) = 74$$

- 최적해 : $x_1 = 9$, $x_2 = 4$, P_1 = 목표의 완전 달성, P_2 = 목표의 완전 달성,
  P_3 = 목표의 16만큼 미달성($= 90 - 74$)

제3절 계층분석과정

1 계층분석과정의 개념

일반적으로 한 가지 대안을 선택할 때, 여러 개의 평가기준을 고려하여 결정하는 것이 보통이다. 그리고 각 기준들은 양적으로(예를 들면, 가격, 반품률 등) 표현 가능한 것도 있지만, 질적인 기준(예를 들면, 디자인의 장점, 환경의 쾌적성 등)도 포함되어 있어 서로 이해가 상반된 것도 있기 때문에 바로 판단하기 어렵다.

이런 경우의 의사결정 기법으로서, 1970년대 세티(T. L. Saaty)가 개발한 계층분석과정(analytic hierarchy process; AHP)이 있다.

AHP는 최종 목표, 평가기준 그리고 결정대안을 포함한 계층구조를 고려하며, 이것을 바탕으로 결정대안의 중요도를 결정하는 방법이다. 즉, 각 기준간 쌍비교 행렬과 각 대안간 쌍비교 행렬을 종합하여 각 대안의 종합순위를 제시한다.

따라서 계층분석과정은 의사결정자가 고려하는 기준에 각 대안이 얼마나 부합하는가에 입각하여 각 대안의 순위를 매기는 점수를 계산해 줌으로써 좋은 대안의 결정을 내릴 수 있도록 도와준다.

2 계층분석과정

AHP의 풀이과정은 다음의 단계를 거친다.

[단계 1] 계층도 작성

- 최종 목표, 평가기준, 결정대안의 구조를 계층도에 나타낸다.

[단계 2] 기준의 쌍비교

- 각 기준의 평가 항목에 대하여 비교를 실시하고, 그 중요도를 구한다.

[단계 3] 일관성 검토

- 쌍비교의 일관성을 검토한다.

[단계 4] 대안의 쌍비교

- 각 단계의 평가 항목에 대하여 비교를 실시하고, 그 중요도를 구한다.

[단계 5] 기준의 가중치 계산

- 기준의 가중치에 근거하여 각 대안의 종합 가중치를 계산한 다음, 순위를 매긴다.

다음 예제를 이용하여 계층분석과정의 풀이과정을 살펴보도록 하자.

예제 10-9

S사는 생산성 향상의 일환으로 컴퓨터를 구입하려고 하며, 지금 3개의 모델 P, Q, R이 후보에 오르고 있다. 이 중에서 한 개의 모델을 선정하기 위하여 평가기준으로 '기능', '편리성', '가격', '공간성'의 4가지 기준을 고려하고 있다.

모델 P는 풍부한 '기능'을 갖추고 있지만, '편리성'은 다소 떨어지고, '가격'도 다른 2개의 모델보다 높다. 한편, 모델 Q는 '편리성'에 대해서는 잘 배려되어 있지만, '기능'은 모델 P보다 떨어진다. 그리고 모델 R은 '기능'과 '편리성'은 적당하지만, '공간성'면에서 문제가 있다.

AHP를 적용하여 어떤 모델을 구입하면 좋을지 결정하라.

풀이

1) 계층도 작성

문제의 구조(단계)를 ① 최종 목표, ② 평가기준, ③ 결정대안의 관계를 파악하고, 계층도를 작성한다. 계층의 가장 상층에 있는 것이 최종 목표이며, 이것은 목적을 나타내기 때문에, 한 가지 항목으로 이루어진다. 한편, 계층의 최하층에 있는 것이 결정대안이며, 최종 목표와 대안 사이에 몇 가지 평가기준을 둔다.

이 예제의 최종 목표는 컴퓨터의 모델을 선정하는 것이다. 결정대안은 구입 후보에 오른 3개 모델 P, Q, R의 컴퓨터에서 1개의 모델을 선택하는 것이다. 이 최종 목표의 평가기준으로 '기능', '편리성', '가격', '공간성'의 4 항목을 고려하고 있다.

이들의 관계를 계층도에 나타내면, 아래 그림과 같다. 아래 그림은 가장 간단한 계층 관계를 가진 경우이며, 단계의 수는 3개이다.

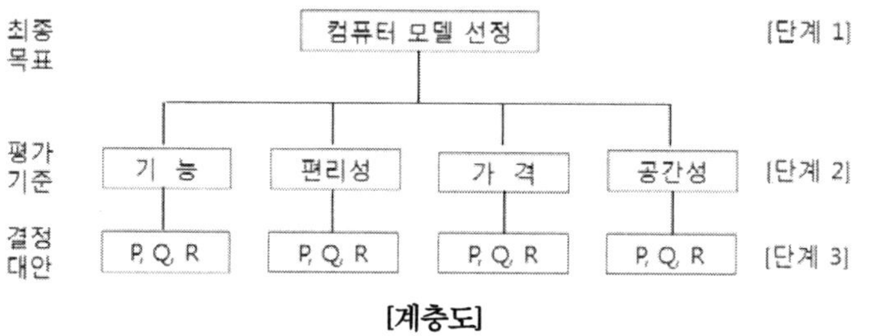

[계층도]

2) 기준의 쌍비교

- 점수표 준비

  계층도가 완성되면, 각 단계의 평가 항목에 대해서 어느 항목이 어느 정도의 중요도를 갖는지 평가 항목에 비추어 결정하여야 하며, 이 가중치를 따지는 데 쌍비교법을 이용한다.

  쌍비교법(pair comparison method)이란 몇 개의 측정 항목이 있을 때, 그 중에서 항목을 순차적으로 2개씩 꺼내어 어느 것이 더 중요한가를 주관적으로 비교하는 방법이다. 즉, 의사결정자의 주관적인 판단이며, 자신의 생각이나 가치관이 반영되므로, 의사결정자에 의해서 쌍비교의 결과는 달라질 수 있다.

  AHP에서는 쌍비교이므로 먼저 다음 〈표 a〉와 같은 점수표를 준비한다. 이 점수표를 사용하여 단계 2의 각 평가 기준과 단계 3의 컴퓨터 모델에 관해서 비교한다.

표 a ▸▸▸ 쌍비교를 위한 점수표

항목 A와 B의 비교	점수
A, B가 똑같이 중요	1
A가 B보다 약간 더 중요	3
A가 B보다 상당히 더 중요	5
A가 B보다 매우 더 중요	7

항목 A와 B의 비교	점수
A가 B보다 절대적으로 중요	9
A와 B를 역으로 비교했을 때	위 각 점수의 역수

• 기준의 쌍비교 행렬

각 기준의 중요도를 알기 위해서는 의사결정자로 하여금 2개 기준의 쌍비교를 하도록 한다. 2개 기준을 쌍비교할 때 이들이 목적을 달성하는 기여도에 따라 어느 기준이 더욱 중요한지 선호도를 제시해야 한다. 기준이나 대안의 중요도를 측정하는 비교척도를 선호도 척도(preference scale)라고 한다.

기능의 행은 다음과 같이 평가한다. 우선 '기능'대 '기능'의 점수는 당연히 1이다. 그리고 '기능'과 '편리성'를 비교하면, '기능'을 '편리성'보다 '약간 더 중요하다'고 생각하면, 점수는 3이 되고, 기능의 행과 편리성의 줄의 교차하는 곳에 3을 기입한다.

마찬가지로, '기능'과 '가격'을 비교하여 '기능'이 '가격'보다 '상당히 더 중요하다'고 생각하면, 기능의 행과 가격의 줄이 교차하는 곳에 점수 5를 넣는다. 그리고'기능'과 '공간성'에서는 '기능'이 '공간성'보다 '매우 더 중요하다'면, 기능의 행과 공간성성의 줄이 교차하는 곳에 점수 7을 기록한다. 이렇게, 기능의 행을 모두 평가하고 점수를 기입한다. 한편, 기능의 열에 대해서는 비교하는 항목의 역수이므로, $\frac{1}{3}$, $\frac{1}{5}$, $\frac{1}{7}$을 각각 기입한다. 모든 항목 간에 쌍비교를 실시하고, 표로 완성시킨 것이 〈표 b〉이다.

표 b ▸▸▸ 컴퓨터 평가기준의 쌍비교표

A \ B	기 능	편리성	가 격	공간성
기능	1	3	5	7
편리성	$\frac{1}{3}$	1	5	7
가격	$\frac{1}{5}$	$\frac{1}{5}$	1	3
공간성	$\frac{1}{7}$	$\frac{1}{7}$	$\frac{1}{3}$	1

• 기준의 가중치 계산

각 기준의 가중치는 다음과 같은 계산 과정을 거친다.

[단계 1] 각 열별 합계 계산

• 각 기준간 쌍비교 행렬에서 각 열에 있는 모든 수치들의 합계를 구한다.

[단계 2] 표준행렬 계산

• 각 열에 속해 있는 수치들을 각 열별 합계로 나눈다. 이를 표준행렬이라 한다.

[단계 3] 가중치 계산

- 표준행렬에서 각 행별로 수치들의 평균을 구한다. 이는 각 기준의 가중치를 나타낸다.

이러한 과정을 예제에 적용하면, 다음과 같다.

[단계 1] 각 열별 합계 계산

A \ B	기 능	편리성	가 격	공간성
기능	1	3	5	7
편리성	$\frac{1}{3}$	1	5	7
가격	$\frac{1}{5}$	$\frac{1}{5}$	1	3
공간성	$\frac{1}{7}$	$\frac{1}{7}$	$\frac{1}{3}$	1
합 계	1.6762	4.3429	11.3333	18

(방법) 기능 : $1+\frac{1}{3}+\frac{1}{5}+\frac{1}{7}=1.6762$, 편리성 : $3+1+\frac{1}{5}+\frac{1}{7}=4.3429$

[단계 2] 표준행렬 계산 : 각 열에 속해 있는 수치들을 각 열별 합계로 나눈다.

A \ B	기 능	편리성	가 격	공간성
기능	0.5966	0.6908	0.4412	0.3889
편리성	0.1988	0.2303	0.4412	0.3889
가격	0.1193	0.0461	0.0882	0.1667
공간성	0.0853	0.0329	0.0294	0.0556

(방법) 기능/기능 : $\frac{1}{1.6762}=0.5966$, 편리성/기능 : $\frac{1}{3}\div 1.6762=0.1988$

편리성/편리성 : $\frac{1}{4.3429}=0.2303$

[단계 3] 가중치 계산 : 표준행렬에서 각 행별로 수치들의 평균을 구한다.

A \ B	기 능	편리성	가 격	공간성	가중치
기능	0.5966	0.6908	0.4412	0.3889	0.5294
편리성	0.1988	0.2303	0.4412	0.3889	0.3148
가격	0.1193	0.0461	0.0882	0.1667	0.1051
공간성	0.0853	0.0329	0.0294	0.0556	0.0508

(방법) 기능 : $(0.5966+0.6908+0.4412+0.3889)\div 4 = 0.5294$

위에 계산된 가중치에 따르면, 컴퓨터 모델의 선택에 대한 평가기준은 기능 〉 편리성 〉 가격 〉 공간성의 순으로 이루어진다.

3) 일관성 검정

쌍비교법은 2항목 간의 비교이므로, 전체로서 일관성 있는 비교를 하는 것은 아니다. 예를 들면, A는 B보다 중요하고, B는 C보다 중요하고, C는 A보다 중요하다고 평가했을 경우, 전체로서 일관성이 적합한지, 또 중요도의 순위가 적합한지, 평가 점수 부여 방식에 편향성이 있는지, 그리고 일관성에 부족한 부분이 있는지 알 수 없다.

이와 같이 일련의 쌍비교가 일관성이 부족한 것이라면, 앞에서 설명한 가중치 계산의 결과는 믿을 수 없다. 그러므로 쌍비교의 일관성을 검토할 필요성이 생기며, 이 검토는 일관성 지수(consistency index; CI)의 계산에 의하여 결정한다. *CI*를 구하는 식은 다음과 같다.

$$\text{일관성 지수} : CI = \frac{\text{평균치} - \text{항목수}}{\text{항목수} - 1}$$

*CI*의 값은 완전히 일치하고 있을 때는 0이 되며, 보통 *CI*가 0.1(경우에 따라서는 0.15) 이하인 때에는 일관성에 문제가 없다고 판단한다.

표 c ▸▸▸ 일관성 검정 계산표

(가중치)	기 능 (0.5294)	편리성 (0.3148)	가 격 (0.1051)	공간성 (0.0508)	횡의 계산	횡의 계산 가중치
기능	1×0.5294	3×0.3148	5×0.1051	7×0.0508	2.3549	4.4482
편리성	$\frac{1}{3} \times 0.5294$	1×0.3148	5×0.1051	7×0.0508	1.3723	2.5923
가격	$\frac{1}{5} \times 0.5294$	$\frac{1}{5} \times 0.3148$	1×0.1051	3×0.0508	0.4263	0.8053
공간성	$\frac{1}{7} \times 0.5294$	$\frac{1}{7} \times 0.3148$	$\frac{1}{3} \times 0.1051$	1×0.0508	0.2065	0.3900
평 균						2.0590

그러나 일관성 지수 *CI*가 0.1을 넘어설 때는 부적합이 되므로, 쌍비교를 바꿀 필요가 있다. 이제, 〈표 c〉의 계산표에 대한 합리성을 살펴보자.

위의 〈표 c〉와 같이, 각 항목의 가중치를 기록하고, 열 방향(세로)으로 쌍비교의 점수를 계산한다. 그리고 그것을 행(가로)으로 합산한다. 이를테면 '기능'에 대해서는 다음과 같다.

$$1 \times 0.5294 + 3 \times 0.3148 + 5 \times 0.1051 + 7 \times 0.0508 = 2.3549$$

이 값을 '2. 기준의 쌍비교'에서 계산된 '기능'의 가중치 0.5294로 나눈다.

$$\frac{2.3549}{0.5294} = 4.4482$$

이렇게 얻어진 4개 항목의 평균치를 구한다.

$$\frac{4.4482 + 2.5923 + 0.8053 + 0.3900}{4} = 2.0590$$

그리고 이 평균치를 이용하여 일관성 지수 CI를 계산하면, 다음과 같다.

$$CI = \frac{2.0590 - 4}{4 - 1} = -0.647 < 0.1$$

이 결과로부터, 〈표 a〉의 비교는 일관성에 문제가 없다. 마찬가지로, 〈표 c〉부터 〈표 d〉에 나타낸 쌍비교 표에 대해서도 무결성을 검사하기 위해서 CI를 계산하면, 각각 0.005, 0.001, 0.005, 0.004가 되고, 모두 0.1이하이므로, 일관성에 문제가 없다고 판단할 수 있다.

4) 대안의 쌍비교

• 대안의 쌍비교 행렬

쌍비교의 일관성을 계산한 후, 각 단계에서 구한 비중을 합성하고 최종 목표에서 본 각 대안별 가중치를 계산한다. 다음은 각 대안별 쌍비교 행렬을 나타낸 것이다.

표 d ▸▸▸ 대안의 쌍비교 행렬

기 능	모델 P	모델 Q	모델 R
모델 P	1	2	3
모델 Q	$\frac{1}{2}$	1	2
모델 R	$\frac{1}{3}$	$\frac{1}{2}$	1

편리성	모델 P	모델 Q	모델 R
모델 P	1	$\frac{1}{5}$	$\frac{1}{3}$
모델 Q	5	1	2
모델 R	3	$\frac{1}{2}$	1

가격	모델 P	모델 Q	모델 R
모델 P	1	$\frac{1}{3}$	$\frac{1}{2}$
모델 Q	3	1	2
모델 R	2	$\frac{1}{2}$	1

공간성	모델 P	모델 Q	모델 R
모델 P	1	$\frac{1}{2}$	$\frac{1}{2}$
모델 Q	3	1	$\frac{1}{2}$
모델 R	7	3	1

• 대안의 가중치 계산

[단계 3]의 각 결정대안(모델 P, Q, R)에 대해서, 4가지 평가기준(기능, 편리성, 가격, 공간성)의 쌍비교를 실시하고, 표준행렬과 가중치를 계산한다. 가중치를 계산하는 과정은 기준

의 가중치를 계산하는 과정과 동일하다.

각 대안의 가중치는 다음과 같은 계산 과정을 거친다.

[단계 1] 각 열별 합계 계산

- 각 기준간 쌍비교 행렬에서 각 열에 있는 모든 수치들의 합계를 구한다.

[단계 2] 표준행렬 계산

- 각 열에 속해 있는 수치들을 각 열별 합계로 나눈다. 이를 표준행렬이라 한다.

[단계 3] 가중치 계산

- 표준행렬에서 각 행별로 수치들의 평균을 구한다. 이는 각 기준의 가중치를 나타낸다.

표 e ▸▸▸ 기능을 기준으로 평가

	쌍비교 행렬			표준행렬			가중치
대안	모델 P	모델 Q	모델 R	모델 P	모델 Q	모델 R	
모델 P	1	2	3	0.5455	0.5714	0.5	0.5390
모델 Q	$\frac{1}{2}$	1	2	0.3626	0.2857	0.3333	0.3272
모델 R	$\frac{1}{3}$	$\frac{1}{2}$	1	0.2417	0.1429	0.1667	0.1838

(방법) 표준행렬의 모델 P : $1 \div (1+\frac{1}{2}+\frac{1}{3}) = 0.5455$

표준행렬의 모델 Q : $2 \div (2+1+\frac{1}{2}) = 0.5714$

가중치의 모델 P : $(0.5455+0.5714+0.5) \div 3 = 0.5390$

가중치의 모델 Q : $(0.3626+0.2857+0.3333) \div 3 = 0.3272$

표 f ▸▸▸ 편리성을 기준으로 평가

	쌍비교 행렬			표준행렬			가중치
대안	모델 P	모델 Q	모델 R	모델 P	모델 Q	모델 R	
모델 P	1	$\frac{1}{5}$	$\frac{1}{3}$	0.1111	0.1176	0.1	0.1096
모델 Q	5	1	2	0.5556	0.5882	0.6	0.5813
모델 R	3	$\frac{1}{2}$	1	0.3333	0.2941	0.3	0.3092

(방법) 표준행렬의 모델 R : $\frac{1}{3} \div (\frac{1}{3}+2+1) = 0.1$

가중치의 모델 R : $(0.3333+0.2941+0.3) \div 3 = 0.3092$

표 g ▸▸▸ 가격을 기준으로 평가

대안	쌍비교 행렬			표준행렬			가중치
	모델 P	모델 Q	모델 R	모델 P	모델 Q	모델 R	
모델 P	1	$\frac{1}{3}$	$\frac{1}{2}$	0.1667	0.1818	0.1429	0.1638
모델 Q	3	1	2	0.5	0.5455	0.5714	0.5390
모델 R	2	$\frac{1}{2}$	1	0.3333	0.2727	0.2857	0.2973

표 h ▸▸▸ 공간성을 기준으로 평가

대안	쌍비교 행렬			표준행렬			가중치
	모델 P	모델 Q	모델 R	모델 P	모델 Q	모델 R	
모델 P	1	$\frac{1}{2}$	$\frac{1}{2}$	0.0909	0.1111	0.25	0.1507
모델 Q	3	1	$\frac{1}{2}$	0.2727	0.2222	0.25	0.2483
모델 R	7	3	1	0.6364	0.6667	0.5	0.6010

• 기준으로 평가한 대안별 가중치
의 각 기준으로 평가한 〈표 e〉, 〈표 f〉, 〈표 g〉, 〈표 h〉의 대안별 가중치를 정리하면, 다음과 같다.

표 i ▸▸▸ 기준에 따른 대안별 가중치

기준 / 대안	기 능	편리성	가 격	공간성
모델 P	0.5390	0.1096	0.1638	0.1507
모델 Q	0.3272	0.5813	0.5390	0.2483
모델 R	0.1838	0.3092	0.2973	0.6010

모델 P에 대한 '기능', '편리성', '가격', '공간성'의 대안별 가중치는 각각 0.5390, 0.1056, 0.1638, 0.1507이다. 여기에 기준의 쌍비교에서 구한 값에 기준의 가중치를 곱하여 구하는 모델 P의 종합 가중치는 다음과 같이 계산한다.

$$0.539 \times 0.5294 + 0.1096 \times 0.3148 + 0.1638 \times 0.1051 + 0.1507 \times 0.0508 = 0.3447$$

마찬가지로, 모델 Q, 모델 R의 종합 가중치를 계산하여 표로 나타내면, 〈표 j〉와 같다.

표 j ▸▸▸ 각 대안의 종합 가중치

기준 / 대안	기 능 0.5294	편리성 0.3148	가 격 0.1051	공간성 0.0508	종합 가중치
모델 P	0.5390x0.5294	0.1096x0.3148	0.1638x0.1051	0.1507x0.0508	0.3447
모델 Q	0.3272x0.5294	0.5813x0.3148	0.5390x0.1051	0.2483x0.0508	0.4255
모델 R	0.1838x0.5294	0.3092x0.3148	0.2973x0.1051	0.6010x0.0508	0.2564

이 결과로부터, 모델 Q를 선택하는 것이 가장 바람직하며, 그 다음으로 모델 P, 모델 R의 순서인 것을 알 수 있다. 이 예제는, 컴퓨터의 모델을 1개 선정하는 경우이지만, AHP를 예산배분에 적용할 경우, 종합 가중치에 따라 예산을 배분하는 의사결정이 가능하다.

3 AHP의 유의점

AHP는 복잡한 문제를 계층구조로 정리하고, 문제 상황에 대한 의사결정자의 이해를 촉진하는 동시에, 의사결정의 합리성과 타당성을 높일 수 있다. 또, 상황의 문제뿐만 아니라, 미래에 일어날 수 있는 문제에 관한 판단에도 활용할 수 있어, 적용 범위가 넓다. 그러므로 AHP는 기업의 전략이나 정부의 정책 결정 등에 활용되는 일이 늘어나고 있지만, 그 실시에 있어서 다음과 같은 점에 유의해야 한다.

① 동일 수준에 도입하는 요소(평가 항목)는 독립성이 높은 것으로 한다.

② 동일 수준에 도입하는 요소의 수는 7개 이하로 하며, 많아도 9개까지 한다. 왜냐하면 요소 수가 많이 나오면, 쌍비교가 대단히 어려워지기 때문이다.

③ 여러 팀에서 AHP를 실시할 때는, 쌍비교치로서 기하평균을 이용한다. 예를 들어 3팀의 쌍비교치가 일치하지 않고, 4, 6, 7이 되었을 때, 기하평균은 $\sqrt[3]{4\times5\times7}=5.5$이므로 쌍비교의 점수로 5.5를 채용한다. 이렇게 하면, 항목을 고쳐서 비교했을 때의 점수는 $\sqrt[3]{\frac{1}{4}\times\frac{1}{5}\times\frac{1}{7}}=\frac{1}{5.5}$이 되는데, 이것은 역수 관계가 유지되기 때문이다.

④ 종합 가중치는 각 대안의 상대적 중요도를 표시하지만, 그 결과에 의문을 느꼈을 때는, 계층도를 수정하고, 다시 AHP를 실시하여야 한다. 예를 들면, 종

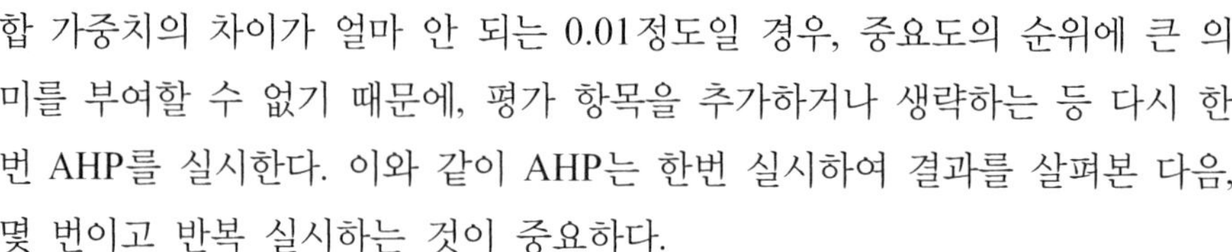

합 가중치의 차이가 얼마 안 되는 0.01정도일 경우, 중요도의 순위에 큰 의미를 부여할 수 없기 때문에, 평가 항목을 추가하거나 생략하는 등 다시 한번 AHP를 실시한다. 이와 같이 AHP는 한번 실시하여 결과를 살펴본 다음, 몇 번이고 반복 실시하는 것이 중요하다.

제4절 점수모델

점수모델(scoring model)은 의사결정자로 하여금 각 결정기준의 상대적 중요성에 따라 가중치를 부여토록 하고, 또 각 기준에 따라 여러 결정대안들의 장점을 부여토록 함으로써 가중치와 장점(rating)을 곱하여 가장 많은 점수를 갖는 대안을 선택토록 하는 주관식 다기준 의사결정모델이다.

그러므로 점수모델은 비교적 간단하여 시설입지, 제품선정, 직무선정 등에 널리 응용되고 있다. 점수모델은 눈에 보이는 요소와 보이지 않는 요소들을 모두 고려할 수 있는 신축적인 모델로서 여러 가지 기준을 동시에 고려할 수 있는 이점을 제공한다.

점수모델은 다음과 같은 공식을 이용하여 종합점수를 구한다.

$$S_i = \sum x_i g_j$$

여기서, x_i : 기준 j에 부여하는 가중치 : 가중치는 0부터 1까지의 값을 갖는데, 상대적 중요도가 높을수록 1에 가까운 값을 갖는다. 그리고 모든 가중치의 합은 1이다.

g_j : 결정대안 i가 기준 j를 만족시키는 명칭으로서 0부터 100까지의 값을 갖는다. 만족시키는 정도가 높을수록 높은 명칭을 부여한다.

S_i : 대안 i의 종합점수

다음의 간단한 예를 이용하여 점수모델을 설명하기로 하자.

예제 10-10

종로제조(주)는 3개의 신제품 아이디어 중에서 가장 점수가 높은 아이디어를 선정하려고 한다. 회사가 고려하는 기준은 5가지이고, 그들의 중요성에 따른 가중치가 다음 표와 같다. 그리고 각 기준에 대한 아이디어의 평점 또한 다음 표와 같이 주관적으로 결정하였다.

기준	가중치	아이디어		
		1	2	3
현 제품라인에의 일관성	0.30	60	90	70
현 유통과정에의 입지성	0.20	90	65	80
판매량 예측	0.25	80	79	85
크기, 형태, 무게의 고려	0.15	100	80	60
장기자금 소요량	0.10	30	50	60

풀이

각 아이디어에 대한 종합점수는 다음과 같이 계산한다.

$$S_1 = 0.30(60) + 0.20(90) + 0.25(80) + 0.15(100) + 0.10(30) = 74$$
$$S_2 = 0.30(90) + 0.20(65) + 0.25(79) + 0.15(80) + 0.10(50) = 76.75$$
$$S_3 = 0.30(70) + 0.20(80) + 0.25(85) + 0.15(60) + 0.10(60) = 73.25$$

아이디어 2가 가장 높은 76.75점을 얻었기 때문에 회사는 아이디어 2를 선정해야 한다.

연 습 문 제

10.1 선형계획법과 목표계획법의 차이점을 설명하라.

10.2 시스템 제약조건과 목표제약조건을 비교 설명하라.

10.3 쌍비교를 위해 주관적인 비교가 어떻게 행해지는가를 설명하라.

10.4 AHP에서 최하위의 단계는 항상 의사결정의 대안을 포함하는지를 설명하라.

10.5 S가구회사는 의자와 책상을 생산하는 기업으로 다음과 같은 자체 선형계획모형을 갖고 있다. 목적계획모형으로 나타내어라. 단, 목표이익은 500으로 설정한다.

$$\text{Max} \ : \ Z = 10x_1 + 12x_2$$

$$\text{s.t.}: \quad 2x_1 + 3x_2 \le 120: \text{공정 1}$$

$$3x_1 + 4x_2 \le 120: \text{공정 2}$$

$$2x_1 + 1x_2 \le 50: \text{공정 3}$$

$$x_1,\ x_2,\ x_3 \ge 0$$

10.6 S전자는 송수신겸용 방식의 휴대용 라디오를 생산하려고 계획하고 있다. 30km까지 송수신할 수 있는 이 새로운 라디오는 사무실과 판매원 사이의 연락을 용이하게 하므로 이동 차량이나 선박 등에 이용하면 매우 효과적이다.
이 회사의 과거의 경험에 의하여 작성한 자료는 다음과 같으며, 회사의 생산능력은 1,000단위이다. 목적계획법에 의하여 수식으로 모형화하라.

유통경로	단위당 이익	단위당 광고비	단위당 판매시간
산업통신장비 도매상	500	43	2
전국적인 할인점	400	35	2.4
행상장비 도매상	460	28	2.8

– 경영방침 우선순위

- P_1 : 제품 가운데 최소한 500단위는 3개월 동안에 전국적인 할인점을 통하여 유통되어야 한다.

- P_2 : 3개월 동안 지출할 수 있는 광고비는 34,500원
- P_3 : 3개월 동안 이용할 수 있는 판매시간은 최대로 1,500시간
- P_4 : 총이익으로 3개월 동안 500,000원 이상을 벌고자 함

10.7 K기업은 제품 A, B, C 3종류를 생산하고 있다. 다음 자료를 이용하여 목적계획모형으로 나타내어라.

	제품 A	제품 B	제품 C	조업시간
단위당 이익	5만원	4만원	2만원	
공정 1 작업시간/단위당	4	2	1	5,000
공정 2 작업시간/단위당	2	13	2	4,000

- P_1 : 기업의 이익은 7,000만원 이상 달성되어야 한다.
- P_2 : 제품 A는 200단위 이상 생산한다.
- P_3 : 이익은 가능한 극대화한다.

10.8 P기업은 3개의 제품생산 라인에서 2개의 공정을 거쳐 완제품을 생산하고 있다. 각 라인의 단위당 이익과 소요시간, 사용가능한 가용시간은 다음과 같다. 다음 자료를 이용하여 목적계획모형으로 나타내어라.

	라인 1	라인 2	라인 3	가용시간
단위당 이익	2만원	1만원	1만원	
공정 1 소요시간	1	2	1	5,000
공정 2 작업시간	3	1	1	4,000

라인 1과 라인 2는 각각 500단위, 1,500단위의 주문을 받았다. 그리고 P기업의 목표 우선순위는 다음과 같다.

- P_1 : 기업의 이익은 4,000만원 이상 달성되어야 한다.
- P_2 : 라인 1과 라인2의 주문량은 충족된다.
- P_3 : 라인 2는 주문량 이상의 생산은 최소화한다.
- P_4 : 유휴조업시간은 최소화한다.

10.9 S사는 A잉크와 B잉크를 생산하고 있다. 잉크 100리터 생산에 A잉크는 10시간, B잉크는 15시간의 노동력이 소요되며, 동원가능한 노동력은 1주일에 40시간이다. A잉크와 B잉크는 100리터에 10만원의 이익을 내는데, S사의 사장은 1주일에 최소 100만원의 이익을 얻고자 한다. 또한, 사장은 협력사에 약속한 주당 700리터의 B

잉크 공급계약을 지키고자 한다.

따라서 사장은 다음과 같은 우선순위를 설정하였다.

- 노동력 초과소요량의 감소
- 이익금 미달액의 감소
- B잉크의 공급미달량의 감소

1) 이 문제를 목적계획모형으로 나타내어라.

2) S사의 목적계획모형을 도해적 해법을 이용하여 풀어라.

10.10 다음 목적계획모형의 최적해를 구하라.

$$\text{Min} : Z = P_1 d_3^- + P_2 d_1^+$$

$$\text{s.t.} : x_1 + x_2 + d_1^- - d_1^+ = 1{,}800$$

$$x_1 + d_2^- = 1{,}000$$

$$2{,}000x_1 + 1{,}500x_2 + d_3^- - d_3^+ = 3{,}000{,}000$$

$$\text{모든 변수} \geq 0$$

제11장 시뮬레이션

제1절 서 론

1 시뮬레이션의 개념

시뮬레이션(simulation)은 현실을 인공적으로 만들어 내고, 이를 모델로 실험을 반복함으로써, 현실의 문제에 대한 근사해를 얻는 방법이다. 그러므로 시뮬레이션은 '모의실험'이라고 하고, 처음부터 문제를 실험적으로 푸는 것을 목적으로 하며, 문제를 해석적으로 풀어 최적해를 구하는 기법과는 차이가 있다. 이렇게 시뮬레이션을 이용하는 이유를 크게 나누면, 다음의 2가지 점으로 집약된다.

① 비용, 시간, 위험성 등의 관점에서, 현실 시스템에서 실험하는 것이 좋지 않다.
② 현실 시스템이 너무 복잡하기 때문에, 수학적 기술이나 해석적인 방법으로 해결이 되지 않는다.

물리적 모델을 이용한 시뮬레이션으로는, 기업 전략의 결정, 교육 훈련용 비즈니스 게임, 세일즈 맨이나 조종사 등의 교육 훈련용 시뮬레이터, 비행기 설계의 풍동 실험, 선박 설계의 수조 시험, 의학 분야의 동물 실험 등이 있고, 이들은 모두 위의 2가지 이유와 관련이 있다.

경영과학 분야에서 취급하는 시뮬레이션은, 물리적 장치를 사용하지 않고 수치적으로 실험하는 수학적 시뮬레이션이지만, 일반적으로 복잡하고 방대한 계산량을 필요로 하기 때문에 컴퓨터를 활용한다.

2 시뮬레이션의 장단점

1) 장점

① 시스템이 너무 복잡하여 현재의 분석적 기법으로는 모델화할 수 없거나 있더라도 수리적 해를 구하기가 거의 불가능한 경우에 시뮬레이션은 유용한 분석수단이 된다. 예를 들면, 기업의 사업계획 등이 있다.

② 실제 상황을 관찰하기가 거의 불가능하기 때문에 시뮬레이션만이 유일한 방법일지도 모른다. 예를 들면, 우주비행이나 인공위성 탄도의 실험 등이 있다.

③ 실제 시스템의 실험에는 치명적인 위험이 따르기 때문에 시행해 볼 수 없는 위험상황을 시뮬레이션에서는 가능하다. 예를 들면, 모의전쟁, 자동차 사고의 피해감소 실험, 모의 경영 게임에서의 특별한 전략시험 등이 있다.

④ 시뮬레이션에서는 엄청난 시간압축이 가능하므로 다량의 표본으로 실험할 수 있어 필요한 만큼의 정확성을 달성할 수 있으며, 여러 가지 정책의 장기적 효과를 단 몇 분 내에 경험할 수 있게 해 준다.

⑤ 실제 시스템의 시행에는 엄청난 비용이 따르는 경우도 시뮬레이션 모델을 가지고 시험할 수 있다. 예를 들면, 실제적인 건물, 도시, 항공기 등의 설계 등이 있다.

⑥ 문제해결에 시행착오법이 필요한 경우, 시뮬레이션은 기술적 접근법으로서 '가정 · 결과'형의 질문에 가능하다. 특히, 온라인 컴퓨터의 이용시 가능하다.

⑦ 정확한 시뮬레이션 모델은 문제에 대한 상세한 지식을 필요로 하므로 모델은 관리자의 관점에서 그리고 관리자의 의사결정 체계 내에서 형성된다.

2) 단점

① 시뮬레이션이 최적해를 보장해 주는 것은 아니다. 이는 단순히 일련의 주어진 투입에 따른 결과를 나타내 줄 뿐이다. 즉, 의사결정자가 제시한 여러 가지 방안들에 대해서 시스템의 반응을 제시해 줄 따름이다. 그리고 실험을 반복할수록 다른 해를 제시해 주는 시행착오적 방법이다.

② 대규모의 시뮬레이션 모델을 개발하는 데 많은 시간과 노력이 소요되며, 실제로 고가의 비용이 소요될 수 있다.

③ 시뮬레이션 모델은 한 특정 시스템을 위해 작성되고, 모델 내의 각 구성요소

는 실제 시스템의 구성요소와 1대 1로 대응되어야 하므로, 다른 시스템에는 그대로 적용될 수가 없다.

④ 모든 상황이 시뮬레이션을 이용하여 평가될 수 있는 것은 아니다. 다만 불확실성이 내포된 상황만이 가능하며, 무작위 요소가 없다면 모든 시뮬레이션은 동일한 답을 제공할 것이다.

3 시뮬레이션 시스템 분석의 구성요소

시뮬레이션 시스템 분석의 구성요소는 다음과 같다.

① 개체(entity) : 분석하고자 하는 대상이며, 시스템에서 흐름을 이룰 수 있는 요소
② 속성(attribute) : 개체가 갖는 특성
③ 자원(resource) : 시스템 운영에 필요한 자원
④ 상태(state) : 시스템을 기술하기에 필요한 변수
⑤ 활동(activity) : 시스템의 상태에 변화를 가져오는 과정

제2절 난수표의 사용법

난수(random number)란 임의적으로 나오는 숫자를 말하며, 이를 표 형식으로 정리한 것이 난수표이다. 먼저 난수표의 사용법부터 살펴보기로 하자.

난수표는 <표 11-1>과 같이 난수가 진열된 표에서, 어떤 방향으로 읽어도 모든 숫자의 출현확률은 같고, 특별한 패턴이 나타나지 않는 것이다. <표 11-1>에서 숫자는 편의상 2개씩 나열되어 있지만, 1개씩(1자리 수로) 읽거나 2개씩(2자리 수), 3개씩(3자리 수), 또는 그 이상의 개수로 읽어도 좋지만, 숫자를 건너뛰고 읽어서는 안 된다.

표 11-1 ▸▸▸ 난수표

행 \ 열	12	34	56	78	910	11 12	13 14
1	90 69	76 29	57 56	22 37	30 69	60 04	37 92
2	43 21	58 90	08 22	59 94	99 96	89 61	12 62
3	41 95	51 24	91 61	68 99	68 57	64 55	76 62
4	85 89	44 64	09 05	86 76	45 14	87 90	71 86
5	10 07	38 77	25 92	88 60	57 53	86 61	76 94
6	70 47	22 63	82 42	93 63	04 58	54 59	23 69
7	69 74	52 89	75 27	62 83	36 35	12 09	37 91
8	62 03	56 75	05 86	85 41	73 37	38 96	30 60
9	38 88	05 33	60 91	60 66	21 69	41 46	10 47
10	98 60	95 89	08 14	19 76	87 75	87 10	02 31
11	38 45	75 59	31 67	18 45	54 91	48 05	79 66
12	57 32	02 38	61 34	56 42	73 06	23 51	31 50
13	95 34	61 45	18 23	02 69	65 77	45 45	21 81
14	35 74	95 63	83 59	47 76	01 11	91 10	61 60
15	65 74	15 50	98 90	52 75	30 05	39 22	70 48
16	37 56	65 94	66 34	98 24	13 18	65 86	40 75
17	55 69	29 58	88 23	30 73	24 71	15 12	10 15
18	91 09	21 66	21 46	93 74	94 83	21 11	70 95
19	11 65	27 12	20 21	61 54	55 22	90 17	03 54
20	80 78	23 47	64 10	24 80	72 47	12 83	13 07

일반적으로 난수를 만드는 방식은 물리적인 조작을 거쳐 만들어진다. 예를 들면, <그림 11-1>과 같이 0에서 9까지의 숫자를 2개씩 새긴 정규 20면체의 난수 주사위를 연속적으로 굴려서, 나타난 수를 기록하고 작성하는 밥법이 있다.

그러나 이 방법은 시간과 노력이 많이 소요되므로, 컴퓨터 시뮬레이션에서는 수치 계산에 의해서 난수를 발생시키고 있다. 이 경우, 실용적인 면에서 전혀 문제는 없지만, 엄밀히 각 난수는 독립적인 것이 없으므로 '유사 난수'라고 부르며, 난수 주사위에 의한 방법과는 구별된다.

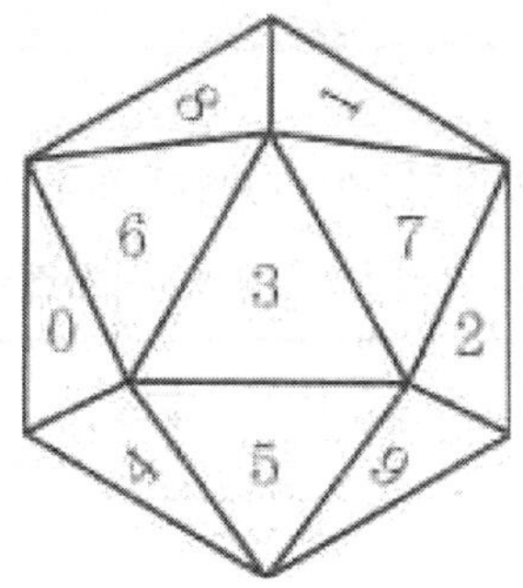

그림 11-1 ▸▸▸ 난수 주사위

다음 예를 이용하여 난수표를 이용한 시뮬레이션 과정을 살펴보도록 하자.

예제 11-1

외판원 P가 판매실적으로 성공할 확률은 과거의 실적에서 30%로 나타나 있다. 지금부터 10명의 고객을 방문하여 판매에 성공하는 모습을 시뮬레이션으로 분석하라.

풀이

난수표에서 숫자를 2개씩 짝으로 사용하여 외판원 P가 성공할 확률이 30%라고 하므로, 숫자가 00부터 29가 나오면 '성공', 30에서 99가 나오면 '실패'로 난수를 할당한다.

〈난수의 할당〉

	확률	난수의 범위
성 공	30%	00~29
실 패	70%	30~99

〈표 11-1〉의 난수표를 1행의 왼쪽에서 오른쪽으로 읽어간다고 하면, 할당된 난수의 범위에 따른 시뮬레이션 결과는 다음과 같이 나타난다.

〈어떤 상품의 수요량〉

고객	1	2	3	4	5	6	7	8	9	10
난수	90	69	76	29	57	56	22	37	30	69
성 공=o 실 패=x	x	x	x	o	x	x	o	x	x	x

예제 11-2

상품 K의 하루 수요량은 과거의 데이터에서 다음과 같은 도수분포를 따른다고 하자. 이 표를 바탕으로 20일 간의 수요량을 시뮬레이션을 이용하여 구하라.

1일 수요량(개)	0	1	2	3	4
상대도수	0.10	0.25	0.30	0.15	0.20

풀이

먼저, 누적도수를 구하고 난수의 범위를 할당한다. 〈표 11-1〉의 난수표에서 1번째 열을 위에서 아래로 읽어간다면, 다음 표와 같은 결과를 얻을 수 있다.

〈난수의 할당〉

1일 수요량(개)	상대도수	누적도수	난수의 범위
0	0.10	0.10	00~09
1	0.25	0.35	10~34
2	0.30	0.65	35~64
3	0.15	0.80	65~79
4	0.20	1.00	80~99

이 표를 살펴보면, 난수표의 난수는 특정 확률분포를 따르는 난수로 변환되는데, 이렇게 어떤 확률분포에서도 모델 상에서 재현할 수 있다. 여기에 난수표를 이용하는 의미가 있다.

〈시뮬레이션 결과〉

일	1	2	3	4	5	6	7	8	9	10	
난수	90	43	41	85	10	70	69	62	38	98	
수요량(개)	4	2	2	4	1	3	3	2	2	4	
일	11	12	13	14	15	16	17	18	19	20	합계
난수	38	57	95	35	65	37	55	91	11	80	
수요량(개)	2	2	4	2	3	2	2	4	1	4	53

위의 표에 나타난 값은 20일간의 수요량이므로, 하루 수요량의 평균치는 2.65개/일$\left(=\frac{53}{20}\right)$이 된다.

따라서 상품 K의 평균 수요(기대값)는 문제에서 제시된 1일 수요량과 그에 대한 상대도수를 곱하여 모두 합하면 구할 수 있다.

$$0 \times 0.1 + 1 \times 0.25 + 2 \times 0.3 + 3 \times 0.15 + 4 \times 0.2 = 2.1\text{개/일}$$

시뮬레이션의 결과(2.65개/일)를 기대값(2.1개/일)과 비교하면, 20일 간의 실험에 비해 비교적 좋은 근사값을 보여주고 있다고 할 수 있지만, 실험 횟수를 더 많이 늘린다면, 평균 수요(기대값)는 확실히 2.1개/일에 가까워진다.

제3절 몬테칼로 시뮬레이션

1 몬테칼로 시뮬레이션의 개념

현실 시스템이 확률적 요소를 포함할 경우는 일반적으로 수학적 모델은 복잡하고, 해석적 처리가 어려워진다. 그러므로 현실 시스템의 행태나 성질을 알아보기 위해서, 난수를 이용하여 불확정한 요소를 발생시키고 실험을 실시하는데, 이 방법을 몬테칼로 시뮬레이션(Monte Carlo simulation)이라고 한다.

몬테칼로 시뮬레이션은 난수를 도구로 수치 실험을 하는 방법으로, 이름의 유래는 룰렛이나 주사위의 기술에 유사성을 가지므로, 카지노로 잘 알려진 모나코의 몬테칼로를 연상하고 명명된 것으로 알려졌다.

그리고 몬테칼로 시뮬레이션은 매우 광범위한 문제에 적용할 수 있으며, 실제로 생산, 재고, 대기행렬, 재무, 마케팅, 공공 서비스, 환경 문제 등에 적용한 사례가 있다.

2 몬테칼로 시뮬레이션의 절차

몬테칼로 시뮬레이션은 일반적으로 다음과 같은 절차에 따라 진행된다.

[단계 1] : 확률변수들의 상대도수 및 누적확률도수 계산

- 매일 수요량, 조달기간, 고객 도착시간 간격, 서비스시간 등 각 변수에 대한 누적확률도수를 계산한다.

[단계 2] : 난수 구간의 할당

- 확률변수의 값의 범위를 나타내기 위한 난수 구간을 할당한다.

[단계 3] : 시뮬레이션 실험의 실시

- 랜덤 샘플링을 이용하여 시뮬레이션 실험을 실시한다.

[단계 4] : 결과에 따른 실행 및 통제

- 결과에 따라 행동방안을 설계하고, 실행하고, 통제한다.

간단한 예를 이용하여 몬테칼로 시뮬레이션의 적용과정에 대하여 살펴보도록 하자.

예제 11-3

K빵집은 매일 좋은 식빵을 공급하기 위하여 수요에 맞게 굽는 노력을 하고 있다. 이 식빵 1개의 원가는 1,500원이 소요되며, 그것을 3,500원에 팔고 있다. 그러나 식빵의 수요는 불확정적이며, 과거 120일간의 수요량을 조사한 결과, 다음과 같이 나타났다.

빵의 수요량

수요량	0	1	2	3	4	5	6	합계
일	10	16	18	20	19	8	9	100

이 데이터를 토대로 포아송분포를 적용한 30일 시뮬레이션을 실시하여, 매일 굽는 식빵의 수를 몇 개로 하면 좋을지를 결정하라. 매일 굽는 식빵의 수는 1, 2, 3, 4, 5개 가운데 하나를 생각하고 있다.

풀이

1) 확률변수들의 상대도수 및 누적도수 계산

식빵 수요량의 상대도수와 누적도수를 계산한다.

〈상대도수 및 누적도수〉

수요량	0	1	2	3	4	5	6	합계
일	10	16	18	20	19	8	9	100
상대도수	0.10	0.16	0.18	0.20	0.19	0.08	0.09	1.00
누적도수	0.10	0.26	0.44	0.64	0.83	0.91	1.00	

2) 난수 구간의 할당

난수의 범위를 할당하면, 아래의 표와 같이 나타난다. 난수는 〈표 11-1〉 난수표의 10행을 사용하며, 만약 10행의 끝까지 가면 다음 행인 11행으로 옮겨서 난수를 적용한다.

〈난수의 범위〉

수요량	0	1	2	3	4	5	6
일	10	16	18	20	19	8	9
상대도수	0.10	0.16	0.18	0.20	0.19	0.08	0.09
누적도수	0.10	0.26	0.44	0.64	0.83	0.91	1.00
난수 범위	00～09	10～25	26～43	44～63	64～82	83～90	91～99

3) 시뮬레이션 실험의 실시

시뮬레이션의 결과를 다음 표에 나타내었다.

〈시뮬레이션 결과〉

일	난수	생산 / 수요	1		2		3		4		5		6	
			판매	재고	판매	재고	판매	재고	판매	재고	판매	재고	판매	재고
1	98	6	1		2		3		4		5		6	
2	60	3	1		2		3		3	1	3	2	3	3
3	95	6	1		2		3		4		5		6	
4	89	5	1		2		3		4		5		5	1
5	08	0		1		2		3		4		5		6
6	14	1	1		1	1	1	2	1	3	1	4	1	5
7	19	1	1		1	1	1	2	1	3	1	4	1	5
8	76	4	1		2		3		4		4	1	4	2
9	87	5	1		2		3		4		5		5	1
10	75	4	1		2		3		4		4	1	4	2
11	87	5	1		2		3		4		5		5	1
12	10	1	1		1	1	1	2	1	3	1	4	1	5
13	02	0		1		2		3		4		5		6
14	31	2	1		2		2	1	2	2	2	3	2	4
15	38	2	1		2		2	1	2	2	2	3	2	4

일	난수	생산 / 수요	1		2		3		4		5		6	
			판매	재고	판매	재고	판매	재고	판매	재고	판매	재고	판매	재고
16	45	3	1		2		3		3	1	3	2	3	3
17	75	4	1		2		3		4		4	1	4	2
18	59	3	1		2		3		3	1	3	2	3	3
19	31	2	1		2		2	1	2	2	2	3	2	4
20	67	4	1		2		3		4		4	1	4	2
21	18	1	1		1	1	1	2	1	3	1	4	1	5
22	45	3	1		2		3		3	1	3	2	3	3
23	54	3	1		2		3		3	1	3	2	3	3
24	91	6	1		2		3		4		5		6	
25	48	3	1		2		3		3	1	3	2	3	3
26	05	0		1		2		3		4		5		6
27	79	4	1		2		3		4		4	1	4	2
28	66	4	1		2		3		4		4	1	4	2
29	57	3	1		2		3		3	1	3	2	3	3
30	32	2	1		2		2	1	2	2	2	3	2	4
합 계		90	27	3	50	10	69	21	81	39	87	63	90	90

첫날 식빵의 수요는 6개이므로, 생산된 식빵은 모두 팔린다. 그리고 둘째날 식빵의 수요가 3개이므로, 식빵을 3개를 생산한다면 3개는 모두 팔리고 재고는 남지 않는다. 그러나 식빵 5개를 생산한다면 3개는 팔리고 2개는 재고로 남게 되고, 식빵 6개를 생산한다면 3개는 팔리지만 3개는 재고가 된다. 나머지도 동일한 방법으로 식빵을 매일 1~6개 생산할 경우의 판매량과 재고량을 계산한다.

4) 결과의 실행 및 통제

식빵 1개당 이익은 2,000원(= 3,500-1,500)이 발생하고, 재고가 발생할 경우에는 1개당 원가인 1,500원의 손실이 발생한다. 그러므로 매일 식빵 1개를 생산할 경우, 위 표의 시뮬레이션 결과에 나타난 맨 아래의 합계를 이용하면, 30일 간의 이익은 49,500원(= 2,000원 × 27개 − 1,500원 × 3개)이 된다. 같은 방법으로, 식빵을 굽는 개수에 따른 이익을 계산하면 다음과 같다.

- 식빵을 2개 생산할 경우 : 2,000원 × 50개 − 1,500원 × 10개 = 85,000원
- 식빵을 3개 생산할 경우 : 2,000원 × 69개 − 1,500원 × 21개 = 106,500원
- 식빵을 4개 생산할 경우 : 2,000원 × 81개 − 1,500원 × 39개 = 103,500원
- 식빵을 5개 생산할 경우 : 2,000원 × 87개 − 1,500원 × 63개 = 79,500원
- 식빵을 6개 생산할 경우 : 2,000원 × 90개 − 1,500원 × 90개 = 45,000원

결론적으로 30일 간의 시뮬레이션 결과에서, 매일 3개의 식빵을 생산하면 이익이 최대가 됨을 알 수 있다.

제4절 대기행렬문제의 응용

대기행렬문제를 몬테칼로 시뮬레이션으로 풀어보자. 현실의 대기행렬시스템에서 고객의 도착, 창구를 통한 서비스 시간의 분포가 가정한 이론적 분포(고객도착은 포아송분포, 서비스시간은 지수분포)에 따르지 않는 경우, 창구의 수, 대기행렬의 수가 복수인 경우 등 해석적으로 검토하기가 어려운 일도 많기 때문에, 대기행렬문제는 시뮬레이션을 이용하여 풀이하기에 적합한 문제이다.

예제 11-4

S병원에서 환자의 도착시간 간격과 환자의 진료시간 분포에 대한 분석을 한 결과, 다음과 같이 나타났다.

환자 도착시간 간격(분)	4	5	6	7	8	합계
상대도수	0.1	0.2	0.3	0.3	0.1	1.0
환자 진료시간(분)	5	6	7	8	9	
상대도수	0.1	0.3	0.3	0.2	0.1	1.0

이때, 환자의 평균 대기시간, 환자의 도착에서 진료를 마치고 나올 때까지의 평균소요시간, 1인당 평균 대기하는 환자수, 진료실의 가동률을 시뮬레이션을 이용하여 풀이하라. 단, 시뮬레이션은 10시부터 12시까지 2시간 동안 실시하며, 12시 이전에 도착한 환자에 한하여 모두 진료를 한다.

풀이

1) 확률변수들의 상대도수 및 누적확률도수 계산

환자의 도착시간 간격과 환자의 진료시간 분포에 대한 상대도수와 누적확률도수를 계산한다.

〈환자 도착시간 간격의 분포〉

도착시간 간격(분)	상대도수	누적도수
4	0.1	0.1
5	0.2	0.3
6	0.3	0.6

도착시간 간격(분)	상대도수	누적도수
7	0.3	0.9
8	0.1	1.0

〈진료시간의 분포〉

서비스시간(분)	상대도수	누적도수
5	0.1	0.1
6	0.3	0.4
7	0.3	0.7
8	0.2	0.9
9	0.1	1.0

2) 난수 구간의 할당

환자의 도착시간 간격에 대한 난수로서 〈표 11-1〉 난수표의 10행, 환자의 진료시간에 대한 난수로서 난수표의 5열을 사용하고, 각각 행과 열의 마지막까지 가는 경우는 다음 행 또는 다음 줄로 이동하여 적용한다.

〈환자 도착시간 간격의 분포〉

도착시간 간격(분)	상대도수	누적도수	난수의 범위
4	0.1	0.1	00~09
5	0.2	0.3	10~29
6	0.3	0.6	30~59
7	0.3	0.9	60~89
8	0.1	1.0	90~99

〈환자 진료시간의 분포〉

서비스시간(분)	상대도수	누적도수	난수의 범위
5	0.1	0.1	00~09
6	0.3	0.4	10~39
7	0.3	0.7	40~69
8	0.2	0.9	70~89
9	0.1	1.0	90~99

3) 시뮬레이션 실험의 실시

각 시간 값의 계산은 다음과 같이 한다. 환자의 도착시간 계산은 시뮬레이션의 시작시간인 10:00부터 환자의 도착시간 간격을 차례로 삽입해 나가면 된다. 그리고 진료 종료시각은 '진료 개시시각+서비스 시간'이다.

진료 개시시각은 도착시각과 직전 환자의 서비스 종료시각 가운데 늦은 시간을 취하고, 종료시각은 서비스 개시시각에 서비스 시간을 합한 시간이 된다.
빈 시간은 진찰실의 환자 대기시간에서, 직전 환자의 진찰 종료시각을 뺀 시간이다. 이 값이 마이너스 값이 될 때는 환자가 대기하고 있음을 나타낸다. 기다리는 환자 수는 환자가 도착했을 때, 아직 서비스가 종료되지 않은 환자가 있으며, 도착시각에서 아직 서비스를 종료하지 않은 환자의 번호까지 거슬러서, 그 수를 헤아리면 된다. 경과시간은 환자들이 도착해서 서비스를 받고 나올 때까지의 체류시간(서비스 종료시각과 도착시각의 차)이다.
이렇게 계산한 결과를 다음 표에 나타내었으며, 시뮬레이션의 종료시각인 12:00까지 도착한 환자의 수는 17명이 된다.

〈시뮬레이션 결과〉

도착 번호	도착시 간간격 난수	도착시 간간격 (분)	서비스 시간 난수	서비스 시간 (분)	도착 시각	진찰 개시 시각	진찰 종료 시각	대기 시간 (분)	빈 시간 (분)	대기인 수 (명)	경과 시간 (분)
1	98	8	57	7	10:08	10:08	10:15		8		7
2	60	7	08	5	10:15	10:15	10:20				5
3	95	8	91	9	10:23	10:23	10:32		3		9
4	89	7	09	5	10:30	10:32	10:37	2		1	7
5	08	4	25	6	10:36	10:37	10:43	1			7
6	14	5	82	8	10:48	10:48	10:56		5		8
7	19	5	75	8	10:53	10:56	11:04	3		1	11
8	76	7	05	5	11:00	11:04	11:09	4		1	9
9	87	7	60	7	11:07	11:09	11:16	2		1	9
10	75	7	08	5	11:14	11:16	11:21	2		1	7
11	87	7	31	6	11:21	11:21	11:27				6
12	10	5	61	7	11:26	11:27	11:34	1		1	8
13	02	4	18	6	11:30	11:34	11:40	4		1	10
14	31	6	83	8	11:36	11:40	11:48	4		1	12
15	38	6	98	9	11:42	11:48	11:57	6		1	15
16	45	6	66	7	11:48	11:57	12:04	9		1	16
17	75	7	88	8	11:55	12:04	12:12	9		2	17
18	59	6									
합계				116				47	8	12	156

4) 결과의 실행 및 통제

시뮬레이션 결과에 따른 대기행렬의 통계값은 다음과 같다.

① $\text{환자의 평균 대기시간} = \dfrac{\text{대기시간의 합계}}{\text{환자의 도착수}} = \dfrac{11}{17} \fallingdotseq 0.647\text{分}$

시뮬레이션 시간 내에 도착한 고객 17명 중, 기다리지 않은 고객은 5명(29.4%), 기다린 고객은 12명(70.6%)이다. 그리고 기다린 고객의 평균 대기시간은 3.92分$\left(=\dfrac{47}{12}\right)$이 된다.

② $\text{평균 경과시간} = \dfrac{\text{경과시간의 합계}}{\text{환자의 도착수}} = \dfrac{163}{17} \fallingdotseq 9.59\text{分}$

③ $\text{평균 대기 환자수} = \dfrac{\text{기다리는 환자수의 합계}}{\text{환자의 도착수}} = \dfrac{12}{17} \fallingdotseq 0.71\text{명}$

④ $\text{창구의 가동률} = \dfrac{\text{진료시간의 합계}}{\text{진료시간의 합계} + \text{빈 시간의 합계}} = \dfrac{116}{116+16} \fallingdotseq 0.879(87.9\%)$

이상의 결과는 단지 2시간의 시뮬레이션 결과이므로 안정된 값이라고 할 수 없다. 그러므로 장시간에 걸쳐 시뮬레이션을 실시하면 안정된 값을 구할 수 있다.

위의 예제에서 살펴본 것과 같이 실용적인 값을 얻기 위해서는, 컴퓨터를 사용하여 수많은 실험을 거듭하여야 한다. 시뮬레이션은 해석적 처리가 어려운 경우에 많이 적용되므로, 시뮬레이션 결과에 의하여 얻어진 값이 어느 정도의 정밀도를 가지고 있는지는 알 수 없다. 또, 복잡한 시스템일수록 모델화가 힘들어서 전문적 지식을 필요로 하고, 실험분석에 시간과 비용이 많이 소요되는데, 이 점이 시뮬레이션의 한계이다.

연 습 문 제

11.1 시뮬레이션의 정의와 그 적용분야에 대하여 설명하라.

11.2 시뮬레이션 시스템 분석의 구성요소를 설명하라.

11.3 기본적인 시뮬레이션 과정을 간단히 설명하고, 각 단계에 필요한 정보에 관하여 설명하라.

11.4 동전을 던져서 앞면이 나오면 100원을 벌고, 뒷면이 나오면 100원을 잃는 게임을 하고자 한다. 〈부록 2〉의 난수표에서 좌측열의 처음 10개의 난수를 이용하여 10번의 게임을 시행할 때의 이익을 계산하라.

11.5 P식품점은 고객이 매일 사가는 배추의 양은 일정하지 않기 때문에 전날의 수요량만큼 매일 새벽 가락시장에 가서 구매하는 정책을 구사하고 있다. 시뮬레이션 모델을 이용하여 P식품점의 기대이익을 구하라.

- 당일 구매량 = 전날의 수요량
- 구매가격 : 500원/포기
- 판매가격은 1,000원/포기, 포기당 이익은 500원/포기
- 당일 팔지 못한 배추는 100원씩 손해를 보면서 다음 날 판매
- 배추가 부족하여 팔지 못하면, 판매상실에 따른 400원의 기회비용과 300원의 신용상실 등 포기당 700원의 재고부족비용이 발생하는 것으로 추산
- 생성된 난수는 380, 94, 156, 263, 431, 45, 170, 748, 497, 849를 사용하여 시뮬레이션 한다.
- 전날 수요량은 49포기라고 가정한다.

11.6 TV를 판매하는 희망점에서 구하고자하는 총비용을 최소로 하는 주문량과 재주문점을 결정하라.

- 주문비용 : 2,000원/개
- 재고유지비용 : 100원/하루/개
- 재고부족비용 : 1,000원/개
- 주문량 = 5
- 재주문점 = 3

- 첫 날의 기초재고 = 5
- 이미 발주한 주문은 없다고 가정

11.7 P사의 특수설비는 2개의 베어링으로 구성되어 있으며, 잦은 고장에 직면하고 있다. 더구나 베아링 1개가 고장나면, 이것을 새것으로 교체하기 위하여 설비를 정지시켜야 한다. 설비의 정지에 따른 손실은 1시간당 3만원이며, 베아링 교체에는 1시간이 소요되고, 베아링의 1개당 비용은 5,000원이다. 그동안의 자료를 토대로 다음과 같은 베아링의 수리간 시간이 분석되었다.

수리간 시간	20	40	60	70	80	90	100
확률	0.05	0.07	0.13	0.35	0.30	0.07	0.03
누적확률	0.05	0.12	0.25	0.60	0.90	0.97	1.00

현재는 고장난 베아링 1개만 교체하는 정책을 취하고 있지만, 새로운 정책으로 1개의 베아링이 고장이 나면 2개의 베아링을 모두 교체하는 정책을 고려하고 있다. 관련 자료를 토대로 다음과 같은 베아링의 수리간 시간이 분석되었다.

수리간 시간	40	75	100	125	150	180	200
확률	0.05	0.10	0.15	0.25	0.20	0.15	0.10
누적확률	0.05	0.15	0.30	0.55	0.75	0.90	1.00

〈부록 2〉의 난수표를 이용하여 최적방안을 결정하라.

11.8 신문을 판매하는 K군은 정확한 판매부수를 예측하기 위하여 신문 주문량을 전날의 수요량으로 하는 주문전략을 세웠다. 다음은 지난 125일 동안의 판매결과를 정리한 표이다.

수요량(부)	15	16	17	18	19	20	합계
일수(일)	10	20	42	31	12	10	125

K군은 신문 1부에 50원에 구입하여 100원에 판매하며, 팔지 못한 신문은 20원에 신문사에서 회수해 간다. 그리고 신문이 부족하여 팔지 못하면 판매상실에 따른 50원의 기회비용과 50원의 신용상실이 있는 것으로 추정한다. 다음의 난수를 이용하여 10일간 K군의 주문정책에 따른 1일 평균이익을 추정하라. 단, 전일의 수요량은 18부이었다. (난수 : 158, 092, 411, 745, 009, 724, 674, 550, 716, 359)

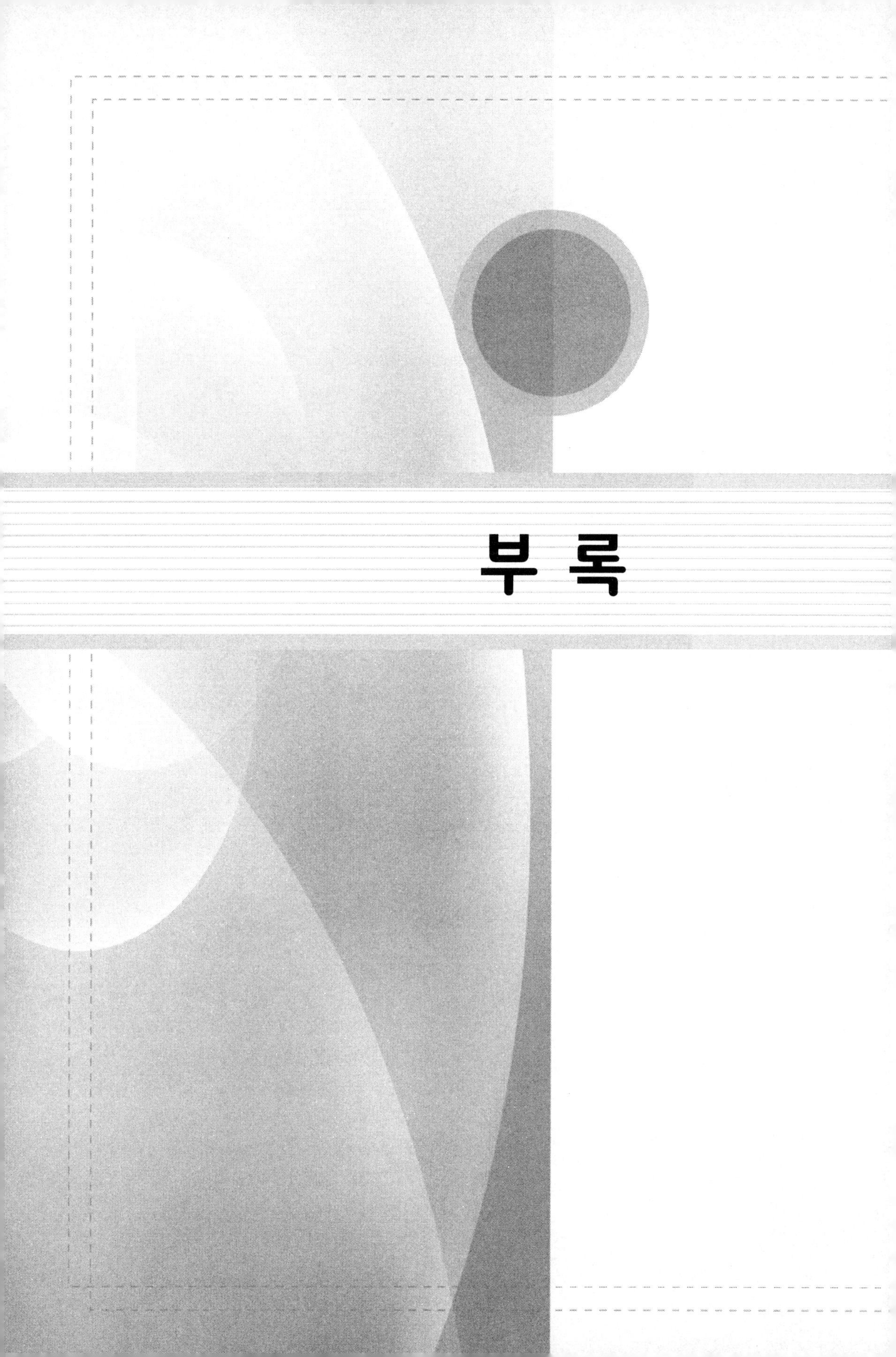

부 록

부록 1

정규분포표

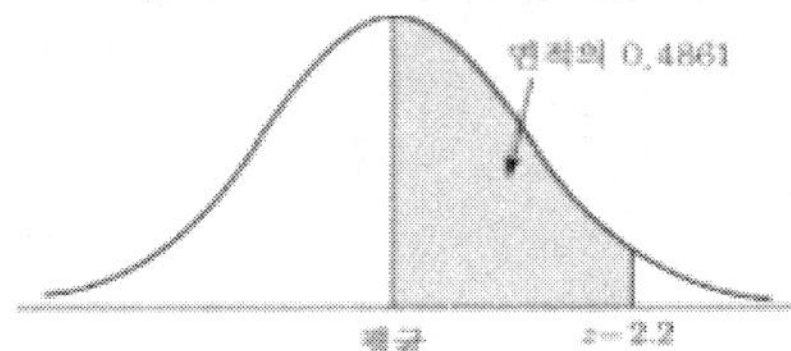

z	.00	.01	.02	.03	.04	.05	.06	.07	.08	.09
0.0	.0000	.0040	.0080	.0120	.0160	.0199	.0239	.0279	.0319	.0359
0.1	.0398	.0438	.0478	.0517	.0557	.0596	.0636	.0675	.0714	.0753
0.2	.0793	.0832	.0871	.0910	.0948	.0987	.1026	.1064	.1103	.1141
0.3	.1179	.1217	.1255	.1293	.1331	.1368	.1406	.1443	.1480	.1517
0.4	.1554	.1591	.1628	.1664	.1700	.1736	.1772	.1808	.1844	.1879
0.5	.1915	.1950	.1985	.2019	.2054	.2088	.2123	.2157	.2190	.2224
0.6	.2257	.2291	.2324	.2357	.2389	.2422	.2454	.2486	.2518	.2549
0.7	.2580	.2612	.2642	.2673	.2704	.2734	.2764	.2794	.2823	.2852
0.8	.2881	.2910	.2939	.2967	.2995	.3023	.3051	.3078	.3106	.3133
0.9	.3159	.3186	.3212	.3238	.3264	.3289	.3315	.3340	.3365	.3389
1.0	.3413	.3438	.3461	.3435	.3508	.3531	.3554	.3577	.3599	.3621
1.1	.3643	.3665	.3686	.3708	.3729	.3749	.3770	.3790	.3810	.3830
1.2	.3849	.3869	.3888	.3907	.3925	.3944	.3962	.3980	.3997	.4015
1.3	.4032	.4049	.4066	.4082	.4099	.4115	.4131	.4147	.4162	.4177
1.4	.4192	.4207	.4222	.4236	.4251	.4265	.4279	.4292	.4306	.4319
1.5	.4332	.4345	.4357	.4370	.4382	.4394	.4406	.4418	.4429	.4441
1.6	.4452	.4463	.4474	.4484	.4495	.4505	.4515	.4525	.4535	.4545
1.7	.4554	.4564	.4573	.4582	.4591	.4599	.4608	.4616	.4625	.4633
1.8	.4641	.4649	.4656	.4664	.4671	.4678	.4686	.4693	.4699	.4706
1.9	.4713	.4719	.4726	.4732	.4738	.4744	.4750	.4756	.4761	.4767
2.0	.4772	.4778	.4783	.4788	.4793	.4798	.4803	.4808	.4812	.4817
2.1	.4821	.4826	.4830	.4834	.4838	.4842	.4846	.4850	.4854	.4857
2.2	.4861	.4864	.4868	.4871	.4875	.4878	.4881	.4884	.4887	.4890
2.3	.4893	.4896	.4898	.4901	.4904	.4906	.4909	.4911	.4913	.4916
2.4	.4918	.4920	.4922	.4925	.4927	.4929	.4931	.4932	.4934	.4936
2.5	.4938	.4940	.4941	.4943	.4945	.4946	.4948	.4949	.4951	.4952
2.6	.4953	.4955	.4956	.4957	.4959	.4960	.4961	.4962	.4963	.4964
2.7	.4965	.4966	.4967	.4968	.4969	.4970	.4971	.4972	.4973	.4974
2.8	.4974	.4975	.4976	.4977	.4977	.4978	.4979	.4979	.4980	.4981
2.9	.4981	.4982	.4982	.4983	.4984	.4985	.4985	.4985	.4986	.4986
3.0	.4986	.4987	.4987	.4988	.4988	.4984	.4989	.4989	.4990	.4990

부록 2

난수표

행 \ 열	12	34	56	78	910	11 12	13 14
1	90 69	76 29	57 56	22 37	30 69	60 04	37 92
2	43 21	58 90	08 22	59 94	99 96	89 61	12 62
3	41 95	51 24	91 61	68 99	68 57	64 55	76 62
4	85 89	44 64	09 05	86 76	45 14	87 90	71 86
5	10 07	38 77	25 92	88 60	57 53	86 61	76 94
6	70 47	22 63	82 42	93 63	04 58	54 59	23 69
7	69 74	52 89	75 27	62 83	36 35	12 09	37 91
8	62 03	56 75	05 86	85 41	73 37	38 96	30 60
9	38 88	05 33	60 91	60 66	21 69	41 46	10 47
10	98 60	95 89	08 14	19 76	87 75	87 10	02 31
11	38 45	75 59	31 67	18 45	54 91	48 05	79 66
12	57 32	02 38	61 34	56 42	73 06	23 51	31 50
13	95 34	61 45	18 23	02 69	65 77	45 45	21 81
14	35 74	95 63	83 59	47 76	01 11	91 10	61 60
15	65 74	15 50	98 90	52 75	30 05	39 22	70 48
16	37 56	65 94	66 34	98 24	13 18	65 86	40 75
17	55 69	29 58	88 23	30 73	24 71	15 12	10 15
18	91 09	21 66	21 46	93 74	94 83	21 11	70 95
19	11 65	27 12	20 21	61 54	55 22	90 17	03 54
20	80 78	23 47	64 10	24 80	72 47	12 83	13 07
21	01 79	43 34	71 17	25 30	25 04	47 03	17 56
22	11 25	26 77	95 53	75 96	14 07	30 62	47 01
23	99 36	27 80	06 87	79 01	42 65	57 41	33 10
24	28 27	17 81	72 72	49 47	88 92	15 57	31 34
25	53 89	98 50	50 81	52 67	51 64	13 40	06 05
26	21 66	66 47	75 54	47 73	96 82	33 48	85 03
27	37 60	12 43	74 58	61 77	80 38	22 23	26 79
28	75 22	64 94	82 98	78 68	08 22	88 06	92 55
29	31 11	62 80	37 05	02 57	02 98	65 87	86 77
30	65 89	05 55	84 79	45 23	01 50	43 09	27 56
31	38 79	90 15	12 18	34 20	15 52	87 30	27 50
32	46 07	55 49	89 57	16 43	77 31	64 21	16 39
33	62 02	01 18	04 79	49 69	50 67	34 23	27 18
34	62 26	16 93	74 11	08 87	88 90	09 87	62 52
35	84 90	36 67	90 16	63 70	38 26	40 61	45 48
36	02 67	58 86	85 97	31 28	18 33	72 18	29 97
37	40 77	91 18	33 27	70 49	09 13	09 47	92 62
38	38 46	75 49	80 36	76 88	46 59	99 84	47 52
39	47 86	43 60	73 16	76 31	40 46	01 74	80 35
40	16 80	43 95	63 13	99 27	02 74	14 99	70 72

부록 3

연습문제 답안

제2장 연습문제

2-5. Max : $Z = 25{,}000x_1 + 23{,}000x_2 + 15{,}000x_3 + 10{,}000x_4$

$$\begin{aligned} \text{s.t.}: \quad & 5x_1 + 2x_2 + 6x_3 + 2x_4 \le 45{,}000 \\ & 4x_1 + 3x_2 + x_3 + 4x_4 \le 43{,}000 \\ & 3x_1 + 4x_2 + 5x_3 + x_4 \le 26{,}000 \\ & x_1,\ x_2,\ x_3,\ x_4 \ge 0 \end{aligned}$$

2-6. Max : $Z = 2{,}000x_1 + 2{,}500x_2$

$$\begin{aligned} \text{s.t.}: \quad & 0.2x_1 + 0.3x_2 \le 400 \\ & 0.1x_1 + 0.4x_2 \le 500 \\ & 0.3x_1 + 0.2x_2 \le 450 \\ & x_1,\ x_2 \ge 0 \end{aligned}$$

2-7. Max : $Z = 6{,}000x_1 + 12{,}000x_2 + 10{,}000x_3$

$$\begin{aligned} \text{s.t.}: \quad & 15x_1 + 10x_2 + 4x_3 \le 3{,}000 \\ & 13x_1 + 7x_2 + 12x_3 \le 5{,}000 \\ & 10x_1 + 9x_2 + 11x_3 \le 4{,}000 \\ & x_1,\ x_2,\ x_3 \ge 0 \end{aligned}$$

2-8. Max : $Z = 0.2(A_1 + A_2 + A_3 + A_4) + 0.2(B_1 + B_2) + 0.25(C_1 + C_2) + 0.3(D_1 + D_2)$

s.t.: $A_1 \le 5{,}000{,}000$ → 1년초

$A_2 + B_1 \le 5{,}000{,}000 - A_1$ → 3년초

$A_3 + C_1 \le 5{,}000{,}000 - (A_1 + A_2 + B_1) + 1.2A_1$ → 5년초

$B_2 \le 5{,}000{,}000 - (A_1 + A_2 + A_3 + B_1 + C_1) + 1.2A_1$ → 6년초

$A_4 + C_2 + D_1 \le 5{,}000{,}000 - (A_1 + A_2 + A_3) - (B_1 + B_2 + C_1) + 1.2A_1 + 1.2A_2$ → 7년초

$D_2 \le 5{,}000{,}000 - (A_1 + A_2 + A_3 + A_4 + B_1 + B_2 + C_1 + C_2 + D_1) + 1.2A_1 + 1.2A_2 + 1.25B_1 + 1.3C_1$ → 8년초

$A_1,\ A_2,\ A_3,\ A_4,\ B_1,\ B_2,\ C_1,\ C_2,\ D_1,\ D_2 \ge 0$

2-9. Min : $Z=60{,}000x_1+130{,}000x_2+80{,}000x_3+50{,}000x_4$

s.t. : $10x_1+13x_2+5x_3+6x_4 \geq 2{,}500$

$4x_1+7x_2+9x_3+8x_4 \geq 1{,}150$

$6x_1+5x_2+6x_3+9x_4 \geq 1{,}000$

$4x_1+8x_2+5x_3+7x_4 \geq 1{,}600$

$x_1,\ x_2,\ x_3,\ x_4 \geq 0$

2-10. Min : $Z=5{,}500x_1+4{,}000x_2$

s.t. : $3x_1+2x_2 \geq 5$

$2x_1+4x_2 \geq 4$

$4x_1+3x_2 \geq 2$

$x_1,\ x_2 \geq 0$

2-11. Min : $Z=50x_{11}+55x_{12}+60x_{13}+65x_{14}+50x_{22}+55x_{23}+60x_{24}$

$+60x_{33}+65x_{34}+60x_{44}$

s.t. : $x_{11}+x_{12}+x_{13}+x_{14}=800$

$x_{22}+x_{23}+x_{24}=800$

$x_{33}+x_{34}=800$

$x_{44}=600$

$x_{11}=600$

$x_{12}+x_{22}=700$

$x_{13}+x_{23}+x_{33}=900$

$x_{14}+x_{24}+x_{34}+x_{44}=800$

$x_{ij} \geq 0(i=1,\ 2,\ 3,\ 4,\quad j=1,\ 2,\ 3,\ 4)$

2-12. Min : $Z=3{,}000x_1+1{,}000x_2+800x_3+900x_4+200x_5$

s.t. : $5x_1+4x_2+6x_3+x_4+9x_5 \geq 7{,}000$

$8x_1+9x_2+3x_3+2x_4+2x_5 \geq 7{,}500$

$7x_1+3x_2+3x_3+5x_4+4x_5 \geq 6{,}500$

$3x_1+x_2+4x_3+6x_4+5x_5 \geq 7{,}500$

$x_1,\ x_2,\ x_3,\ x_4,\ x_5 \geq 0$

제3장 연습문제

3-3. 제품 X를 7개, Y를 1.5개 생산할 때, S기업은 45.5원의 최대이익을 얻을 수 있다.

3-4. 제품 X를 11개, 제품 Y를 2개 생산할 때, K사는 400원의 최대이익을 얻게 된다.

3-5. 빵 45개, 과자 15개를 생산할 때, P사는 33,000원의 최대이익을 얻게 된다.

3-6. X정보센터는 급료계산 0번, 재고관리는 $\frac{250}{3}$번을 수행하면, 최대이익 125,000원을 얻을 수 있다.

3-7. F-30과 F-36을 각각 30대씩 생산할 때, L사는 1,650원의 최대이익을 얻게 된다.

3-8. A모델 600개, B모델 600개를 생산할 때, N사는 1,380,000원의 이익으로 최대가 된다.

3-9. 제품 P를 6.4개, 제품 Q를 2.4개 생산할 때, P사는 288원의 최대이익을 얻을 수 있다.

3-10. 사료 1을 7.5kg, 사료 2를 5kg 섭취할 때, 최소비용은 35,000원이 된다.

3-11. 야채 10근과 고기 10/3근을 섭취했을 때, 급식비가 최소화되며, 비용은 15,000원이 된다.

제4장 연습문제

4-6. $x_2 = 40$, $x_3 = 20$, $s_3 = 20$일 때, 기업은 240,000원의 최대이익을 얻게 된다.

4-7. $x_1 = 27$, $s_1 = 14$일 때, 기업은 135의 최대이익을 얻게 된다.

4-8. $x_2 = 36$, $x_3 = 6$일 때, 기업은 204의 최대이익을 얻게 된다.

4-9. $x_1 = 10$, $x_3 = 12$, $s_2 = 8$ 일 때, 기업은 146의 최대이익을 얻게 된다.

4-10. $x_1 = \frac{35}{4}$, $x_3 = \frac{75}{4}$일 때, 기업은 $\frac{255}{2}$의 최대이익을 얻게 된다.

4-11. $x_2 = 50$, $s_1 = 60$일 때, 기업은 300의 최대이익을 얻게 된다.

4-12. $x_1 = 10$, $x_3 = 12$, $s_2 = 8$일 때, 기업은 146의 최대이익을 얻게 된다.

4-13. $x_3 = 10$, $s_1 = 6$일 때, 최소비용은 10이 된다.

4-14. $x_1 = 45$, $x_3 = 15$일 때, 최소비용 195가 된다.

4-15. $x_1 = 5$, $x_2 = 15$일 때, 최소비용은 65가 된다.

4-16. $x_1 = 12$, $x_2 = 6$일 때, 최소비용은 48이 된다.

4-17. $x_1 = \frac{240}{13}$, $x_3 = \frac{210}{13}$일 때, 최소비용은 $\frac{1620}{13}$가 된다.

제5장 연습문제

5-6. $s_1 = \frac{5}{7}$, $y_1 = \frac{3}{7}$, $y_2 = \frac{5}{7}$일 때, 최소값 $\frac{580}{7}$을 갖는다.

5-7. $s_1 = 3$, $y_2 = 1$, $s_3 = 1$일 때, 최소값 60을 갖는다.

5-8. $y_1 = \frac{5}{6}$, $y_2 = \frac{5}{6}$, $s_2 = \frac{14}{3}$, $s_3 = \frac{3}{2}$일 때, 최소값은 $\frac{350}{3}$이 된다.

5-9. ① Max: $Z = 4x_1 + 3x_2 + 5x_3$

s.t.: $3x_1 + x_2 + 3x_3 \leqq 60$

$2x_1 + 2x_2 + 3x_3 \leqq 90$

$x_1,\ x_2,\ x_3 \geqq 0$

② Min: $Y_0 = 60y_1 + 90y_2$

s.t.: $3y_1 + 2y_2 \geqq 4$

$y_1 + 2y_2 \geqq 3$

$3y_1 + 3y_2 \geqq 5$

$y_1,\ y_2 \geqq 0$

③ $x_1 = 7.5$, $x_2 = 37.5$일 때, 최대값 142.5를 갖는다.

④ $s_3 = \frac{1}{4}$, $y_1 = \frac{1}{2}$, $y_2 = \frac{5}{4}$일 때, 최대값 142.5를 갖는다.

⑤ $x_1 = 22.5$, $x_2 = 22.5$일 때, $Z = 157.5$로 변화한다.

⑥ $x_3 = 20$, $s_2 = 30$일 때, $Z = 100$으로 변화한다.

⑦ $x_3 = 10$, $x_2 = 30$일 때, $Z = 140$으로 변화한다.

⑧ $x_2 = 24$, $x_3 = 12$, $s_2 = 6$일 때, $Z = 132$로 변화한다.

5-10. ① Max: $Z = x_1 + 6x_2 + 4x_3$

s.t.: $2x_1 + x_2 + 2x_3 \leqq 50$

$2x_1 + 3x_2 + x_3 \leqq 90$

$x_1,\ x_2,\ x_3 \geqq 0$

② Min: $Y_0 = 50y_1 + 90y_2$

s.t.: $2y_1 + 2y_2 \geqq 1$

$y_1 + 3y_2 \geqq 6$

$2y_1 + \ y_2 \geqq 4$

$y_1,\ y_2 \geqq 0$

③ $x_2 = 26,\ x_3 = 12$일 때, $Z = 204$를 갖는다.

④ $s_1 = \dfrac{23}{5},\ y_1 = \dfrac{6}{5},\ y_2 = \dfrac{8}{5}$일 때, $Z = 204$의 값을 갖는다.

⑤ $x_2 = 16,\ x_3 = 42$ 일 때, $Z = 264$로 변화한다.

⑥ $x_2 = 26,\ x_3 = 12$ 일 때, $Z = 204$로 변화하지 않는다.

⑦ $x_3 = 25,\ s_2 = 65$ 일 때, $Z = 100$으로 변화한다.

⑧ $x_2 = 26,\ x_3 = 12$ 일 때, $Z = 204$로 변화하지 않는다.

⑨ $x_2 = 26,\ x_3 = 12,\ s_3 = 32$일 때, $Z = 204$로 변화한다.

5-11. ① Max : $Z = 5x_1 + 2x_2 + 8x_3 + x_4$

s.t. : $4x_1 + 3x_2 + 5x_3 + x_4 \leqq 100$

$2x_1 + 5x_2 + \ x_3 + 2x_4 \leqq 40$

$2x_1 + 4x_2 + 5x_3 + 4x_4 \leqq 80$

$x_1,\ x_2,\ x_3,\ x_4 \geqq 0$

② Min : $Y_0 = 100y_1 + 40y_2 + 80y_3$

s.t. : $4y_1 + 2y_2 + 2y_3 \geqq 5$

$3y_1 + 5y_2 + 4y_3 \geqq 2$

$5y_1 + \ y_2 + 5y_3 \geqq 8$

$y_1 + 2y_2 + y_3 \geqq 1$

$y_1,\ y_2,\ y_3 \geqq 0$

③ $x_1 = 10,\ x_3 = 12,\ s_2 = 8$일 때, $Z = 146$을 갖는다.

④ $s_2 = \dfrac{7}{2},\ s_4 = \dfrac{3}{5},\ y_1 = \dfrac{9}{10},\ y_3 = \dfrac{7}{10}$일 때, $Y_0 = 146$의 값을 갖는다.

⑤ $x_1 = 20,\ x_3 = 8,\ s_2 = 32,\ Z = 164$로 변화한다.

⑥ $x_1 = \dfrac{38}{3},\ x_3 = \dfrac{28}{3},\ x_4 = \dfrac{8}{3}$일 때, $Z = 154$로 변화한다.

⑦ $s_1 = 20,\ s_2 = 24,\ x_3 = 16$일 때, $Z = 128$로 변화한다.

⑧ $x_1 = 10,\ x_3 = 12,\ s_2 = 8,\ s_4 = 44$일 때, $Z = 146$으로 변화한다.

제6장 연습문제

6-4. 1) 북서코너법에 의한 최초 실행가능기저해 : 2,090

공장 \ 수요지	B_1	B_2	B_3	B_4	공급량
A_1	9 / 50	12 / 25	13	8	75
A_2	9	10 / 30	8 / 50	11	80
A_3	11	12	9 / 10	10 / 55	65
수요량	50	55	60	55	220

2) 최적해 : 1,990

공장 \ 수요지	B_1	B_2	B_3	B_4	공급량
A_1	9 / 25	12	13	8 / 50	75
A_2	9 / 25	10 / 55	8	11	80
A_3	11	12	9 / 60	10 / 5	65
수요량	50	55	60	55	220

6-5. 1) 최소비용법에 의한 최초 실행가능기저해 : 3,040

공장 \ 수요지	B_1	B_2	B_3	B_4	공급량
A_1	10 / 80	13 / 40	8	14	120
A_2	9	10	6 / 100	8 / 10	110
A_3	11	12 / 20	9	10 / 80	100
dummy A_4	0	0 / 10	0	0	10
수요량	80	70	100	90	340

2) 최적해 : 3,000

공장 \ 수요지	B_1	B_2	B_3	B_4	공급량
A_1	10 / 80	13	8 / 40	14	120
A_2	9	10	6 / 60	8 / 50	110
A_3	11	12 / 60	9	10 / 40	100
dummy A_4	0	0 / 10	0	0	10
수요량	80	70	100	90	340

6-6. 1) 북서코너법에 의한 최초 실행가능기저해 : 6,685

발전소 \ 변전소	B_1	B_2	B_3	공급량
A_1	20 / 100	35	33	100
A_2	30	23 / 90	25	90
A_3	31 / 20	28 / 15	21 / 75	110
수요량	120	105	75	300

2) 최적해 : 6,685

발전소 \ 변전소	B_1	B_2	B_3	공급량
A_1	20 / 100	35	33	100
A_2	30	23 / 90	25	90
A_3	31 / 20	28 / 15	21 / 75	110
수요량	120	105	75	300

6-7. 1) 보겔법에 의한 최초 실행가능기저해 : 2,310

공장 \ 수요지	B_1	B_2	B_3	B_4	공급량
A_1	9 / 60	6	13	10 / 40	100
A_2	10	5 / 70	6	8 / 20	90
A_3	11	12	7 / 80	10 / 30	110
수요량	60	70	80	90	

2) 최적해 : 2,270

공장 \ 수요지	B_1	B_2	B_3	B_4	공급량
A_1	9 / 60	6 / 40	13	10	100
A_2	10	5 / 30	6	8 / 60	90
A_3	11	12	7 / 80	10 / 30	110
수요량	60	70	80	90	

6-8. 1) 북서코너법에 의한 최초 실행가능기저해 : 10,820

공급지 \ 수요지	B_1	B_2	B_3	B_4	공급량
A_1	20 / 100	15 / 150	22	30	250
A_2	28	16 / 30	18 / 170	25	200
A_3	18	24	21 / 30	20 / 120	150
수요량	100	180	200	120	600

2) 최적해 : 10,640

공급지 \ 수요지	B_1	B_2	B_3	B_4	공급량
A_1	20 / 70	15 / 180	22	30	250
A_2	28	16	18 / 200	25	200
A_3	18 / 30	24	21	20 / 120	150
수요량	100	180	200	120	600

6-9. 1) 보겔법에 의한 최초 실행가능기저해 : 3,290

공장 \ 수요지	B_1	B_2	B_3	공급량
A_1	7 / 50	8 / 10	10 / 50	110
A_2	10	9	11 / 100	100
A_3	6 / 70	9	8	70
A_4	12	7 / 120	10	120
수요량	120	130	150	400

2) 최적해 : 3,230

공장 \ 수요지	B_1	B_2	B_3	공급량
A_1	7 / 110	8	10	110
A_2	10	9 / 10	11 / 90	100
A_3	6 / 10	9	8 / 60	70
A_4	12	7 / 120	10	120
수요량	120	130	150	400

6-10. 1) 보겔법에 의한 최초 실행가능기저해 : 2,435

공급지 \ 수요지	B_1	B_2	B_3	B_4	공급량
A_1	10 / 20	5 / 90	13	9	110
A_2	9 / 5	10	6	8 / 95	100
A_3	11 / 35	12	7 / 85	10	120
dummy A_4	0 / 20	0	0	0	20
수요량	80	90	85	95	350

2) 최적해 : 2,435

공급지 \ 수요지	B_1	B_2	B_3	B_4	공급량
A_1	10 / 20	5 / 90	13	9	110
A_2	9 / 5	10	6	8 / 95	100
A_3	11 / 35	12	7 / 85	10	120
dummy A_4	0 / 20	0	0	0	20
수요량	80	90	85	95	350

제7장 연습문제

7-4. 1) Min : $Z = 12x_{11} + 38x_{12} + 19x_{13} + 41x_{14}$
$+ 32x_{21} + 25x_{22} + 31x_{23} + 22x_{24}$
$+ 23x_{31} + 36x_{32} + 33x_{33} + 18x_{34}$
$+ 29x_{41} + 26x_{42} + 42x_{43} + 38x_{44}$

s.t. : $x_{11} + x_{12} + x_{13} + x_{14} = 1$
$x_{21} + x_{22} + x_{23} + x_{24} = 1$
$x_{31} + x_{32} + x_{33} + x_{34} = 1$
$x_{41} + x_{42} + x_{43} + x_{44} = 1$
$x_{11} + x_{21} + x_{31} + x_{41} = 1$
$x_{12} + x_{22} + x_{32} + x_{42} = 1$
$x_{13} + x_{23} + x_{33} + x_{43} = 1$
$x_{14} + x_{24} + x_{34} + x_{44} = 1$
$x_{ij} = 0$ 또는 1 $(i = 1, 2, 3, 4,\ j = 1, 2, 3, 4)$

2) A-I, B-Ⅲ, C-Ⅳ, D-Ⅱ에 배정할 때, 최소비용은 87(=12+31+18+26)이 된다.

7-5. 1) Max : $Z = 30x_{11} + 40x_{12} + 50x_{13} + 60x_{14}$
$+ 50x_{21} + 39x_{22} + 47x_{23} + 49x_{24}$
$+ 35x_{31} + 55x_{32} + 60x_{33} + 38x_{34}$
$+ 45x_{41} + 43x_{42} + 54x_{43} + 29x_{44}$

s.t. : $x_{11} + x_{12} + x_{13} + x_{14} = 1$
$x_{21} + x_{22} + x_{23} + x_{24} = 1$
$x_{31} + x_{32} + x_{33} + x_{34} = 1$

$x_{41} + x_{42} + x_{43} + x_{44} = 1$
$x_{11} + x_{21} + x_{31} + x_{41} = 1$
$x_{12} + x_{22} + x_{32} + x_{42} = 1$
$x_{13} + x_{23} + x_{33} + x_{43} = 1$
$x_{14} + x_{24} + x_{34} + x_{44} = 1$
$x_{ij} = 0$ 또는 $1\ (i = 1, 2, 3, 4,\ j = 1, 2, 3, 4)$

2) A-Ⅳ, B-Ⅰ, C-Ⅱ, D-Ⅲ에 배정할 때, 최대이익은 219(=60+50+55+54)가 된다.

7-6. 갑은 사회, 을은 세계사, 병은 지리, 정은 국사를 담당할 때, 최소비용으로 23(=7+4+6+6)이 발생한다.

7-7. 1) Max: $Z = 14x_{11} + 18x_{12} + 17x_{13} + 26x_{14}$
$+ 13x_{21} + 22x_{22} + 18x_{23} + 15x_{24}$
$+ 15x_{31} + 19x_{32} + 10x_{33} + 16x_{34}$
$+ 16x_{41} + 21x_{42} + 14x_{43} + 25x_{44}$

s.t.: $x_{11} + x_{12} + x_{13} + x_{14} = 1$
$x_{21} + x_{22} + x_{23} + x_{24} = 1$
$x_{31} + x_{32} + x_{33} + x_{34} = 1$
$x_{41} + x_{42} + x_{43} + x_{44} = 1$
$x_{11} + x_{21} + x_{31} + x_{41} = 1$
$x_{12} + x_{22} + x_{32} + x_{42} = 1$
$x_{13} + x_{23} + x_{33} + x_{43} = 1$
$x_{14} + x_{24} + x_{34} + x_{44} = 1$
$x_{ij} = 0$ 또는 $1\ (i = 1, 2, 3, 4,\ j = 1, 2, 3, 4)$

2) 갑-C, 을-D, 병-B, 정-A에 배정할 때, 최대 호감도는 80(=15+21+18+26)이 된다.

7-8. A-Ⅳ, B-Ⅲ, C-Ⅰ, D-Ⅱ에 배정할 때, 최소비용은 31(=9+11+7+4)이 된다.

7-9. A-Ⅱ, B-Ⅳ, C-Ⅰ, D-Ⅲ에 배정할 때, 최대이익은 75(=30+13+12+20)가 된다.

7-10. 1) Max: $Z = 6x_{11} + 10x_{12} + 11x_{13}$
$+ 8x_{21} + 12x_{22} + 7x_{23}$
$+ 5x_{31} + 9x_{32} + 8x_{33}$
$+ 14x_{41} + 6x_{42} + 13x_{43}$

s.t.: $x_{11} + x_{12} + x_{13} = 1$
$x_{21} + x_{22} + x_{23} = 1$
$x_{31} + x_{32} + x_{33} = 1$
$x_{41} + x_{42} + x_{43} = 1$

$x_{11} + x_{21} + x_{31} + x_{41} = 1$

$x_{12} + x_{22} + x_{32} + x_{42} = 1$

$x_{13} + x_{23} + x_{33} + x_{43} = 1$

$x_{ij} = 0$ 또는 $1\,(i = 1, 2, 3, 4,\ j = 1, 2, 3)$

2) A-Ⅲ, B-Ⅱ, D-Ⅰ에 배정할 때, 최대이익은 37(=11+12+14)이 된다.

7-11. B-Ⅰ, C-Ⅱ, D-Ⅲ에 배정할 때, 최소비용은 24(=8+10+6)이 된다.

7-12. 1) Max: $Z = 14x_{11} + 8x_{12} + 13x_{13} + 6x_{14}$
$+ 11x_{21} + 6x_{22} + 10x_{23} + 7x_{24}$
$+ 5x_{31} + 15x_{32} + 9x_{33} + 12x_{34}$

s.t.: $x_{11} + x_{12} + x_{13} + x_{14} = 1$

$x_{21} + x_{22} + x_{23} + x_{24} = 1$

$x_{31} + x_{32} + x_{33} + x_{34} = 1$

$x_{11} + x_{21} + x_{31} = 1$

$x_{12} + x_{22} + x_{32} = 1$

$x_{13} + x_{23} + x_{33} = 1$

$x_{14} + x_{24} + x_{34} = 1$

$x_{ij} = 0$ 또는 $1\,(i = 1, 2, 3,\ j = 1, 2, 3, 4)$

2) A-Ⅳ, B-Ⅱ, C-Ⅰ에 배정할 때, 최소비용은 17(=6+6+5)이 된다.

7-13. 작업자 Ⅰ은 A, Ⅲ은 C, Ⅳ는 B의 공정을 맡으며, 작업자 Ⅱ는 작업을 맡지 않는다. 그리고 기업의 최대이익은 33(=11+12+10)이 된다.

7-14. A-Ⅲ, B-Ⅱ, C-Ⅰ에 배정하며, 최소비용은 8(=5+1+2)이 된다.

7-15. 판매원 A에게는 Ⅱ, C에게는 Ⅲ, D에게는 Ⅰ을 배정하며, 최대이익은 69(=21+25+23)가 된다.

제8장 연습문제

8-4. 최단경로는 A → B → E → G의 경로를 이루며, 이때 거리는 27km가 된다.

8-5. ① → ③ → ⑤ → ⑥ → ⑧의 경로가 최단경로이며, 이때 거리는 180km가 된다.

8-6. 최단경로는 ① → ② → ⑥ → ⑧의 경로를 이루며, 이때의 거리는 130km가 된다.

8-7. 전체거리는 275km(= 40 + 50 + 20 + 35 + 55 + 75)가 된다.

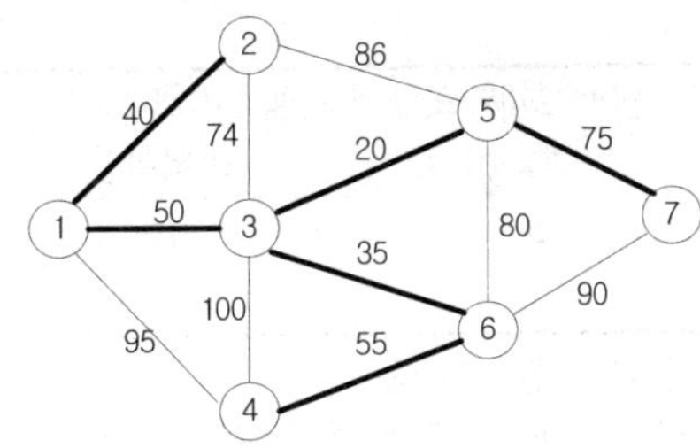

8-8. 전체 거리는 354km(= 50 + 25 + 40 + 43 + 42 + 43 + 38 + 30 + 43)가 된다.

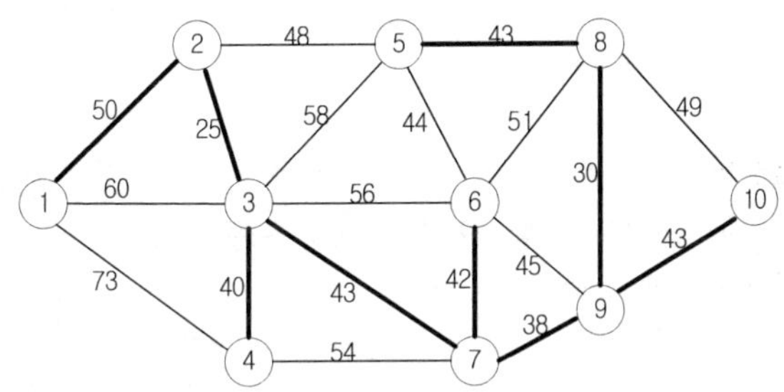

8-9. 최대흐름용량 : 5

8-10. 최대흐름용량 : 600대

8-11. 최단경로는 ① → ② → ⑥ → ⑦의 경로를 이루며, 이때의 거리는 131㎞가 된다.

8-12. 최단경로는 140㎞가 된다.(10 + 20 + 20 + 30 + 30 + 30)

8-13. 최단경로는 ① → ② → ⑥ → ⑦의 경로를 이루며, 이때의 거리는 121㎞가 된다.

8-14. [단계 1] : 마지막 비행경로의 선택

상태	경로	방콕까지의		최적대안
		비행시간	총비행시간	
D	D → F	3	3	D → F
E	E → F	4	4	E → F

[단계 2] :

상태	경로	단계 1까지의 비행시간	단계 1에서 방콕까지 비행시간	단계 1에서 방콕까지 총비행시간	최적대안
B	B → D	7	3	10	*
	B → E	8	4	12	
C	C → D	6	3	9	*
	C → E	7	4	11	

[단계 3] :

상태	경로	단계 2까지의 비행시간	단계 2에서 방콕까지 비행시간	총비행시간	최적대안
A	A → B	5	10	15	
	A → C	3	9	12	*

* 특정 단계 내에서의 최적경로를 표시함

따라서 총비용시간은 12시간이고, 그 비행경로는 Ⓐ → Ⓒ → Ⓓ → Ⓕ이다.

8-15. 최단경로는 ① → ③ → ⑤ → ⑧ → ⑩이며, 이 때의 거리는 19마일(= 5 + 6 + 3 + 5)이다.

제9장 연습문제

9-5. 주공정로 : ① → ② → ④ → ⑤ → ⑦ → ⑧
신제품 생산계획에 소요기간 : 42주

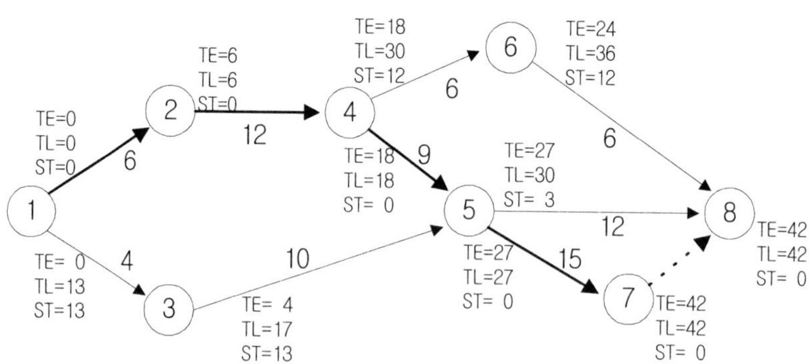

9-6. 주공정로 : ① → ② → ③ → ④ → ⑥ → ⑦
사전활동에 소요되는 기간 : 27일

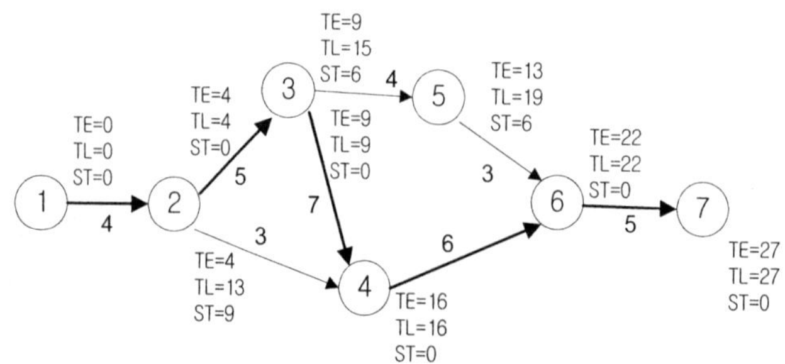

9-7. 주공정로 : ① → ② → ④ → ⑥ → ⑦, 즉 A → C → F → H
일정 : 21일 소요

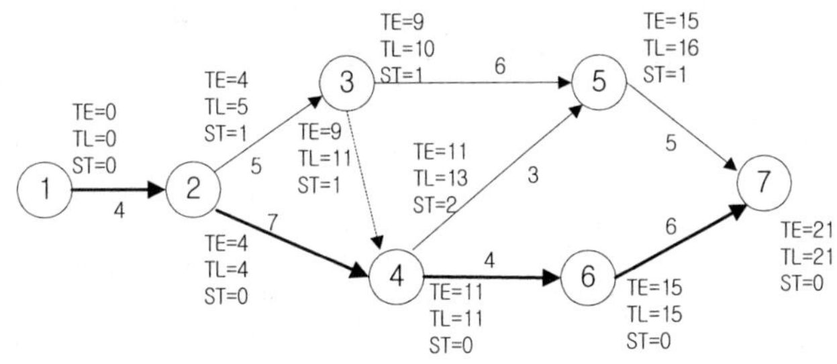

9-8. 1) 네트워크 작성

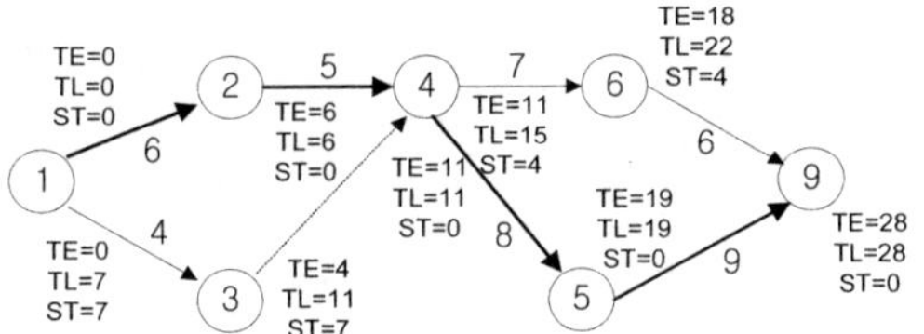

2) 주공정로 : ① → ② → ④ → ⑤ → ⑨
3) 전체 일정은 28일이 소요
4) 활동 B의 여유시간 : 7일

9-9.

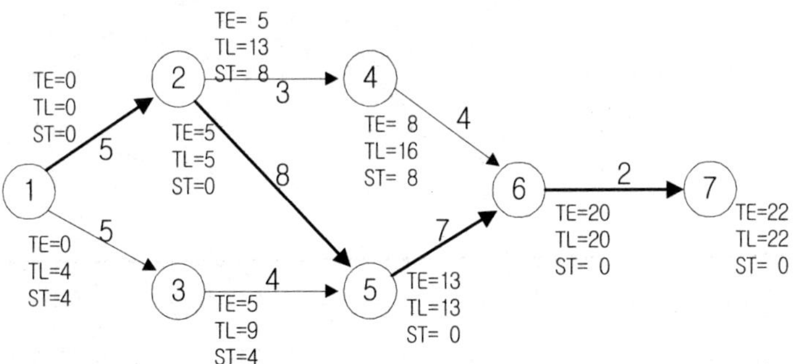

1) 주공정로 : ① → ② → ⑤ → ⑥ → ⑦
2) 소요 시간 : 22주

9-10. 주공정로 : ① → ② → ⑤ → ⑥ → ⑦
소요 시간 : 22일 소요

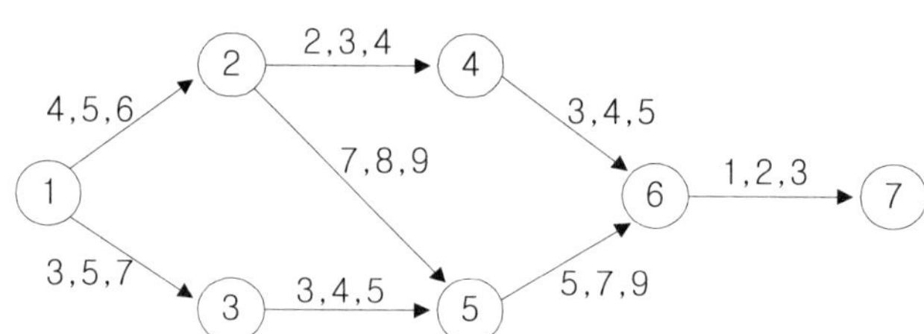

9-11.

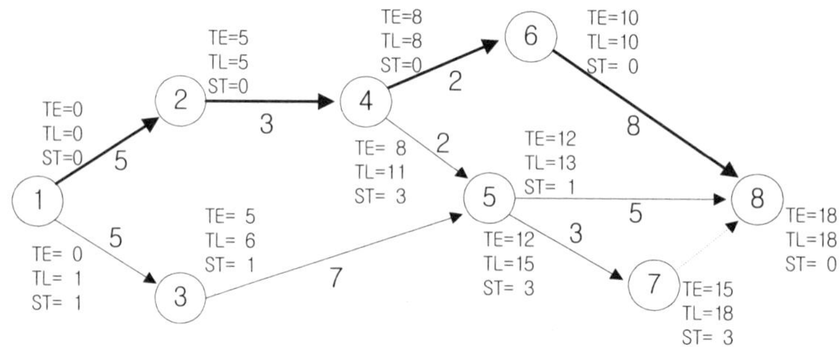

1) 주공정로 : ① → ② → ④ → ⑥ → ⑧

2) 주공정로의 표준편차

$$\sqrt{\sum \sigma_{cp}^2} = \sqrt{\frac{1}{9}+\frac{1}{9}+\frac{1}{9}+\frac{1}{9}} = 0.6667$$

9-12.

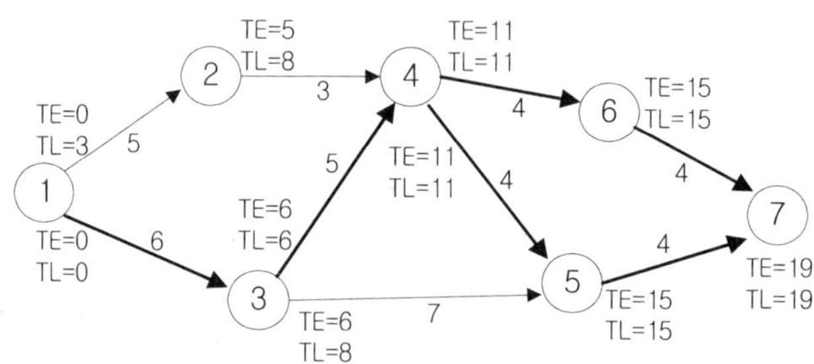

완 성 일	비용	주공정로
23일	4,400만원	① → ③ → ④ → ⑤ → ⑦
22일	4,500만원	① → ③ → ④ → ⑤ → ⑦
21일	4,650만원	① → ③ → ④ → ⑤ → ⑦
20일	4,800만원	① → ③ → ④ → ⑤ → ⑦ ① → ③ → ④ → ⑥ → ⑦
19일	5,000만원	① → ③ → ④ → ⑤ → ⑦ ① → ③ → ④ → ⑥ → ⑦

9-13.

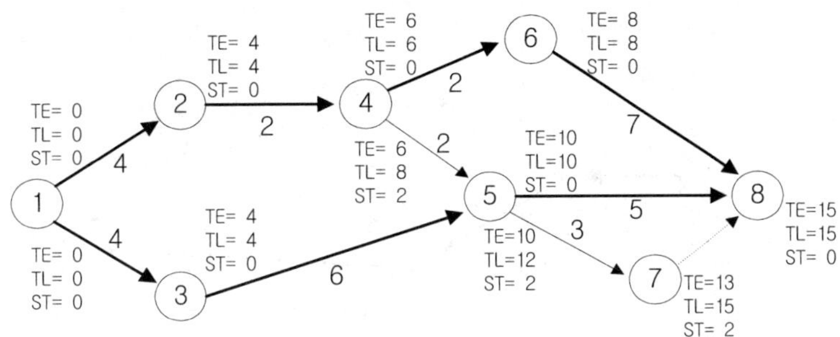

완 성 일	비용	주공정로
18주	190억원	① → ② → ④ → ⑥ → ⑧
17주	193억원	① → ② → ④ → ⑥ → ⑧ ① → ③ → ⑤ → ⑧
16주	199억원	① → ② → ④ → ⑥ → ⑧ ① → ③ → ⑤ → ⑧
15주	207억원	① → ② → ④ → ⑥ → ⑧ ① → ③ → ⑤ → ⑧

9-14. a. 1일 단축

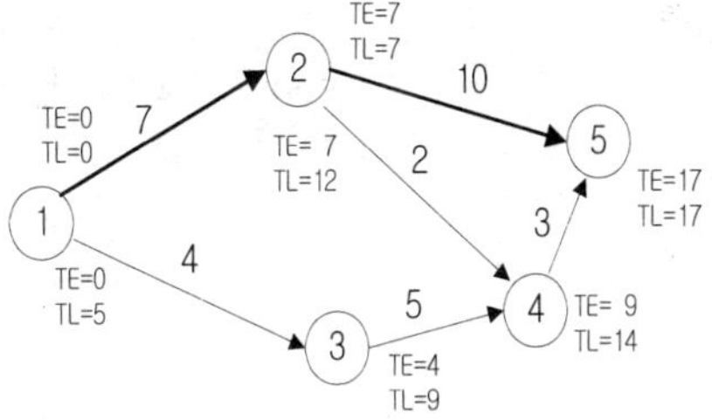

b. 2일 단축

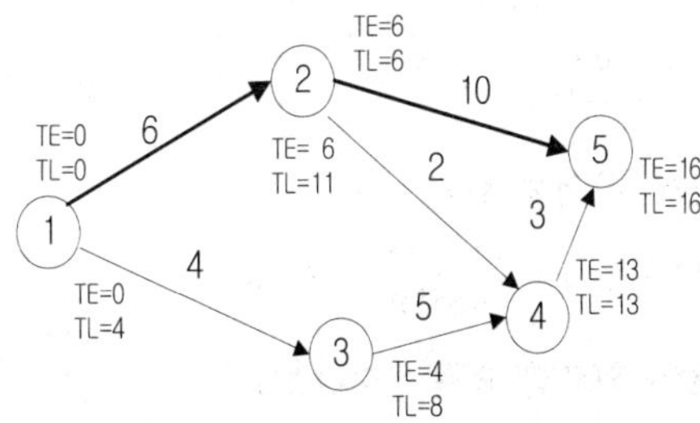

정상상황에서의 프로젝트 완성일은 16일, 비용은 680만원(630만원+50만원)이 소요되며, 주공정로는 ① → ② → ⑤로 변화가 없다.

9-15.

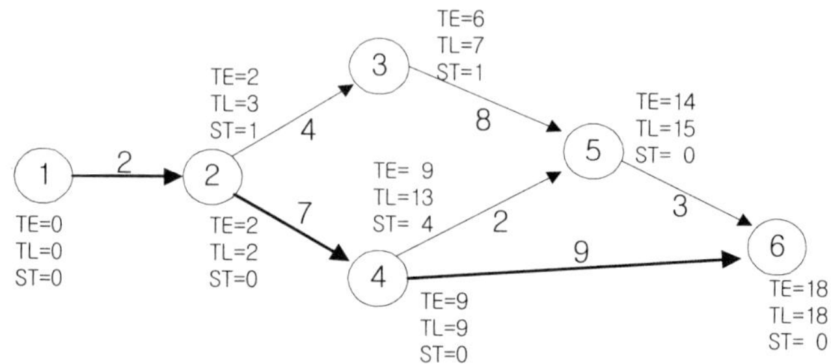

프로젝트를 완료하는데 18주 소요, 주공정로는 ① → ② → ④ → ⑥

$$\sqrt{\sum\sigma_{cp}^2} = \sqrt{\frac{1}{9}+\frac{4}{9}+\frac{4}{9}} = 1$$

표준정규변수 : $Z = \dfrac{20-18}{1} = 2$

20주 이내에 완료할 확률은 97.72%로 추정

9-16.

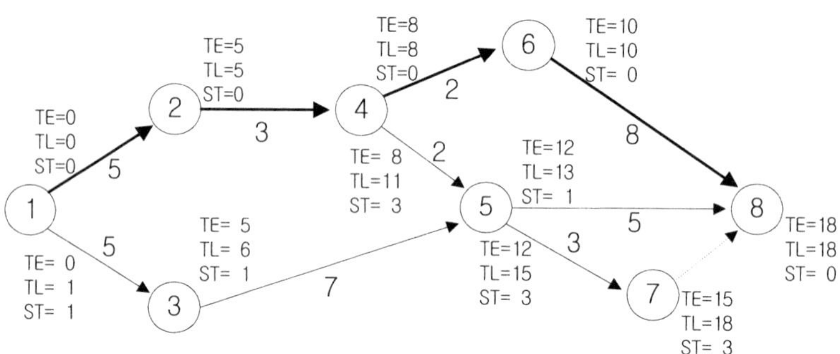

1) 소요기간 : 18주 소요
2) 주공정로 : ① → ② → ④ → ⑥ → ⑧
3) 표준편차 : $\sqrt{\sum\sigma_{cp}^2} = \sqrt{\frac{1}{9}+\frac{1}{9}+\frac{4}{9}+\frac{1}{9}} = 0.8819$
4) 20주 이내에 완성할 확률

표준정규변수는 $Z = \dfrac{20-18}{0.8819} = 2.2678$

20주 이내에 완료할 확률 : 98.83%

제10장 연습문제

10-5. Min : $Z = d_1^{\ -}$

s.t. : $10x_1 + 12x_2 + d_1^{\ -} - d_1^{\ +} = 500$

$2x_1 + 3x_2 \leq 120$

$3x_1 + 4x_2 \leq 120$

$2x_1 + 1x_2 \leq 50$

$x_1,\ x_2,\ d_1^{\ -},\ d_1^{\ +} \geq 0$

10-6. Max : $Z = P_1 d_1^- + P_2 d_2^- + P_3 d_3^{\ -} + P_4 d_4^{\ -}$

s.t. : $x_2 + d_1^{\ -} - d_1^{\ +} = 500$

$43x_1 + 35x_2 + 28x_3 + d_2^{\ -} - d_2^{\ +} = 34{,}500$

$2x_1 + 2.4x_2 + 2.8x_3 + 28x_3 + d_3^{\ -} - d_3^{\ +} = 1{,}500$

$500x_1 + 400x_2 + 460x_3 + d_4^{\ -} - d_4^{\ +} = 500{,}000$

$x_1 + x_2 + x_3 \leq 1{,}000$

모든 변수 ≥ 0

10-7. Min : $Z = P_1 d_1^{\ -} + P_2 d_2^{\ -} - P_3 d_1^{\ +}$

s.t. : $4x_1 + 2x_2 + x_3 + s_1 = 5{,}000$

$2x_1 + 13x_2 + 2x_3 + s_2 = 4{,}000$

$5x_1 + 4x_2 + 2x_3 + d_1^{\ -} - d_1^{\ +} = 7{,}000$

$x_1 + d_1^{\ -} - d_1^{\ +} = 200$

모든 변수 ≥ 0

10-8. Min : $Z = P_1 d_1^{\ -} + 2P_2 d_2^{\ -} + P_2 d_3^{\ -} + P_3 d_3^{\ +} + P_4(d_4^{\ +} + d_5^{\ -})$

s.t. : $2x_1 + x_2 + x_3 + d_1^{\ -} - d_1^{\ +} = 4{,}000$

$x_1 + d_2^{\ -} - d_2^{\ +} = 500$

$x_2 + d_3^{\ -} - d_3^{\ +} = 1{,}500$

$x_1 + 2x_2 + x_3 + d_4^{\ -} = 5{,}000$

$3x_1 + x_2 + x_3 + d_5^{\ -} = 4{,}000$

모든 변수 ≥ 0

10-9. 1) 목적계획모형

Min : $Z = P_1 d_1^{\ +} + P_2 d_2^{\ -} + P_3 d_3^{\ -}$

s.t. : $10x_1 + 15x_2 - d_1^{\ +} + d_1^{\ -} = 40$

$10x_1 + 10x_2 - d_2^{\ +} + d_2^{\ -} = 100$

$x_2 - d_3^{\ +} + d_3^{\ -} = 7$

모든 변수 ≥ 0

2) 도해적 해법

$x_1 = 4,\ x_2 = 0,\ d_2^{\ -} = 60,\ d_3^{\ +} = 7$

10-10. $x_1 = 1{,}000,\ x_2 = \dfrac{2{,}000}{3}$ 일 때, 모든 목표를 달성할 수 있다.

제11장 연습문제

11-4. 0.5 이하의 난수를 뒷면, 0.5 이상의 난수를 앞면이라고 하면, 다음과 같은 결과가 나타난다.

난수	0.90	0.43	0.41	0.85	0.10	0.70	0.69	0.62	0.38	0.98
결과	+100	-100	-100	+100	-100	+100	+100	+100	-100	+100

따라서 200만원의 이익이 발생한다.

11-5. <10일간 시뮬레이션 결과>

일	난수	수요량	구매량	판매량	판매액	손실액	부족비용	순이익
1	389	47	49	47	23,500	200	-	23,300
2	94	46	47	46	23,000	100	-	22,900
3	156	46	46	46	23,000	-	-	23,000
4	263	47	46	46	23,000	-	700	22,300
5	431	47	47	47	23,500	-	-	23,500
6	45	45	47	45	22,500	200	-	22,300
7	170	46	45	45	22,500	-	700	21,800
8	748	48	46	46	23,000	-	1,400	21,600
9	497	47	48	47	23,500	100	-	23,400
10	849	49	47	47	23,500	-	1,400	22,100
합계		468		462	231,000	600	4,200	226,200

10일간의 순이익이 최대가 되는 구매량이 시뮬레이션 결과로 얻게 되는 최상의 구매량이 될 것이다.

- 첫날의 모의실험 결과
  - 구매량 : 49포기
  - 수요량 : 47포기(난수 389는 수요량 47포기를 의미)
  - 다음 날 판매량 : 2포기
  - 첫날의 순이익 = 판매액 − 손실액 − 부족비용 = 47(500) − 2(100) = 23,300

- 10일간 시뮬레이션한 결과는 다음과 같다.
  • 매일 평균판매량 = 46.2
  • 매일 평균이익 = 22,620
  • 서비스 수준 = 462/468 = 98.72%

11-6. <시뮬레이션 결과>

일	기초 재고	입고량	난수	수요량	기말 재고	난수	조달 기간	재고 유지비	주문비	재고 부족비	총비용
1	5	0	93	0	5			500	0	0	500
2	5	0	681	1	4			400	0	0	400
3	4	0	292	0	4			400	0	0	400
4	4	0	528	1	3	0.620	3	300	2,000	0	2,300
5	3	0	866	2	1	0.412	3	100	2,000	0	2,100
6	1	0	975	4	0	0.288	2	0	2,000	3,000	5,000
7	0	5	622	1	4			400	0	0	400
8	4	10	819	2	12			1,200	0	0	1,200
9	12	0	373	0	12			1,200	0	0	1,200
10	12	0	353	0	12			1,200	0	0	1,200
							합계	5,700	6,000	3,000	14,700

- 둘째 날 기초재고는 5개, 전날의 기말재고가 5개이기 때문
- 이미 발주한 주문도 없으므로 현 재고는 그대로 5개
- 발생된 난수는 0.681이므로 수요가 1개 발생, 이날의 기말재고는 5-1 = 4개가 된다.
- 이에 대해 재고유지비 400원이 발생

11-7. 1) 현재의 정책

수리간 시간	20	40	60	70	80	90	100
확률	0.05	0.07	0.13	0.35	0.30	0.07	0.03
누적확률	0.05	0.12	0.25	0.60	0.90	0.97	1.00

난수	시간	누적시간	비용
0.90	90	91	35,000원
0.43	70	162	35,000원
0.41	70	233	35,000원
0.85	80	314	35,000원
0.10	40	355	35,000원
0.70	80	436	35,000원
0.69	80	517	35,000원
0.62	80	598	35,000원

난수	시간	누적시간	비용
0.38	70	669	35,000원
0.98	100	770	35,000원
	합 계		350,000원

2) 새로운 정책

수리간 시간	40	75	100	125	150	180	200
확률	0.05	0.10	0.15	0.25	0.20	0.15	0.10
누적확률	0.05	0.15	0.30	0.55	0.75	0.90	1.00

난수	시간	누적시간	비용
0.90	200	201	40,000원
0.43	125	327	40,000원
0.41	125	453	40,000원
0.85	180	634	40,000원
0.10	75	710	40,000원
0.70	150	861	-
	합 계		200,000원

따라서 새로운 정책이 비용이 적게 나옴을 알 수 있다.

11-8.

수요량	도 수	상대도수	누적확률	난수구간
15	10	0.080	0.080	000~079
16	20	0.160	0.240	080~239
17	42	0.336	0.576	240~575
18	31	0.248	0.824	576~823
19	12	0.096	0.920	824~919
20	10	0.080	1.000	920~999

<시뮬레이션 결과>

일	난 수	구입량	수요량	1일 이익
1	158	18	16	740
2	092	16	16	800
3	411	16	17	700
4	745	17	18	750
5	009	18	15	660
6	724	15	18	450

일	난 수	구입량	수요량	1일 이익
7	674	18	18	900
8	550	18	17	820
9	716	17	18	750
10	359	18	17	820
합 계				7,390

- 1일 평균이익 $= \frac{7,390}{10} = 739$원

참고문헌

강금식. (2012). 『알기쉬운 경영과학 [양장]』. 서울: 오래.

김계수. (2011). 『EXCEL 이용 EASY 경영과학』. 서울: 청람.

김명호. (2009). 『계량경영학 [개정 2판]』. 대전: 대경.

김상종. (2003). 『계량경영학(OR/MS) [2판]』 . 서울: 삼영사.

______. (2006). 『경영과학』. 서울: 삼영사.

김선민·이인호. (2010). 『경영과학의 이해』. 서울: 형설출판사.

김세헌. (2016). 『현대경영과학 : 의사결정 게임이론 시스템분석 [8판]』. 서울: 무역경영사.

김승남. (2006). 『계량의사결정론』. 조선대학교출판부.

김태호 외. (2004). 『계량경영학』. 서울: 청목출판사.

남익현. (2003). 『계량경영학』. 서울: 박영사.

민재형. (2015). 『스마트 경영과학』. 서울: 생능.

박구현 외. (2012). 『경영과학 엑셀활용 [4판]』. 서울: 교보문고.

박용성. (2007). 『경영과학의 이론과 실제』. 서울: 교우사.

양정식. (2016). 『경영과학의 이해와 활용』. 서울: 율곡출판사.

유성열·한동철. (2014). 『경영과학』. 서울: 이프레스.

윤석철. (1997). 『계량경영학』. 서울: 경문사.

정기호·백천현. (2013). 『엑셀을 활용한 경영과학 [5판]』. 서울: 비앤엠북스.

최성용 외. (2005). 『계량경영학의 이해 [3판]』. 서울: 법경사.

홍성필. (2014). 『경영과학 : 기초부터 심화까지 [2판]』. 서울: 율곡출판사.

Christopher K. Mckenna 지음, 전천운 번역. (2006). 『계량의사결정론』. 서울: 학문사.

Taha 지음, 최인찬 번역. (2012). 『경영과학 [9판]』. 서울: 교보문고.

Hillier, F. S. (2013). 『Introduction to Operations Research(9e)』. San Francisco: Holden-Day, Inc.

Taha, H. A. (2012). 『Operations Research: An Introduction(9th Edition)』. New Jersey: Prentice-Hall.

尾崎俊治. (1989). 『ORによる經營システム科學』. 朝創書店.

中村雅章. (2006). 『經營科學と意思決定』. 稅務經理協會.

古殿幸雄. (2017). 『入門ガイダンス經營科學.經營工學』. 中央經濟社.

宮川公男·野#山隆幸·佐藤修. (2009). 『入門經營科學 EXCELによる演習』. 實敎出版.

水野幸男. (2003). 『情報化時代の經營科學』. 朝倉書店.

찾아보기

저자 약력

■ 김 명 호

- 한양대학교에서 생산관리 전공으로 경영학박사 학위 취득
- 성균관대학교에서 산업공학 전공으로 공학박사 학위 취득
- 현재, 국립 강릉원주대학교 경영학과 교수로 재직

<강의경력>

- 한양대학교, 동국대학교, 서울시립대학교 강의
- 미국 몬타나주립대학교 산업공학과 객원교수 역임

<주요 보직>

- 강릉대학교 사회과학대학 학장
- 강릉대학교 경영정책과학대학원 원장
- 강릉대학교 전자상거래지원센터(ECRC) 소장
- 강릉대학교 통일문제연구소 소장
- 국무총리 산하 '6·25전쟁 납북피해 진상규명위원회' 위원

<연구업적>

- 『기업사례경영학』, 『기업과 경영의 이해』, 『생산운영관리』, 『기초통계학』 등 다수의 저서와 논문 발표

<수상>

- 2002년, 2006년, 강릉대학교 '학술상' 수상
- 2005년, 대한민국 창업대전 '동상' 수상
- 2010년, 대한민국 인권상 '국민포장' 수상
- 2016년, 한맥문학 신인상 '수필부문' 수상
- 2017년, 통일부장관 표창 수상

경영과학

초　판 1쇄 인쇄 —— 2017년 8월 10일
초　판 1쇄 발행 —— 2017년 8월 15일
지은이 —— 김 명 호
펴낸이 —— 전 두 표
펴낸곳 —— 도서출판 두남
서울시 강동구 성내로6길 34-16 두남빌딩
신 고 : 제25100-1988-9호
TEL : 02) 478-2065~7, 2311
FAX : 02) 478-2068
E-mail : dunam1@unitel.co.kr
http://www.dunam.co.kr

정가 23,000원

ISBN 978-89-6414-750-4 93320